宁夏大学优秀学术著作出版基金资助
宁夏大学哲学社会科学类重大创新项目：民族地区
教育精准扶贫理论与实践研究（SKZD2017005）阶段性成果之一。

农村学前教师
供给研究

马　娥◎著

中国社会科学出版社

图书在版编目(CIP)数据

农村学前教师供给研究/马娥著. —北京:中国社会科学出版社,2017.3

ISBN 978 – 7 – 5161 – 9408 – 9

Ⅰ.①农… Ⅱ.①马… Ⅲ.①乡村教育—幼教人员—研究—中国 Ⅳ.①G615

中国版本图书馆 CIP 数据核字(2016)第 281201 号

出 版 人	赵剑英	
责任编辑	熊　瑞	
责任校对	张依婧	
责任印制	戴　宽	

出　　　版	中国社会科学出版社
社　　　址	北京鼓楼西大街甲 158 号
邮　　　编	100720
网　　　址	http://www.csspw.cn
发 行 部	010 – 84083685
门 市 部	010 – 84029450
经　　　销	新华书店及其他书店

印刷装订	北京君升印刷有限公司
版　　　次	2017 年 3 月第 1 版
印　　　次	2017 年 3 月第 1 次印刷

开　　　本	710 × 1000　1/16
印　　　张	16.25
插　　　页	2
字　　　数	213 千字
定　　　价	76.00 元

凡购买中国社会科学出版社图书,如有质量问题请与本社营销中心联系调换
电话:010 – 84083683

目　　录

第一章　绪论 ……………………………………………（ 1 ）

一　研究缘起 …………………………………………（ 1 ）

二　研究意义与研究目的 ……………………………（10）

三　核心概念与研究边界 ……………………………（12）

四　研究现状综述 ……………………………………（16）

五　研究方法与研究思路 ……………………………（28）

六　研究内容与研究框架 ……………………………（33）

本章小结 ………………………………………………（36）

第二章　农村学前教师供给保障机制的理论基础 …………（37）

一　教育公平理论 ……………………………………（37）

二　人力资本理论 ……………………………………（51）

三　协同理论 …………………………………………（61）

本章小结 ………………………………………………（67）

第三章　宁夏农村学前教师的供给现状与困境 …………（68）

一　宁夏学前教育事业发展现状 ……………………（69）

二　宁夏农村学前教育发展的状况与趋势 …………（76）

三 宁夏农村学前教师配置现状 …………………（80）

四 宁夏农村学前教师培养体系及供给现状 …………（93）

五 宁夏学前教师需求预测 …………………………（109）

六 宁夏农村学前教师供给的困境 …………………（111）

本章小结 …………………………………………（124）

第四章 影响农村地区学前师资供给的原因分析 …………（125）

一 生态环境恶劣影响农村学前教师职业吸引力 ………（125）

二 传统观念束缚影响农村学前教师职业定位 …………（128）

三 政策保障不足影响农村学前教师队伍稳定性 ………（133）

四 培养机构短缺影响农村学前教师供给数量与质量 ……（147）

五 管理体制不顺影响农村学前教师供给效率 …………（152）

本章小结 …………………………………………（156）

第五章 农村学前教师供给的国际经验观照与启示 ………（157）

一 美国：农村学前教师纳入农村教师培养计划 ………（158）

二 日本：完善的制度保障学前教师供给的质量 ………（168）

三 印度：以项目为核心推进农村学前教师的

培养和培训 ………………………………………（173）

四 国际经验比较对我国农村学前教师供给的启示 ……（180）

本章小结 …………………………………………（184）

第六章 完善农村学前教师供给机制的思考与建议 ………（186）

一 规划引领与制度推进相结合，完善协同供给的责任

保障机制 …………………………………………（187）

二 规约政策与倾斜政策相结合，完善协同供给的政策

保障机制 …………………………………………（194）

三　内部培养与外部支援相结合,完善协同供给的数量
　　保障机制 …………………………………………（202）

四　提升学历与强化培训相结合,完善协同供给的质量
　　保障机制 …………………………………………（209）

五　严格准入与优化管理相结合,完善协同供给的管理
　　保障机制 …………………………………………（218）

本章小结 ……………………………………………（223）

结语 ……………………………………………………（225）

参考文献 ………………………………………………（230）

附录 ……………………………………………………（240）

第一章 绪论

一 研究缘起

教育研究的起点理应是教育问题，而如何去选择这个起点以及选择怎样的一个教育问题作为起点来进行研究，不但要考虑社会的现实需求和社会背景，还必须紧密结合研究者的社会阅历、知识结构、教育理念、价值观以及研究者的研究兴趣等诸多因素考虑。并且也只有当这些不同纬度的问题达成一致的时候，才是吴康宁教授所倡导的"互通的问题"，即教育理论的发展或教育实践的改善迫切需要去解释与解决，且研究者本人也有研究欲望与研究热情的主题。① 这样的教育问题才能成为"真"问题，才是我们作为教育工作研究者真正应该关注的问题。本书就是在学前教育，尤其是农村学前教育受到空前重视的大背景下，与研究者自身工作实践以及长期以来的研究兴趣基础上生成的，具体而言，主要源于以下四个方面的因素。

（一）农村学前教育的普及与提高是我国学前教育发展的重点

2010 年 7 月 29 日，《国家中长期教育改革和发展规划纲要》

---

① 吴康宁：《教育研究应研究什么样的"问题"——兼谈"真"问题的判断标准》，《教育研究》2002 年第 11 期。

（2010—2020 年）（后文简称《规划纲要》）正式发布。将学前教育在《规划纲要》中单列一章加以说明，是这次《规划纲要》颁布的重要亮点之一。这在我国学前教育史上是史无前例的，充分体现了学前教育是基础教育的重要组成部分，同时也向我们传递了一个重要的信息——我国学前教育快速发展的重大历史机遇已经来临。尤其是将农村学前教育的发展作为一项重要的任务来确定，更是体现了农村学前教育发展的良好契机。

《规划纲要》第三章明确提出："重点发展农村学前教育。努力提高农村学前教育普及程度。采取多种形式扩大农村学前教育资源，改扩建、新建幼儿园，充分利用中小学布局调整富余校舍举办幼儿园（班）。"[1] 《规划纲要》颁布以后，推进农村学前教育发展的各项重大举措也紧锣密鼓地开始实施。国家发改委于2010 年年底在 10 个省率先启动农村学前教育推进工程试点，前期资金投入 5 亿元，规划建设幼儿园 416 所。

2011 年，国家进一步将试点范围扩大到中西部 25 个省份，同时资金投入也增加到 15 亿元，规划建设幼儿园 891 所，并且重点强调在资金安排上向少数民族地区和贫困落后地区倾斜。这一项目在 2010—2012 年，已经累计下达中央专项资金 56 亿元，新建、扩建幼儿园 3163 所。

中央以及各级地方政府有计划的、分步骤推进农村学前教育试点工程。2011 年 9 月 27—29 日，在河北召开了以"履行政府职责，促进农村学前教育发展"为主题的全国农村学前教育现场会议，进一步探讨和交流了促进农村学前教育发展的经验，并逐步向全国推广成果。

我国农村地区人口众多且居住分散的现实问题，使得农村学前教育的发展成为我国学前教育事业的重点和难点。但是，由于生态环境、地理位置等客观条件的限制，农村学前教育办园条件薄弱，

---

[1] 教育规划纲要工作小组办公室：《教育规划纲要辅导读本》，教育科学出版社 2010 年版。

农村学前教师队伍整体素质偏低，入园率极低，众多原因使得我国农村学前教育长期处于发展缓慢的困境中。农村幼儿入园率低、普及困难的现状表明农村学前教育的发展具有很大的上升空间和改善潜能，同时也迫使我们必须将农村学前教育的发展作为工作的重点和难点。我国农村地区义务教育的普及工作落实以后，学前儿童接受教育的诉求开始被农村家长重视起来。在国家层面上，党中央出台了一系列关于加快农村教育发展、促进城乡教育均衡发展的政策，这使得长期处于困境的农村学前教育的发展迎来了一个良好的契机。而且，农村地区义务教育的普及取得了良好的效果，农村教育经费保障机制也开始被提上日程，同时，国家每年都在逐渐加大农村地区教育经费的扶持力度，这些都为农村学前教育的大力发展奠定了有利的基础。另外，随着农村中小学布局的调整，出现了大量空闲的校舍，甚至有的地方还出现了小学师资的富余，这些为农村学前教育的发展提供了非常有利的条件。

《规划纲要》中把发展农村学前教育的基本工作思路确定为：努力提高农村学前教育普及程度，并且把发展农村学前教育纳入社会主义新农村建设规划。由此可见，依据这样一个目标来开展学前教育的普及工作，在城市学前教育达到基本饱和的情况下，普及工作的重点和难点则都在我国农村地区。

（二）师资的供给保障是提高农村学前教育质量的关键

构建合理的农村地区学前教师供给机制，是保障农村幼儿接受"有质量的学前教育"的关键性因素，同时也是学前教育公共服务体系能够在我国农村地区全面覆盖的主要路径。义务教育在我国农村地区的普及任务已经分阶段完成，并取得了良好的效果。我国农村地区的整体教育环境得到很大的改善，农村教育的整体质量得到了显著的提高。因此，农村学前教育的普及与提高成为各级政府的工作重点。

第一，普及农村学前教育对农村学前教师供给的数量提出了新要求。

《规划纲要》将努力提高农村学前教育的普及水平作为学前教育的首要工作目标，并且制定了详细的阶段性普及目标（如表1-1所示）。在具体的普及工作中，只有把努力提高农村学前儿童的入园率作为核心任务，加大农村学前教育的普及力度，才能尽快实现《规划纲要》中确定的总体目标。

表1-1　　　　　　　我国学前教育事业发展的主要目标　　　　单位：%

年度	2009 年	2015 年	2020 年
学前一年入园率	74	85	95
学前两年入园率	65	70	80
学前三年入园率	50.9	60	70

由于城市学前儿童学前三年入园率已经饱和，因此，在《规划纲要》实施以后，学前三年入园率提高20%的任务重点是在农村地区。

据教育部2010年的教育统计数据显示，我国农村地区共有幼儿园总数为71588所，在园幼儿总数为1385.22万人，在农村地区幼儿园任教的教职工总数为43.25万人，并依此计算出我国农村地区师幼比为1：31.22。[①] 根据这些数据推算，在我国农村地区，平均每所幼儿园里只有6位专任教师，而每位专任教师需要面对31名幼儿。

根据教育部2013年颁布的最新《幼儿园教职工配备标准（暂行）》规定，教职工与幼儿的比例应为"全日制幼儿园1：5至1：7，半日制幼儿园1：8至1：10"。该标准同时规定，每个班级的教师配备应达到"两教一保"。[②] 为农村地区幼儿园配备数量充足的师资力量是普及农村学前教育的最基本保障，同时，高质量的教师队伍是提高农村学前教育质量的关键性因素。根据2010年教育部的统计数

[①] 数据来源于教育部网站 2010 年教育统计数据：http://www.moe.edu.cn/publicfiles/business/htmlfiles/moe/s6200/index.html 2011-10-23。

[②] 教育部：《幼儿园教职工配备标准（暂行）》，2013 年 1 月 8 日。

据来看，如果按照《标准》里的最低要求——每班配备两名教师来推算，我国还需要补充80万名学前教师，而且主要缺口是在农村地区，农村地区亟待需要补充56万学前教师。① 这一数据充分体现出我国农村学前教师队伍中数量短缺的问题，同时折射出编制不足，待遇低下等一系列体制性问题，这些问题已经成为影响我国农村地区学前教育发展的重要"瓶颈"。显然，农村学前教育质量的提高，必须从补充一批数量充足、质量合格的农村学前教师入手。

第二，提高农村学前教育对农村学前教师供给的质量提出了高标准。

在《规划纲要》中提到的二十字工作方针中最重要的四个字是：提高质量。"提高质量"对农村学前教育的发展尤为重要。同时，在《规划纲要》中学前教育的规划目标首先提到的是："学前教育对幼儿身心健康，习惯养成、智力发展具有重要意义。"② 其次才提出到2020年的普及率。这意味着要实现到2020年基本普及科学、高质量学前教育的目标；科学、高质量学前教育的普及是入园率逐步提升的前提意义。但是，科学、高质量学前教育的普及应该建立在国家规定的基本办园条件、师资队伍的保障基础之上。

据教育部教育统计数据显示：2010年我国农村地区共有幼儿园园长和专任教师33.34万名，这其中高中及以下学历水平的有18.65万人，占总人数的55.95%；专科学历的有12.87万人，占总人数的38.33%；持本科学历毕业证的仅有18990人，占总人数的5.7%。③ 这显示出我国农村地区学前专任教师的学历层次总体处于较低状态，其中学前教育专业毕业的师范生的比例则更低。

学前教育对于国民素质培养的重要性是毋庸置疑的，农村学前教育的难点主要体现在经费和师资上。其中，师资的质量问题

① 刘焱：《提高幼儿园教育质量刻不容缓》，《中国教育报》2012年9月2日。
② 教育规划纲要工作小组办公室：《教育规划纲要辅导读本》，教育科学出版社2010年版。
③ 数据来源于教育部网站2010年教育统计数据：http://www.moe.edu.cn/publicfiles/business/htmlfiles/moe/s6200/index.html 2011-10-25。

是决定农村学前教育质量的核心因素。

（三）西北地区农村学前教师供给现状堪忧

"十二五"期间，国家为了支持中西部地区和东部困难地区发展学前教育，已经安排中央专项资金500亿元。这是自新中国成立以来，国家层面第一次实施如此重大的学前教育项目。支持中西部农村扩大学前教育资源是这次财政支持的重点。同时强调：鼓励和倡导利用农村中小学布局调整后闲置校舍改建幼儿园，并且进一步落实学前教师的国家级培训计划。

2010年12月，教育部将宁夏与辽宁省大连市、安徽省合肥市等地列为完善学前教育体制机制、构建学前教育公共服务体系试点地区。宁夏教育厅也结合宁夏地区教育的实际情况，制定并及时颁布了《宁夏中长期教育改革和发展规划纲要》（2010—2020年），并依此进一步制定了《宁夏回族自治区学前教育三年行动计划》(2011—2013年)。"计划每年安排1亿多元，在3—5年的时间里，在全区新建、改扩建公办幼儿园213所，为每个乡镇改扩建一所规模在300人左右的乡镇中心幼儿园，确保为每个县区新建一所规模在500人以上的县级幼儿园，使乡镇中心幼儿园覆盖率达到100%。"[1]

根据教育部门的统计数据显示：截至2013年年底，宁夏回族自治区共有各级各类幼儿园634所，其中公办幼儿园213所，占33.6%；民办及集体、事业单位办幼儿园421所，占66.4%；农村地区共有各级各类幼儿园157所，占24.8%。全区在园（班）幼儿总数共16.91万人，学前三年毛入园率达到50.9%，全区共有幼儿园教职工11233人，其中专任教师7376人，占65.66%。大专及以上学历教师5979人，占53.23%。[2] 目前，整个社会教育观念有了较大转变，教育的社会需求和个人需求都有了显著提高，学前

---

[1] 宁夏回族自治区人民政府办公厅：《宁夏回族自治区学前教育三年行动计划（2011—2013年)》（宁政办发〔2011〕86号），2011年5月17日。

[2] 数据来源于《宁夏教育统计手册》（2013年），宁夏教育厅编。

教育的发展与社会需求之间的矛盾越来越突出。到 2017 年全区学前三年在园人数增加了约 7 万人，学前三年毛入园率达到 70% 以上，广大人民群众对学前教育的需求空前提高。

《规划纲要》颁布以后，为了尽快落实，国务院紧接着出台了《国务院关于当前发展学前教育的若干意见》（国发〔2010〕41 号），结合这些国家层面文件的指导精神，西北各省也纷纷制定了学前三年行动计划，这些计划的重点都是农村学前教育。从各省的计划内容来看，都不同程度地涉及了农村学前教师供给的问题，并且将这一问题作为规划的重点，分解为阶段性目标逐步落实，具体如表 1-2 所示：

表 1-2　西北地区《学前教育三年行动计划》（2011—2013 年）中
关于学前教师供给的内容

省份	《学前教育三年行动计划》 （2011—2013 年）	《第二期学前教育三年行动计划》 （2014—2016 年）
陕西	完成 1.5 万名教师和 1800 名园长的培训任务。扩大高等学校学前教育专业招生规模，为普及学前教育培养足够的合格教师①	各地要依据《陕西省幼儿园编制标准（暂行）》配备公办幼儿园教师及卫生保健人员。加大学前教育免费师范生培养力度。重视学前教育专业学生性别比例失衡问题。推进教师培养模式改革，建立高等学校与地方政府、幼儿园联合培养教师的新机制，加强学前教育师资培养基地建设②
新疆	加强学前双语教育和双语教师培养培训③	制定自治区幼儿教师培养培训规划，将幼儿教师培养培训纳入中小学教师队伍建设总体规划，加强学前教育教师培养基地建设，发展学前高等师范教育，扩大学前专业免费师范生，开展幼儿园男教师培养试点，吸引中学优秀毕业生报考学前教育专业④

---

① 陕西省人民政府办公厅：《陕西省学前教育三年行动计划（2011—2013 年）》（陕政办发〔2011〕13 号），2011 年 2 月 28 日。
② 陕西省人民政府办公厅：《陕西省第二期学前教育三年行动计划（2014—2016 年）》（陕政办发〔2014〕123 号），2014 年 10 月 26 日。
③ 《新疆实施学前教育三年行动计划》，http：//news. 21cn. com/caiji/roll1/2012/01/20/10559296. shtml。
④ 新疆维吾尔自治区教育厅、中共新疆维吾尔自治区委员会机构编制委员会办公室：《新疆维吾尔自治区第二期学前教育三年行动计划（2015—2017 年）》（新教基〔2015〕12 号），2015 年 6 月 16 日。

省份	《学前教育三年行动计划》（2011—2013 年）	《第二期学前教育三年行动计划》（2014—2016 年）
宁夏	增加学前教师 4500 名，加大培养力度，拓宽学前教师来源渠道，进一步扩大宁夏大学、宁夏师范学院高等学校学前教育专业招生规模，办好宁夏幼儿师范学校，办好初中起点五年制专科学历学前教师培养模式，加大农村学前教师培养力度①	落实《幼儿园教职工配备标准（暂定）》，公办幼儿园要按规定补足配齐教职工，每年招聘一定数量的教师补充到农村幼儿园。民办幼儿园根据办园规模，参照公办幼儿园岗位设置和教职工编制标准，足额配备各类人员。加大师资培养培训力度。实施幼儿园园长、专任教师全员培训计划。切实提高幼儿园教师待遇。实施学前教育巡回支教试点工作，面向社会公开招募志愿者到南部山区和中部干旱带巡回支教点支教。拓宽师资来源渠道。扩大宁夏大学、宁夏师范学院学前教育专业招生规模，鼓励优秀中学生报考学前教育专业。努力办好宁夏幼儿师范高等专科学校，提升办学层次。加大小学富余师资转岗培训力度，基本满足各类幼儿园师资需求②
青海	继续组织师范院校本专科高年级学生到农村牧区幼儿园或学前班进行顶岗实习，弥补农牧区学前教育教师的不足。三年内完成对全省乡镇以上幼儿园园长和骨干教师的国家级和省级培训，通过省、州（地市）、县三级培训机构，五年内对全省所有幼儿园园长和专业教师进行一轮全员专业培训③	通过多种方式补足配齐幼儿园教职工，建立学前教育教师长效补充机制；各级政府要解决好公办园非在编教师工资待遇问题，实现同工同酬；民办幼儿园要依法保障教师工资待遇，足额足项为教师缴纳社会保险和住房公积金。各地应建立幼儿教师准入制度，严把教师入口关；加强幼儿教师培养基地建设，办好师范院校的学前教育专业，增加专科以上层次学前教育专业招生计划。实施教师全员培训制度，在 2014 年年底已完成第一轮学前教育教师全员专业培训的基础上，继续采取送教上门、外出培训、远程培训等多种方式，大规模开展国家级和省级培训，注重培养一批名园长、名教师，发挥其骨干、引领作用。引导各地开展市、县级和园本培训，提升专业素质④

---

① 宁夏回族自治区人民政府办公厅：《宁夏回族自治区学前三年行动计划（2011—2013 年）》（宁政办发〔2011〕86 号），2011 年 5 月 17 日。
② 宁夏回族自治区教育厅、宁夏回族自治区发展和改革委员会、宁夏回族自治区财政厅：《宁夏回族自治区第二期学前教育三年行动计划（2014—2016 年）》（宁教基〔2015〕58 号），2014 年 3 月 18 日。
③ 青海省人民政府：《青海省发展学前教育实施意见》（青政〔2011〕76 号），2011 年 11 月 7 日。
④ 青海省教育厅、青海省发展与改革委员会、青海省财政厅：《青海省第二期学前教育三年行动计划（2014—2016 年）》（青教基〔2015〕18 号），2015 年 3 月 12 日。

续表

省份	《学前教育三年行动计划》 （2011—2013 年）	《第二期学前教育三年行动计划》 （2014—2016 年）
甘肃	创新幼儿教师补充机制，大力实施幼儿教师特岗计划，积极探索初中毕业起点五年制学前教育专科学历教师培养模式。扩大免费师范生学前教育专业招生规模，依托高等学校、教科研单位等，通过 3 年时间，分层完成全省幼儿教师培训任务①	研究制定甘肃省幼儿园教师培养规划，扩大幼儿园教师培养规模，提升幼儿园教师培养能力。积极创造条件创办幼儿师范高等专科学校，探索初中毕业起点和高中毕业起点中高职一体化学前教育专科学历教师培养模式，形成以本专科为主、中高职为辅，硕士、本科、专科、中专等各学历层次相衔接，学前教育专科学校与高校学前教育专业相结合的专业化人才培养体系②

　　西北各省对学前教师的编制核定、待遇落实、培养模式以及培养目标等都做了符合本地特色的规定，努力补上农村学前教师的巨大缺口，为农村学前儿童享受学前教育公共服务配备充足的教师。

　　在农村学前教育得到空前重视并大力普及的背景下，各省都在加大农村幼儿园数量建设以及规模的扩大。但是，培养和培训一批数量充足、质量过硬、结构合理、配置均衡、管理得当的农村学前教师是促进学前教育发展的当务之急。长期以来，西北地区学前教育资源短缺，尤其是在师资供给问题上存在严重的供给不足的困境。由于受生态环境、历史发展等因素的影响，西北农村地区无论在教育经费投入、师资供给，还是在学前教育资源配置等方面和全国平均水平相比，差距很大。如果这些问题得不到及时、妥善的解决，会严重影响我国西北地区农村学前教育的普及与提高，而且也会进一步影响到农村义务教育成果的巩固。这成为西北地区学前教育发展的实质性障碍，所带来的严重后果就是降低了学前教育的有效性，减缓甚至阻碍了农村地区适龄幼儿身心健康发展，科学的、高质量的学前教育普及也就无从谈起。

---

① 甘肃省人民政府办公厅：《甘肃省学前教育三年行动计划（2011—2013 年）》（甘政办发〔2011〕118 号），2011 年 4 月 28 号。
② 甘肃省教育厅，甘肃省发展和改革委员会，甘肃省财政厅：《甘肃省第二期学前教育三年行动计划（2014—2016 年）》（甘教厅〔2015〕19 号），2015 年 3 月 17 号。

综上所述，进一步客观、详尽地了解以宁夏为代表的西北农村地区学前教师的供给现状，分析影响农村学前教师供给的主要原因，并依此制定合理的供给机制，不但是推动我国农村地区学前教育发展的当务之急，也是本书探讨的主题。

（四）个人的工作经历和研究兴趣

在从事学前教育专业教学和研究的十几年时间里，笔者一直密切地关注农村学前教育的改革与发展。先后四次参加国家级和教育部规划的课题，均是与农村学前教育相关。参加多次农村学前教师的培训，通过先前的学习和调研工作，深切地体会到西北农村地区的学前教育发展长期处于落后状态，甚至是停滞不前。学前教育经费和农村学前教师资源严重短缺以及配置不均衡是主要原因。随着国家对农村地区学前教育的重视，并逐步加大了对农村学前教育的经费投入，尤其是对中西部农村地区的教育政策倾斜，教育经费问题逐步得以缓解。农村地区学前教师供给的问题将很快成为阻碍农村学前教育发展的强制性问题，并且是一个在全国上下都开始关注农村学前教育发展时，无法回避的现实问题。

因此，作为一名长期以来在我国西北地区从事学前教育教学与研究的工作者来说，选择西北农村地区学前教师供给问题进行研究，不仅是因为个人对该领域内由来已久的理论兴趣，也是对我国学前教育事业发展强烈的现实关怀！

二　研究意义与研究目的

（一）研究意义

无论是从国家层面的《规划纲要》的颁布，还是各省、地方"学前三年行动计划"的逐步实施；无论是从国家农村学前教育项目工程的启动，还是各级地方政府在扩充农村学前教育资源上的重大举措，都可以看出，在目前我国大力普及农村学前教育的背景下，对西北农村地区学前教师供给机制问题进行研究，具有重要的理论意义和现实意义，其中，理论意义主要体现在对我国农村学前师资供给政策的制定提供依据和参考。

本书是以教育公平理论、人力资源理论、协同理论等为理论支撑，对农村学前教育师资供给进行实证研究。因此，其实践意义显得更为重要，其重要性主要体现在以下三个方面。

第一，质量合格、数量充足的农村学前教师的供给保障是农村学前教育发展的关键，是实践中解决农村学前教育发展困扰与我国新农村建设问题的"钥匙"。从这个角度来讲，研究西北农村地区学前教师供给机制问题对于促进农村学前教育质量的提高有着非常重要的实践意义。

第二，本书探究农村学前教师供给机制的完善问题，特别是农村学前教育教师队伍建设与发展中的体制性和制度性障碍，力争为教育行政部门在农村学前教师的补充与供给方面提供政策建议，有助于推动农村学前教育均衡、可持续的发展。

第三，本书是以宁夏地区农村学前教师供给状况为例进行系统的研究，其结论对于西北地区其他省份农村学前教育的发展，尤其是对于推动我国其他少数民族地区农村学前教育质量的提高，具有非常有价值的参考意义。

（二）研究目的

研究西北农村地区学前教师供给状况，主要是基于国家大力普及农村学前教育以及农村学前教育试点工程推进的大背景下，为了有效提高农村学前教育发展水平，必须有数量充足、质量合格的农村学前教师供给做保障。因此，本书的主要目的如下：

第一，通过对宁夏农村学前教师供给现状的实证调查，了解并整体上把握宁夏农村学前教师供给的真实状况；

第二，分析并诊断农村学前教师供给的症结，对影响农村学前教师供给的主要原因进行深入的剖析；

第三，通过对影响农村学前教师供给的各个要素及其在供给过程中作用的分析，提供解决农村学前教师供给的策略，进一步完善西北地区农村学前教师供给机制，以及国家、社会、教师培养机构、农村学前教育机构、教育管理部门等各要素在农村学前教师供给过程中的协调运行。

三　核心概念与研究边界

概念是"对一个或更多关系进行思想的逻辑结构"①。概念是论证和研究得以顺利进行的基本单位，任何理论的分析都是建立在一组概念的逻辑推理与演绎的基础之上。明确核心概念的范畴和内涵，是保证研究进一步展开的首要任务。本书的核心概念主要涉及："农村"、"农村学前教师"、"供给机制"等，具体的界定和说明如下。

（一）农村

目前国内关于"农村"的界定存在一些争议，问题主要集中在乡镇和县到底属不属于农村的范畴。大多数学者根据我国农村地区发展的实际情况提出，目前我国农村地区以集镇为中心，包括周围乡村在内的一种新的乡镇社会模式已经初步形成，并逐步完善。② 乡镇在我国广大农村地区充分发挥着辐射带动功能。乡镇不仅是我国农村地区的经济文化中心，也是农村教育推广和人力资源开发中心。也就是说持这一观点的学者认为：农村是指行政区划意义上的县（市）、乡（镇）和村；农村主要是一个地域概念，与城市概念相对应③。

关于县是否被包括在农村的范畴之内，学者们强调，虽然县越来越具有城市的特征，但主要还是以处理农村事务为职责的行政区域。从历史上看，县制改革一直是我国新农村现代化建设的

---

① ［美］唐·埃思里奇：《应用经济学研究方法论》，朱钢译，经济科学出版社1998年版，第145页。
② 唐松林：《农村中小学教师队伍研究》，华东师范大学博士学位论文，2004年。
③ 阮爱民：《WTO对农村教育的影响及回应策略》，《高等农业教育》2001年第10期。

重要内容。所以县（市）应属于农村的范畴。① 也正因为如此，中国的县制长期担负农村基层政权的职能基本保持稳定，它是我国农村社会与国家政权保持关系的政治枢纽。与此同时，也有专家提出，虽然县城在行政体制上属于建制镇，但是与农村乡镇相比，人口素质、生存环境和经济发展，以及生活质量和精神文化都已经远远高于乡镇和农村，完全具有了城市化发展的趋势。因此，"关于围绕农村主题的研究应将探讨的重点放在乡镇，县城不应该被列为探讨的范围之内"②。

从我国农村发展的现实来看，农村地区与城市地区都一直存在动态变化的趋势，它们之间的划分都是从某一维度而言相对的。随着我国城市化进程的逐步推进，"农村"区域也呈现出逐渐缩小的趋势。然而，我国农村地区在很大程度上受到户籍制度的限制以及由此产生的"城乡二元结构"，都在一定程度上阻碍了城市与农村之间的相互转化。学者对农村概念的理解和把握大都是从户籍划分的角度出发的。《现代汉语词典》对"农村"的定义为"以从事农业生产为主的人聚居的地方"③。它是从人口和地域两个维度对"农村"的概念进行了划分和界定。

笔者非常赞同高耀明等研究者的观点，从我国目前的城乡差距来看，县城教师的生活质量已经得到了显著的提升，工作环境也有了非常明显的改善。然而乡镇和农村地区的情况差距还是很大。综合考虑，根据研究的实际需要，笔者采用国家统计局对农村的定义，将农村界定为广大的乡（镇）和村等行政区域。

（二）农村学前教育

广义的"学前教育"是指对学前儿童的发展产生影响的一切

---

① 于鸣超：《现代国家制度下的中国县制改革》，《战略与管理》2002 年第 1 期。

② 高耀明：《命题的分析·笔谈：高等教育通向农村》，《有色金属高教研究》1999 年第 3 期。

③ 中国社会科学院语言研究所词典编辑室：《现代汉语词典》（第 5 版），商务印书馆 2005 年版，第 1004 页。

环境因素，主要包括家庭教育、社会教育以及学前机构教育。狭义的"学前教育"主要指学前机构教育，它是由托儿所、幼儿园组织承担的教育，教育任务由专职学前教育工作者根据社会的要求实施的，其目的是促进学前儿童身心全面健康发展。

"农村学前教育"是将农村学前儿童作为主要对象的教育。它主要包含农村学前儿童的幼儿园教育和农村家庭教育。本书所指的农村学前教育主要是指乡镇和村等行政区域内的以农村学前儿童为主要教育对象的学前机构教育，主要包括农村幼儿园和学前班的教育。

（三）农村学前教师

农村学前教师是本书的主要研究对象。基于以上分析，对"农村学前教师"概念的界定，必须要建立在"农村学前教育"的概念基础之上。国内现有研究中对农村教师概念的界定，对于本书对农村学前教师的概念界定有非常重要的启示。

关于农村教师的概念，研究者根据自己的研究需要，做出了看似大体相同，实质上略有区别的界定。例如，有人认为农村教师是不包括学校其他行政管理和教辅人员在内，仅仅承担教学任务的专任教师。[1] 也有的学者是根据农村教师的工作地域的划分，把在农村地区工作的教师划为农村教师，其教育对象主要来自农村家庭。[2] 唐松林老师强调，农村教师是"生活在广大的县以下的乡镇和村落学校。以农村人口为主要教育对象并为农村经济社会发展提供服务的教育工作者"[3]。总之，分析以往的研究可以看出，研究者对农村教师的概念界定都是围绕着自身研究的需要进行的。

对农村学前教师概念的界定应该主要是从地域和职能上进行分析。基于农村学前教育对象的特殊性，本书把农村学前教师界定为

---

[1]　安雪慧：《农村中小学教师职业发展与教学工作激励》，《中国教育经济学年会会议论文集》2006 年。

[2]　冯大鸣：《处境变迁与文化回应——西部农村教师专业发展研究》，华东师范大学博士学位论文，2008 年。

[3]　唐松林：《农村中小学教师队伍研究》，华东师范大学博士学位论文，2004 年。

在广大乡镇和农村地区以农村学前儿童为主要教育对象的所有教育工作者，主要包括农村学前教育机构中的教师、保育员，还包括农村幼儿园和教育行政部门负责农村学前教育工作的相关人员（如幼教专干）。

（四）协同供给

协同供给是本书的主要研究目的，因此对供给机制的理解与把握首先要从协同的界定上入手。

1. 协同

"协同"一词来源于古希腊，它标志着开放系统中各个子系统之间相互作用的、集体的、整体的或合作的效应。协同学（Synergetics）亦称协同论或协和学，最初是由联邦德国西德斯图加特大学物理学家赫尔曼·哈肯（HermanHaken）在耗散结构理论的启发下，于1973年首先提出了"协同"的概念。主要以此来反映复杂系统的各个子系统之间的协调合作关系。它的研究与应用范围非常广泛，横跨自然科学和社会科学的众多领域。哈肯教授认为，从动物、人类到原子细胞都是由其集体行为间接地决定着自身的命运的，主要是通过竞争抑或协作。正如哈肯所说，"如果一个群体的单个成员之间彼此合作，他们就能在生活条件的数量和质量的改善上，获得在离开此种方式时所无法取得的成效"[1]。

协同学理论认为，协同有协同作用之意，是指在复杂大系统内，各子系统的协同行为产生出的超越各要素自身的单独作用，从而形成整个系统的统一作用和联合作用。[2] 这一理论重在强调，协同作用是形成系统内部有序结构的主要作用力，是任何复杂大系统本身所固有的一种自组织能力。随着系统科学研究的逐渐深入，管理界也开始认同并开始运用协同的观点。结果发现，一个企业系统可以通过自我调节和相互协作，来不断优化其运作过

---

① 曾健、张一方：《社会协同学》，科学出版社2000年版，第3页。
② 许国志：《系统科学》，上海科技教育出版社2000年版，第9页。

程，在企业共同远景的指导下，从低级平衡走向高级平衡，这个平衡的转化过程就是一个协同过程。从协同论的普适性及科学性来看，教育界也可以尝试运用协同理论来解决教育中出现的一些资源供给不均衡的问题。

2. 协同供给

在美国学者埃莉诺·奥斯特罗姆看来，供给是指通过集体机制对服务的供给者、质量与数量、生产与融资方式、公共物品、管制方式等问题做出决策，简而言之是对公共物品或服务的安排和监管。供给是一个经济学概念，它是指生产者在某一时间段，在各种可能的价格水平之间，对某种商品或者劳务有出售意愿并且可以出售的数量。所谓供给，从微观经济学的角度来分析，供给是从生产者的角度考虑问题。供给是指在一定时期里，在各种现实价格水平上，生产者有提供某种商品或劳务数量的能力和意愿。[1]

协同供给在本书中，主要是指农村学前教师的协同供给，也就是国家通过协调农村学前教师教育事业中政府、学前教师教育机构、教育行政部门与教师个体等诸要素的关系，运用一定的规则，达到保证农村学前教师的有效供给，以为农村学前教育机构提供高质量教师资源为目的。

四 研究现状综述

根据本书的需要，结合研究目的，对相关文献的梳理工作主要从国内和国外两个方面的研究展开。

（一）国外相关研究综述

从20世纪20年代开始，国外的学者们对农村教育的相关研究兴起，但早期阶段的相关研究成果非常有限。80年代以后，由于提高农村教育质量和追求教育公平的需求在国外越来越受重视，与之相应的，关于农村教育研究的热情也逐渐随之

---

① 林隆：《微观宏观经济学原理》，城市出版社1997年版，第13页。

高涨。

　　早期国外的研究者主要通过对农村教育发展史的追踪，梳理了农村教育发展的规律与特点，并分析了农村基础教育普及的策略和方法。因此，此阶段的研究内容更多地涉及农村教育发展史方面。20 世纪 80 年代以来，研究逐渐开始涉及农村学校师资的培养、招募和保留；农村学校课程方案的设计；高效率整合小规模的学校；信息技术在农村学校的实际运用；农村特殊儿童的教育等方面的问题。研究者们也逐渐开始将研究焦点转移到与改善农村教育质量相关的具体的问题上。如 Betty Jo Simmons（贝蒂·乔·西蒙斯）认为，应从对农村工作环境的适应及生活观念的认同、帮助他们排解孤独感、提高他们的实际收入、加强人文关怀、改善住房条件等方面来具体解决农村教师工作生活中存在的实际问题。并且在 *Recruiting Teachers For Rural Schools*（《农村教师的招募》）中针对农村教师短缺的现象，做了详细的论述，对相应的可行策略做了论证和分析。[1]

　　随着农村教育在美国越来越受到重视，普通教育培养的教师很难适应农村教育的特殊性，于是学者开始呼吁要为农村培养专门的教师，并在这方面开始进行深入的研究。学者早期为构建符合农村教育发展需要的农村教师培养计划的具体实施提供理论层面的支撑，对农村教师培养计划的必要性进行了充分的论证，并且从理论层面上探讨了农村教师培养计划的培养目标、课程设置的合理性和科学性、参与主体等要素的作用。如，*Introductory Rural Sociology in Teacher Education Institution*（《教师教育机构中农村社会学的引入》）和 *Rural Sociology in the Teachers Colleges of United States*（《美国师范学院中的农村社会学》）都强调，在农村地区工作的教师，应该能够清楚地认识在农村生活的不便和困难性，

---

[1] Betty Jo Simmons, *Recruiting Teachers For Rural Schools*, Regional Educational Laboratory Central, 2008.

农村社区的完整性以及它的结构和在农村教育中的作用，清楚农村的利与弊。基于这个角度考虑，建议在农村教师的培养过程中应该引入农村社会学的相关课程。① 以便农村教师在教育中起到主导作用并且能够淋漓尽致地发挥自己的教育工作，目的是能够有针对性地激发准教师对农村生活和教学的热情和理解。"Research Synthesis：Teacher Preparation for Rural Schools"（《农村学校教师培养的综合研究》）② 指出，由于农村教师担负着众多学科教学的重任，工作强度大，并且还缺乏必要的信息交流，这些都是农村教师面临的困难。为了避免这些困难，学院和大学在培养农村教师的过程中应将重点放在其心理的压力和困惑上，这样才能够更好地提高农村教育水平以及提升农村教师的素质和工作的积极性。

理论需要在实践中逐步完善。所以在其后期工作的研究中为了避免理论和现实分离的问题，逐步从理论知识研究走向具体实践的运用和论述。Milo K. Campbell（麦洛克·坎贝尔）在其论文"Preparing Rural Elementary Teachers"（《农村小学教师的培养》）中从资金来源结构、学区与大学的合作与研究等方面进行分析，并且详细介绍了美国布里汉杨大学（Brigham Young University）农村小学教师培养计划实施的具体情况。③ Bruce A. Mill（布鲁斯）在"Preparing Teachers for Rural Schools"（《农村师资培养》）中对阿拉斯加大学、西蒙大纳学院、美国夏威夷大学等五所大学实施的农村教师培养计划分别进行了概括性的介绍。④ 此外，美国中部教育和学习研究中心通过分析《不让一个孩子掉队》法案提出的高质量教师要求是对农村教师素质的挑战，紧接着对美国

---

① 孙雪荧：《美国农村教师培养计划研究》，东北师范大学硕士学位论文，2010 年。
② Ellen Meier, Everett D. Edington, "Research Synthesis：Teacher Preparation for Rural Schools", *Research in Rural Education*, 1983（spring）：3 - 8.
③ Milo K. Campbell, "Preparing Rural Elementary Teachers", *Research in Rural Education*, 1986（3）：107 - 110.
④ John Guenther, Tom Welble, "Preparing Teachers for Rural Schools", *Rural Education*, 1983（2）：59 - 61.

中部地区的农村师资问题的解决进行了详细的介绍，并于 2008 年
发表了题为"Preparing teachers to teach in rural schools"（《为农村
学校培养教师》）的研究报告。[①]

（二）国内相关研究综述

围绕着本书的研究内容和研究目的，查阅国内相关文献，并
对其进行梳理，发现国内相关研究主要从农村学前教育、农村学
前教师以及农村教育政策三个方面来进行研究。

1. 关于农村学前教育的研究

随着国家对学前教育的重视程度空前加大，制约农村学前教
育发展的许多历史性问题逐步进入研究者的视野，农村学前教育
发展的研究逐渐成为近几年学前教育研究领域内的一大热点，研
究内容涉及农村学前教育的方方面面，研究成果也日益丰硕，具
体的研究内容可以从以下几个方面来进行梳理。

（1）促进农村学前教育发展的重要性和必要性的相关研究

这类研究主要从两个方面来展开，一方面，围绕现行农村教育
政策对农村学前教育方面规定的研究，关于国家层面教育纲要、文
件的学习和解读等。例如关于《国务院关于当前发展学前教育的若
干意见》（〔2010〕40 号）的相关学习和研究以及《国家中长期教
育改革和发展规划纲要》（2010—2020 年）的解读，强调由于农村
学前教育是我国学前教育事业发展最为薄弱的环节。从而也表现了
研究农村学前教育的重要性，所以积极扶持和重视农村地区学前教
育的发展是国家地方各级政府的重任。例如，研究者强调农村学前
教育的发展反映了我国农村教育发展的整体状况，农村社会发展的
整体水平，而且作为我国学前教育事业发展的重要部分，同样也在
一定程度上体现出社会整体发展的水平。[②] 另一方面，将农村学前

---

① Debra D. , "Preparing teachers to teach in rural schools", *The Rural Educator*, 2008 （Fall）:
　5 - 13.

② 徐群：《农村幼儿教育事业亟待发展》，《早期教育》2004 年第 12 期。

教育的发展和整个农村社会、经济的发展结合起来考虑，对发展农村学前教育的必要性从宏观角度进行阐述。如从教育经济学、法学、伦理学等视角来强调大力发展我国农村地区学前教育对于反贫困的重要意义；从农村社区优势、保存民族优良传统等方面论证促进农村学前教育发展的必要性。① 例如，强调农村学前教育的发展是全国学前教育事业发展的前提。

（2）影响农村学前教育发展的相关问题研究

关于农村学前教育及其影响因素的研究，研究者从不同的视角出发来分析，但大家得出的研究结论主要集中在学前教育经费投入、学前教育资源配置、学前教育质量提高、学前师资队伍建设等方面。关于农村幼儿园资源短缺问题的研究主要集中在幼儿园的设施配置和软件改善上。多数研究者将造成农村幼儿园办园条件差归在当地历史文化、经济发展落后以及办园经费短缺上。近几年，也开始有学者从追求教育公平的立场来审视该问题。

关于这方面的研究，还主要集中在农村学前教育教学水平和师资的质量问题上。从具体的研究内容来看，涉及的问题有宏观的，也有微观的。例如，农村学前教育教学"小学化"现象非常严重的问题；如罗永恒认为农村幼儿园在园一日生活常规活动安排不符合学龄前儿童的身心发展要求；② 也有研究者对在农村幼儿园大量存在机械照搬城市幼儿园的办园经验，脱离农村儿童生活环境的行为进行了批判，并且指出这种情况是阻碍我国农村学前教育事业发展的一个主要障碍。③ 同时，沈芝莲通过对河北地区的实验研究，提出了农村幼教工作者更应该转变思路、深化认识，充分挖掘农村社会的优势资源，开发出符合农村学前教育发

---

① 熊易群：《谈谈发展农村幼儿教育的有利条件》，《学前教育研究》1998 年第 5 期。
② 罗永恒：《幼儿教育岂能"小学化"》，《江西教育》2001 年第 11 期。
③ 沈芝莲：《农村幼教要生动鲜活》，《早期教育》2004 年第 12 期。

展需要的特色课程。另外，郑名、李炙檬则从社会分层与社会流动的视角，分析了城乡二元结构下的农村学前教育"小学化"的影响因素。① 研究者主要从主观因素——农村教育主管部门、教师和家长对学前教育认识上的误区和客观因素——历史环境、区域经济文化发展等方面进行分析。

（3）关于促进农村学前教育发展的建议和策略研究

研究者面对目前存在于我国农村学前教育发展过程中的许多实际的问题，进行了大量的研究，研究内容涉及我国农村学前教育发展的方方面面，研究视角也是多维度的。例如，唐淑的《中国农村幼儿教育的发展与变革》是从宏观层面出发，对我国农村地区学前教育事业的发展进行了整体的规划研究；② 也有微观层面的研究，如林菁的《更新教育观念促进我国农村幼教改革》，从教育观念入手，对其重要意义进行了阐述和论证③。黄辉的《构建农村幼儿教育宣传体系》则从加大宣传的角度，来对其体系进行了构建；④ 实验研究的成果也相当丰富，比较有影响力的代表是南京师范大学的研究团队，通过对农村课程资源问题进行深度挖掘，形成了主要成果有《农村学前一年综合教育课程》，因为课程研究本身是围绕着农村社区的资源来进行，所以深受农村地区教师的欢迎；另外一个比较有影响力的成果是《学前儿童多种保教形式》，也因为是围绕我国农村地区的教育实际，农村学前儿童的成长环境和发展规律而进行的有针对性的研究，所以对农村教育实践工作有重要的指导意义。这是我国历时较长、涉及范围较广的农村学前教育实验研究。形成的对策主要有因地制宜，灵活探索符合当地现实需要的办学模式；

---

① 郑名、李炙檬：《社会分层、社会流动与农村学前教育小学化》，《学前教育研究》2005 年第 4 期。
② 唐淑：《中国农村幼儿教育的发展与变革》，《学前教育研究》2005 年第 6 期。
③ 林菁：《更新教育观念促进我国农村幼教改革》，《学前教育研究》2005 年第 6 期。
④ 黄辉：《构建农村幼儿教育宣传体系》，《早期教育》2004 年第 2 期。

强化政府职能；提高农村学前教师素质等。

（4）各地区关于促进农村学前教育事业发展的实践研究

中央教科所与荷兰伯纳德·范里尔基金会合作开展的农村学前教育研究，对我国农村学前教育研究有非常大的启发意义。1988年在河北、贵州等地双方展开了合作研究，"河北省农村幼儿教育体系研究"涉及的内容非常全面，几乎涵盖了我国农村幼儿教育的方方面面，尤其是在教师的培训、农村幼儿园课程资源的开发、农村家园合作、农村幼儿教育管理等方面。通过长时间的实践改革研究，形成了一些很有推广价值的经验，[①] 这一研究不仅使得河北农村地区学前教育发展在我国一直处于领先地位，同时很多宝贵的实践经验对于西部农村学前教育的发展具有非常重要的借鉴价值。西北师范大学郑名教授则从西北地区的实际情况出发，进行了一系列有西北特色、少数民族特色的学前教育研究，形成了一批非常有影响力的研究成果，如《西北贫困地区农村幼儿教育经费管理模式探析》《西北农村学前教育办园模式的现实选择》等。同时，许多省、市也在结合本地实际情况的基础上开展了一系列促进本地学前教育发展的实践研究。如河北省尚义县教育局针对本县的弱势群体，处境不利幼儿能够和其他幼儿一样享受到正规的学前教育，进行了多方面的探索和尝试。[②] 山东省形成以县实验幼儿园为示范，乡镇中心幼儿园为骨干，村级幼儿园为主体，个人办园为补充的农村办园格局；广西壮族自治区的城乡"手拉手"帮扶对策；湖南省永州市的农村学前教育"竹筛式"管理模式等。

综上所述，以往的研究，因为主要从围绕我国农村地区学前教育发展的实际状况出发，所以对促进我国农村地区学前教育的

① 潘仲茗、沈芝莲主编：《农村幼儿教育体系研究》，教育科学出版社1999年版，第11页。
② 河北省尚义县教育局：《依靠社区，开创贫困县幼教新局面》，《早期教育》2002年第2期。

改革，提供了大量有价值的经验和启示。目前，我国各级政府将农村学前教育的发展列为教育发展规划的重要目标。学前教育的发展遇到了一个良好的契机。但是，农村学前教育发展中的主要困惑和障碍是农村学前教育教师供给机制的合理性和有效性，必须对这一问题进行深入、细致的剖析。

2. 关于农村学前教师的相关研究

对农村学前教师相关文献的研究是本书主要的文献来源之一，随着对农村学前教育工作的重视，国内关于农村学前教师的相关资料也越来越丰富，研究主要是从以下几个方面展开。

（1）农村学前教师队伍发展与建设的研究

农村学前教师队伍建设的首要问题是其数量上难以得到保障。这一结论是很多研究者通过大量实证调查研究发现的。例如，赵翠文以安徽省为例进行的实证研究，研究发现农村学前教育的迅速发展，使得对教师的需求量日益增长，并且农村学前教育师资培养和供给速度与规模之间的矛盾十分突出，农村学前教育师资绝对数量不足和相对数量不足是师资严重短缺的主要方面。[1] 另外，区域内教育与经济发展水平的失衡也是影响农村学前教育城乡差异的主要因素。处于同一地区不同办园主体的幼儿园之间师资水平上差距悬殊。农村学前教育水平低下的重要原因是教师数量的相对不足。[2] 此外，研究者对海南、四川、贵州、浙江等地也纷纷展开调查，结果表明，农村幼儿园每个班的人数都较多，远远超出国家规定的师幼比配备标准，并且最高时我国农村师幼比竟达到了 1∶83。尤其是农村地区专任幼儿园教师与幼儿比例不断扩大的情况在全国范围普遍存在，直接影响了农村学前教育的质量[3]。

---

[1] 赵翠文：《农村学前教育师资队伍现状分析与对策建议》，《安徽教育》1999 年第 2 期。

[2] 朱扬寿：《农村幼儿教师队伍现状及其发展对策》，《学前教育研究》2007 年第 12 期。

[3] 于冬青：《中国农村幼教师资存在的主要问题及发展对策》，《学前教育研究》2008 年第 2 期。

（2）关于农村学前教师生存现状的相关研究

这方面的研究主要反映的是农村学前教师的生存现状和专业发展现状。如通过对农村幼儿园教师工资收入、学历职称、任务强度、在职培训等情况进行实证调查，了解农村学前教师的生活和工作现状；通过对河北省农村女幼儿教师心理健康状况的调查，来了解农村幼儿教师的心理现状及其影响因素；任爱红则从国家政策、人事管理、教师个体的专业发展等方面阐述了影响教师队伍建设的因素；也有研究者系统、全面地分析了影响农村学前教育发展的主要因素。[①] 海南的实际调研总结出，数量不足、比例过高、缺乏编制、专业水平低等问题是海南省农村教师现状中较突出的问题。农村民办幼儿园教师的生存现状也成为研究者竞相关注的内容之一。农村民办幼儿园教师不但身份不明确、工资待遇低、职业认同度也较低，其生存现状与农村民办幼儿园的快速发展形成强烈的对比。来自西北师范大学的谢秀莲老师的实证调查研究显示，上述情况在西北农村地区的民办幼儿园中表现更为突出。

3. 关于农村教师政策的相关研究

教师政策是指党和政府为了建设一支数量充足、质量高又充满活力的教师队伍去实现培育人才的根本目标而对有关教师的问题所作出的战略性、原则性的规定。[②] 由此演变出农村教师政策则是指党和政府针对农村教师队伍的建设对有关农村教师的一系列问题所采取的战略性和原则性的规定。

关于农村教师政策的研究从无到有，研究的广度和深度逐渐加大。在当今新农村建设和义务教育均衡发展的理念下，农村教师政策研究也逐步成为农村教育研究的一大热点，在新时期表现出蓬勃的生命力。

① 许志勇：《影响农村学前教育发展的主要因素分析》，《学前教育研究》2001 年第 2 期。
② 石长林：《中国教师政策研究——基于教育政策内容的视角》，华中师范大学博士学位论文，2005 年。

　　从中国期刊网收录的文章来看，虽然专门论述农村教师政策的文章不多，但也有大量的文章对具体的教师政策的某一方面问题进行了研究，并提出了对当前教师教育政策制定与执行的建议，甚至系统的教师政策研究也逐渐成为研究的主要内容。

　　（1）关于农村教师选拔、培养问题的相关研究

　　关于农村教师选拔问题的探讨相对集中在师范生免费教育、教师资格制度、教师职称评定制度等一些与教师的专业发展密切相关的问题上。有研究者针对目前我国教师资格证制度存在的缺陷，从整体的角度论述了教师资格制度需要完善的地方。如李铁芳指出，随着社会对教师准入要求的提高，教师资格制度在具体的实施过程中，不可避免地出现了规定过于笼统、过分强调对教师准入的学历要求、认定和管理缺乏具体的规定、学科分类不够细致、所体现的法律效力不强等问题，需要加强这几个方面的进一步研究。① 也有学者对教师资格制度执行过程中涉及的微观层面进行了探讨。② 关于教师资格制度实施的建议，早期的研究主要强调农村教师的学历达标问题，近阶段的研究则除了重视学历，还强调注重考察教师的综合素质，以及认为要把教师资格证的考察贯穿到教师职业发展的全过程，并将其真正作为提高教师选拔素质的一个依据。

　　（2）关于农村教师地位和待遇相关问题的研究

　　已有的研究表明农村教师的工资待遇以及个人专业发展的机会、职称评定等方面有非常明显的差距。南京师范大学朱新民的《改革开放以来农村中小学的待遇政策变迁研究》一文，对农村教师待遇相关政策进行了系统的梳理和分析。此文章认为，我国中小学教师待遇的相关政策不断得到发展与完善，正是由于改革开放以来相关政策的落实对农村教师队伍发展与建设和整个国家

---

① 李铁芳：《我国教师资格制度问题分析》，《长江大学学报》2010 年第 2 期。
② 赵红：《我国教师资格制度实施中存在的问题及其完善》，《陕西教育学院学报》2008 年
　　第 8 期。

教师教育事业的发展起到了积极的推动作用。研究指出，我国农村教师待遇问题属于历史性问题，其原因复杂，主要是与我国基础教育管理体制、教育经费投入机制、教育事业管理政策执行、教师人事管理政策本身等因素密切相关。对于农村教师待遇的研究还是较为丰富和全面的，研究者从教师工资、教师福利以及教师个人发展权等各方面进行了比较多的论述。司晓宏教授发现农村教师供给受到编制制约，提出"应坚持因地制宜、区别对待的原则，适当增大西部农村中小学教师的编制标准"①。

（3）农村教师管理政策研究

农村教师管理主要包括常规的管理，如农村师资队伍建设、农村教师激励机制、农村教师聘任制、教师资格制度等的实施，当然也包括一些特别针对农村教师的政策的执行。截止到目前，研究者的研究焦点主要集中在以下几个相关问题。

第一，农村师资队伍建设以及与之相关的教师激励机制的建立。周明星针对教师聘任制提出教师聘任为教师队伍建设建立了一个公平竞争、合理流动、充满活力的竞争机制，有利于农村师资的动态平衡和农村教师队伍的自身优化，并提出同时要进一步完善农村教师考核制度。② 陈利华从激励的角度来分析稳定农村教师队伍，提高整个教师队伍素质的策略。

第二，农村教师聘任制度的科学性和合理性问题与对策。针对农村教师聘任制，有研究者认为现有的农村聘任制可能造成新的不公平，聘任制的任期规定过于僵化、合同规定也缺乏可操作的标准，可能造成优秀的农村教师不断流失，使得农村教师队伍不稳定。研究者纷纷建议完善相关程序及配套制度③，尝试启动

---

① 司晓宏：《优化教育资源配置，促进西部农村义务教育优质发展》，《教育研究》2009年第6期。

② 周明星：《农村教育综合改革概论》，华中师范大学出版社1998年版，第179页。

③ 何小纪：《我国农村中小学聘任制问题研究》，陕西师范大学硕士学位论文，2007年。

教育人事代理试点制度①。

第三，城乡教师资源均衡配置，促进教育公平的问题。有研究者指出，农村教师配置不均衡，主要体现在教师素质的不均衡、发展条件的不均衡以及经济待遇的不均衡等几个方面，并提出要改善农村教师的待遇，解决区域内教师收入均衡问题；②也有研究者参照日本的"教师定期流动制"，根据我国的实际情况，提出可以实行县域教师流动机制，并构建了初步的框架。

第四，关于对农村教师政策制定和执行的评价以及完善策略。对教师政策的研究从政策制定的价值取向到政策制定的具体问题的改进都有了一定的研究，且比较有针对性地指出了中国教师政策制定的一些症结。如王继平认为，我国教师政策制定的价值取向问题，应注意从以下三个方面进行转变：教师社会价值定位从阶级定位向职业定位转变；教师政策价值标准从干部标准向人才标准转变；教师管理价值追求从加强管理向促进发展转变③。也有研究者认为教师政策执行的过程中凸显出来的主要问题有教师政策执行主体地位的缺失，目标利益群体激励机制的缺位，教师利益主体利益诉求与表达政策考量的缺乏。④

综上所述，我国农村教师政策的相关研究内容逐渐丰富，研究的范围逐步扩大，研究的深度也逐步加强。笔者认为，农村学前教师的供给机制的研究必须是建立在对农村教师政策的了解、把握与剖析的基础之上。从农村教师政策的角度，对农村学前教师供给保障中的具体问题进行研究才能提出可操作性的建议。

---

① 蔡慧琴：《农村中小学聘任制存在的问题及对策》，《江西教育科学》2004 年第 7 期。
② 朱新民：《改革开放以来农村中小学教师待遇政策变迁研究——以 P 县为个案》，南京师范大学硕士学位论文，2008 年。
③ 王继平：《合理调整我国教师政策价值取向初探》，《教师教育研究》2005 年第 6 期。
④ 邓旭：《教育政策执行的四重路径》，《江西教育科研》2007 年第 5 期。

五　研究方法与研究思路

（一）研究方法

研究方法的选择取决于对研究问题的明确和研究对象的需要。研究方法的选择和运用既要服务和服从于研究目标，同时也要依据研究对象自身的特征。在本书中，主要的研究目标有以下三个：首先，从理论上分析农村学前教师供给机制合理构建的理论基础；其次，以宁夏回族自治区为个案分析我国西北农村地区学前教师供给的现状、困境；最后，通过对影响农村学前教师供给的若干因素的分析，尝试构建在普及背景下，农村学前师资供给机制及其合理运行的途径。为了更好地实现上述目标，针对本书所涉及的内容，在具体研究中，以实证调查法为主，以文献法和教育政策分析法为主要辅助的研究方法。

1. 调查法

调查法是"人们了解相关历史、进一步认清现状的一种重要途径。它是研究者根据研究的目的和课题的需要，有计划地运用测验、调查表、座谈、访问等手段来收集研究对象的有关资料，并通过对资料的整理和分析，来认识事物的现状及其发展变化规律的研究方法"①。调查法的研究手段灵活多样，根据本书的目的，要想整体上了解宁夏地区学前教师供给现状的真实情况，必须首先采取实地调查的方法，以保证所收集到的资料和信息的客观性、可靠性。在具体研究的开展中，涉及的研究方法如下。

（1）问卷调查法

问卷法因为能够在短时间内搜集到大量的信息资料，是一种比较高效的收集资料的方法。问卷调查法是本书的主要研究方法，通过问卷调查获得的资料、数据，是研究能够顺利进行的关键。根据本书的需要，笔者编制的问卷内容主要涉及以下几个方面。

---

① 杨爱华：《学前教育科学研究》，南京师范大学出版社2001年版，第129页。

①宁夏农村学前师资需求现状，包括农村幼儿园的数量、师幼比例、教师的需求数量，该部分的数据主要是来源于宁夏回族自治区教育厅、各县教育局以及主管农村教师工作的教育行政部门；

②宁夏农村学前师资的供给现状，包括培养机构的类型、培养模式、培养经费来源，培养的数量以及就业情况，该部分的问卷数据主要来源于目前宁夏学前教师培养机构的招生办、学生处等有关管理部门；

③宁夏农村学前师资的配置情况，包括教师的数量、学历结构、职称结构、教师待遇、培训方式等，该部分的主要数据来源于宁夏教育厅、各县教育局。

（2）访谈法

访谈法作为教育研究中最重要的研究方法之一，是一种相对比较传统的收集资料的方法。实际上，访谈的过程就是访谈者与被访谈者双方面对面地交流互动过程。围绕研究的相关问题，研究者与研究对象进行面对面的交谈，并根据被访谈者口头回答的内容，来收集整理资料的一种研究方法。为了更翔实、更深入的把握影响宁夏农村学前师资供给的因素，针对本书的目的采用了访谈法。在全面考察宁夏农村学前师资供给现状的基础上，对于在师资供给过程中出现的一些问题做深入细致的剖析，以便从更广阔的视域来分析和解决问题。为了考察农村地区家长、教育行政部门、农村幼儿园教师等不同利益主体对教育制度、农村教师政策等方面的不同理解和利益诉求，在问卷调查的基础上，根据研究需要本次研究主要采用"质的研究方法"中的开放型访谈方式，访谈对象包括县教育局主管幼教工作的人员、幼儿园园长、农村幼儿教师以及农村幼儿的家长等。

（3）实地考察法

实地考察法是一种定性的研究方法，是从人类学的研究中借鉴过来的。在研究过程中，为了调查一个事情的真相，还原事实发展的真实状况，需要研究者进入研究现场，进行细致的、客观的真实调查。运用实地考察法就要直接进入真实的情境现场中去，凭借研究者自己的感官或借助研究工具、观察仪器直接"接触"所研究的对象，以调查正在发生、发展，且处于自然状态的社会事物和现象。它能够保证所收集到的材料真实、可靠，更有利于研究的客观性。

实地考察是建立在充分的一般性考察前提下。在一般考察进行以后，并对考察资料进行整理，确定比较有代表价值的局部，并在后期的调查中将其作为考察重点。所谓"考察"，就是思考与观察。在研究中，如果没有重点考察，整个全局的考察就会显得空洞。相反，如果光有个别的重点考察，就缺乏对整体事态的把握，那么重点考察也会失去一定的意义。为了努力把握住考察对象的特点，研究者需要在考察过程中，对自己观察到的现象进行分析，并且在考察过程中随时对一些能够说明事物的材料做客观记录是非常必要的工作。

因此，本书在对宁夏农村学前教师的供给现状做了一般性考察基础之后，在对现状有一个整体的把握，研究计划选取宁夏灵武、海原、红寺堡3个县进行案例分析，直接进入研究现场，到农村幼儿园中去，进行实地考察，以验证前期的数据和结论，又为了进一步分析影响农村学前教师供给的因素获得充足的证据。

2. 文献法

任何科学研究工作都是在继承前人研究的成果之上进行的，这就要求研究者广泛地占有和利用有关的文献资料。研究者研究能力的形成和提高的一个重要途径就是对相关文献资料的研读，尤其是对集中在特定领域中的文献进行研读，可迅速丰富研究者的理论知识，使研究者学会从不同角度来认识问题、分析问题，并学习和掌握有关的研究方法和研究经验。

文献法是进行教育科学研究的主要方法，通过对与主题相关文献进行查阅、分析、整理，尤其是侧重从文献资料中挖掘事实和证据。所查阅的文献应包含我们所要研究对象的任何形式的信息。文献法是我们进行实证研究和理论研究不可或缺的重要研究方法，也是我们开展任何一项研究都必需的基础性研究，根据研究内容和研究目的的需要，本书的主要文献来源涉及以下几个方面：

第一，以"农村学前教育"、"农村学前师资培养"、"农村学前师资的供给"、"农村学前师资的管理"等为主要研究对象，围绕着这些和研究紧密相关的关键词，大量查阅并分析国内外专家、学者对这些问题的理论研究，厘定研究问题，明确研究的任务与意义。

第二，本书是以宁夏农村学前教师供给为主要研究对象。因此，宁夏学前教育方面的相关史料、相关政策也是本书需要查阅的一类重要文献。

运用文献法把握当前学前教师研究的现有成果，探寻其中对研究农村学前师资供给问题有价值的资料信息，不但能够有效保障研究顺利开展，而且为本书奠定了坚实的基础，从而提高了研究的起点。

3. 政策分析法

政策分析法是对现行的或计划实行的政策以及公众对它们的反应信息进行系统地调查、观察，并做出定量和定性的分析，对它的有效性进行系统的分析，分析其实现的可能性，并寻找其可能导致失误的漏洞，以提高其实施的效率。①

本书主要是对与研究相关的教师教育政策进行分析，即对国家教师教育、农村学前教师等政策文本中的政策规范进行分析。分析的主要目的是明确需要对这一政策中的哪些教育政策细则进行规范和完善，才能满足这一政策应该解决的全部问题的需要。②

紧密结合本书的内容，需要查阅并分析国家有关教师教育的法

---

① 刘海藩、郑谦等编：《现代领导百科全书·领导科学与领导艺术卷》，中共中央党校出版社 2008 年版，第 68 页。

② 孙绵涛：《关于教育政策内容分析的探讨——以中国 1978 年教育体制改革政策内容分析为例》，《教育研究》2007 年第 3 期。

律、法规；其他国家在师资供给方面的政策；宁夏回族自治区关于教师教育的地方性政策、来源于县级教育局的有关文件；幼教机构内部关于本园教师的人事管理、在职进修等方面的管理制度，从而为农村学前师资供给保障机制的构建，尤其是农村学前师资供给应该体现教育均衡发展的理念，从人力资源开发、协同供给的视角，为本书寻找政策支撑点。结合研究需要，分析影响农村学前教师供给的政策原因，为从深层次上分析"制度失范"的原因找到理论依据，从而为进一步提供政策建议奠定有利的基础。

4. 比较分析法

比较分析法的优点是通过比较发现研究对象的关键问题以及影响问题的重要因素，进而在实践中能发现差距，找出不足，提出改进措施。本书对日本、美国、印度等国家在农村教师供给方面的实践进行了认真的梳理与分析，通过对这些国家在学前教师供给的政策、策略、方法的比较分析，了解和借鉴这些国家在学前教师供给保障方面的基本经验，对于构建我国西北地区农村学前教师供给机制具有重要的参考价值。另外，我国其他省份关于农村教师供给的经验，由于其国情相同，对于宁夏农村学前教师供给机制的构建也有相当重要的借鉴意义，尤其是浙江、江苏等东部发达省份以及河北等率先开展农村学前教育试验工程的省份，其成功的经验对宁夏农村教师供给机制的构建具有重要的指导意义。

（二）研究思路

研究思路是为了实现研究目的，根据研究需要所确定的在整个研究过程中要遵循的主要研究路线。研究思路是针对要研究内容的性质及特点而采用的研究视角的选择，以及理论体系的构建、研究路径的选取。论文围绕西北农村学前师资供给保障为核心展开，以资源配置理论、人力资源管理理论、教育公平理论、协同理论等相关理论为理论支撑，以宁夏农村学前师资供给的现状调查为主要依据，以构建农村学前师资供给保障机制为主要研究目标，整个研究通过理论和实践两条线路展开。

1. 对已有的教育资源配置、人力资源管理理论的理论梳理，结合目前我国农村学前教育发展的现状，借鉴国外有些国家在师资供给方面的有效经验，为构建合理的农村学前师资供给保障机制提供理论基础。

2. 通过对宁夏回族自治区所辖各县教育局、学前教师培养机构发放问卷，了解宁夏农村地区学前师资配置的现状以及供给的基本情况；整体把握宁夏农村学前教师供给的真实情况。

3. 选取宁夏平罗、海原、红寺堡 3 个县的学前师资供给情况为主要案例，平罗县是西部百强县，海原县被确定为国家级贫困县，红寺堡是西部大开发以后建立的新型县城，也是我国西部最大的生态移民区。这三个县城的选择，无论是其地理位置、经济发展水平都具有很强的代表性。这些地区在学前师资配置、供给过程中出现的问题和困惑，也能够代表西部学前教育发展的状况，对其做深入、细致、全面的分析，能够比较准确地反映出本书所要研究的内容和要求。

4. 通过在宁夏农村学前师资供给现状的整体把握的基础上，从教师教育政策、经济发展、人力资源管理，以及教师个体的专业发展等各方面全方位的分析影响农村学前师资供给的主要因素，分析目前农村学前师资供给的弊端，乃至整个学前师资供给及培养的症结，尤其是其出现的制度性障碍，尝试构建合理农村学前师资供给保障的机制，及其实现的有效途径。

从逻辑上来看，本书的研究思路是按照传统的实证研究思路：提出问题——分析问题——解决问题来展开的。更直观的研究路线如图 1-1 所示。

六　研究内容与研究框架

（一）研究内容

1. 通过对教育资源配置、人力资源管理的相关理论梳理归

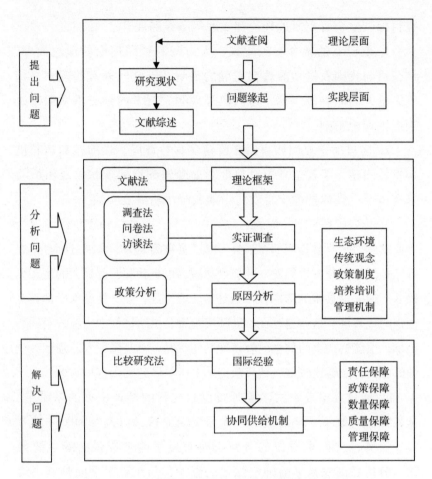

图1-1　农村学前教师供给机制研究思路及技术路线

纳，寻找这些理论与农村学前教师供给机制构建的逻辑关系，为合理构建农村学前教师供给机制奠定理论基础。

2. 通过对国内外学前师资供给的成果与经验的比较和分析，重点分析其学前师资配置的途径与方式以及实施的背景，为西北农村地区学前师资供给保障提供有效的借鉴与启示。

3. 通过对宁夏农村学前教育师资供给现状的调查，了解宁夏农村学前教育师资配置、供给的现状，并分析其主要的影响因素。

4. 通过对影响农村学前教师供给的各个要素及其在供给过程

中作用的分析，构建出农村学前教师供给保障机制，以及国家、社会、教师培养机构、农村学前教育机构、教育管理部门等各要素在农村学前教师供给过程中的协调运行，提出完善我国农村学前教师供给机制的合理建议。

本书重点回答以下几个问题：

（1）目前宁夏地区农村学前教育教师培养和供给的真实状况如何？包括农村学前教师的实际培养数量与农村学前教育发展的需求之间的差距，现有农村学前师资水平与提高农村学前教育质量之间的矛盾现状。

（2）各级政府、社会、高校、教师教育机构、教育管理部门、教师个体各要素在农村学前师资供给过程中到底应该发挥什么样的作用，以及各要素之间应如何协调运行才能保障农村学前教师的供给。

（二）研究的重点与难点

1. 研究重点：在对宁夏回族自治区学前师资供给现状进行调查研究的基础上，深入分析影响其供给保障的主要因素是本书的重点，也是为农村学前教师供给改进提供策略和构建合理农村学前师资供给机制的重要依据。

2. 研究难点：通过理论与实证的结合，剖析在保障农村学前师资供给过程中各个要素的作用，以及各个要素之间如何协调运行，最终促进农村学前师资的有效供给是本书的最终落脚点，也是本书的难点所在。

另外，本书试图通过对西北农村学前师资的现状进行总体把握，但由于精力有限，只在样本选择上选取了宁夏11个县作为研究对象。在具体的研究过程中，对于宁夏回族自治区以外的西北地区其他四省的农村学前师资供给情况，只能通过文献资料的搜索，相关政策、法规文本的分析，通过走访相关部门，访谈农村学前教育的直接管理者和主要参与者等途径来获得，是本书的主要不足之处，同时也是在研究过程中需要克服的又一难点。

本章小结

　　本章首先从问题研究的背景出发，阐明研究的主要目的和研究意义，确定研究的重点和难点；其次，根据研究需要和研究目的选择相应的研究方法，并对该研究方法在文章中的具体运用做明确的说明；再次，根据研究的目的，对本书的核心关键词"农村"、"农村教师"、"协同供给"等做了概念界定；认真梳理了已有的研究文献，为后续研究奠定坚实的基础，阐明了本书的主要理论的核心思想以及其对农村学前教师供给的重要启示；最后，交代了研究思路和研究框架。

　　本书是在国家大力普及与提高农村学前教育的背景下，我国农村学前教师数量严重不足，素质整体低下是我国农村学前教育发展速度缓慢、质量不高的关键因素。本书以教育公平理论、人力资源理论、协同理论为理论支撑。总体上采用提出问题——分析问题——解决问题的研究思路。在对宁夏农村学前教师供给的真实状况掌握的基础上，分析原因，提出合理供给的策略。因此，如何保证农村学前教师供给的合理性和有效性，是本书最终落脚点，深度分析影响农村学前教师供给的主要原因是本书的重点和难点。

第二章　农村学前教师供给保障机制的理论基础

　　理论是保证一项研究活动顺利开展的重要基石，理论作为一种工具，具有储存认识成果的作用，理论间的彼此启发与解读，更有指导社会实践的作用。任何一项科学研究都是基于一定的理论基础之上的，只有建立在正确、扎实的理论研究之上的科学研究才能经得起考证。

一　教育公平理论

　　公平是人类社会追求的永恒目标。从孔子所向往的"大道之行也，天下为公"的"大同"愿景，到罗尔斯（John Rawls, 1921—2002）的"公平的正义"，公平一直是人类社会追求的理想。第二次世界大战以后，种族歧视、贫困问题等资本主义社会固有的矛盾和冲突接二连三的爆发，这一切促使人们重新审视和思考社会的公平问题。教育的社会理想和教育政策追求的目标都是追求教育公平。在人类追求社会公平的过程中，教育公平成为重要的组成部分。

（一）教育公平的内涵

　　教育公平既包含着平等，又有更深层次的公道与正义的内涵。所谓的教育公平，主要是指全体社会成员在受教育权利、教育机会、教育资源、公共教育服务、就业前景等方面均享有同等的机会和权利。这其中，比较容易做到的是追求受教育权利和教育机会的公平，相对而言，教育结果公平则难以做到，因为它不仅要求人人受到较高质量的教育，而且要使受教育者有获得成功的机会也要相同。从本质上看，受教育权利和受教育机会公平属于"起点公平"，从历史经验角度看，教育结果公平更多地表现为教育效果和教育质量公平。从某种意义上说，教育公平既是一个原则，又是一个理想，同时也是一个渐进的过程。

教育公平是社会公平的核心环节，它不仅是社会公平在教育领域的体现和延伸，也是其他领域实现公平的前提和基础，还在于教育具有促进社会平等的功能和作用，是保障人的发展的起点公平。教育公平实质是实现教育平等，使得每个人所获得和享有的受教育权利的相同性。因此，教育公平已成为世界各国教育发展和改革的基本出发点。

作为社会公平大系统中的一个子系统，教育公平与经济、政治、文化一样，同属于历史概念。在不同的历史时期，教育公平具有不同的历史阶段特点，人们所具有的教育公平形态和教育公平观与他们所持有的阶级立场密切相关。从文献来看，学术界在谈到教育公平理论时，由于对各种问题的思考和认识不同，所以所使用的概念也是不同的。我国学者对教育公平的理解主要是在研究和借鉴国外研究成果的基础上，对教育公平的解读也是仁者见仁、智者见智。综观以往研究，研究者分别从教育哲学、教育经济学、教育政策学、教育人类学、教育伦理学、教育社会学、教育文化学等不同角度对教育公平给出了不同的解释。但是，社会发展的新阶段对教育提出了新的挑战，人们对教育公平也有了不同于以往更深层次的诉求。这些解释的一个共同不足是从个人与社会相隔离的角度解释教育公平，没有将个人接受的教育公平和社会教育供给的公平联系起来考察。

因此，农村学前教师的供给保障作为教育公平重要体现的一个方面，梳理以往教育公平理论的经典观点，有助于我们进一步理解农村学前教师供给问题。

（二）教育公平理论的几种代表性观点

教育公平问题的探讨，一直被学者们视为"迷宫"，从古希腊的柏拉图开始，思想家们提出了各种理论。在众多学者的论述中，科尔曼（James S. Coleman）、胡森（Hussein）和罗尔斯（John Rawls）的理论产生了深远的影响。

1. 科尔曼的教育公平观

美国学者科尔曼与其助手在 1966 年接受了美国联邦总署的授权，对种族、宗教信仰和家庭背景不同的 60 万名儿童进行了为期两年的调查，发表了调研报告《教育机会均等的观念》，被人们称为当代关于教育机会均等的三项重要的研究报告之一。科尔曼认为教育公平主要包括四层含义：（1）向人们提供某一规定水平的免费教育；（2）为所有儿童，无论社会背景如何，提供普通课程；（3）为不同社会背景的儿童提供进入同样学校的机会；（4）在同一特定地区范围内教育机会一律平等。

科尔曼关于教育机会均等的四项内容是对教育公平观念的历史发展过程的梳理。

第一，进入教育系统的机会均等。也就是说："提供一个免费教育，使劳动力的教育程度达到入职要求；为所有儿童，不问背景，提供一个共同的课程；并让这些来自不同背景的儿童在同一所学校学习。"① 在前工业社会中，家庭是最小的生产单位，承担着重要的教育职责。教育机会均等在当时社会很容易就实现了。

---

① ［美］詹姆斯·科尔曼：《教育机会均等的观念》，张人杰主编《国外教育社会学基本文选》，华东师范大学出版社 1989 年版，第 189 页。

第二，参与教育的机会均等。其标准是，虽然人们的社会出身不同，但是他们可以得到同样数量和质量的教育参与机会。此后科尔曼将创办面向劳动人民子女的义务教育，到为所有儿童提供同样的教育机会都涵盖在内，最后发展为追求教育结果的均等。使"教育机会均等"的概念得到了进一步的拓展。因此，科尔曼也无奈地指出："由于存在着差异性校外影响，机会均等只可能是一种接近，永远也不可能完全实现。"① 其次，它要求社会提供给每个社会成员的教育本身是公正的，这样个体所享受到的教育也必定符合公正的准则。个人所获得的教育利益得所当得，社会对教育的供给结构合理、配置得当。

第三，教育结果的均等。这是指不同社会阶层、不同性别、不同种族的人，能够从每个教育阶段和整个的教育进程中得到相似的教育经验和成效。教育结果的均等重点强调的是教育能否有效地提供人们所需要的生活技能、知识结构、情感态度。教育结果的均等与参与教育的机会均等有很大的联系，它既指教育基础的共同性，又强调教育系统的个别化。按照这一标准，教育平等就是应该向每个儿童提供相同的机会，使他在入学时就已经拥有的天赋得以充分的发展。

第四，对生活前景的影响机会均等。这是一个更为理想的观念，指教育能够使每个社会成员拥有取得同样的社会成就的机会，尽管他们在社会出身、性别、种族等方面存在先天的差异。教育制度能补偿父母的财富、收入、教育、政治力量、社会关系、文化等各方面的差异，使这些因素不能成为影响成年子女在教育、收入、社会关系、文化、政治力量等方面的机会。换言之，通过教育公平来逐渐实现社会公平，也体现出了教育制度对社会制度的积极影响作用。

---

① ［美］詹姆斯·科尔曼：《教育机会均等的观念》，张人杰主编《国外教育社会学基本文选》，华东师范大学出版社1989年版，第191页。

2. 胡森的教育公平观

瑞典学者胡森进一步梳理了教育公平观念的发展过程，进一步完善了教育平等理论。胡森强调，起点的公平只是教育平等的一个方面，还应该包括连续不断的阶段和最后目标。他总结"教育机会均等"概念的演变过程为三个阶段，而且每一阶段都有一种相应的社会哲学思想作为它的背景。①

第一，保守主义阶段主张入学机会均等。这是第一次世界大战结束之前占主导地位的观点。其遵循的是"上帝使所有人具有不同的能力"的哲学思想。此阶段学者普遍认为应该建立一种综合教育制度，通过实行表面上看起来不太平等的教育制度，即保证基本的正规教育，又能够使每个儿童有机会以最佳方式发展他所拥有的天赋。20世纪的欧洲中学普遍实施的"古典中学"、"基础学校"、"中间学校"的三轨制办学制度就是这种思想的体现。

第二，自由主义阶段主张入学机会和学业成就机会的均等。他们认为教育制度不仅应该能够消除经济或社会等外部障碍，而且还应在策略上采取各种补偿措施，使得儿童虽然具有不同天赋和能力，但却能够在受教育过程中拥有取得均等学业成就的机会。

第三，激进主义阶段强调教育机会均等。教育机会均等包括学校状况与教育组织的均等，那么就需要重新审视教学法，对教育制度内部进行必要的改革，特别是教育机构的创建和完善，以更好地为那些处境不利的儿童提供平等的受教育的机会，并为他们提供相应的补偿措施。

3. 罗尔斯的教育公平观

1971年，美国哈佛大学教授约翰·罗尔斯的《正义论》一书问世。该书引起了西方国家广泛的重视，被视为第二次世界大战

---

① ［瑞典］T. 胡森：《平等——学校和社会政策的目标》，张人杰主编《国外教育社会学基本文选》，华东师范大学出版社1989年版，第207页。

后西方政治哲学、法学和道德哲学中最重要的著作之一。罗尔斯认为每个社会都应该需要正义的原则来约束，以达到良好的社会秩序，并使之成为人们行为的准则。他进一步对正义观进行了一般意义上的假设：所有社会价值——自由和机会、收入和财富、自尊的基础——都要平等地分配，除非对其中的一种价值或所有价值的一种不平等分配合乎每一个人的利益。① 罗尔斯依此提出了三项原则，即平等自由的原则、机会公正平等的原则、差别原则。

其中差别原则是罗尔斯解决社会不公正问题的根本原则。由于人生来就存在天赋上的差异，这种差异就注定要求平等本身的不平等。罗尔斯基于互惠理论，认为差别原则并不是给最少利益者的补偿，而是他们作为社会合作成员的应得。"差别原则虽然不等同于补偿原则，但它却达到补偿原则的某种目的。它改变社会基本结构的目标，使整个制度不再强调社会效率和专家治国的价值。"②

这三个原则是有优先顺序的。平等自由原则优于机会公正平等原则，而机会公正平等原则优于差别原则，这种优先顺序强调指出只有先一级次序达到了，才有可能实现后一级次序的公平。罗尔斯期望达到一种事实上的平等，也就是胡森所指的结果平等，而这种平等实际上需要一种不平等的前提，即对处境不利者和处于优势地位的人使用不相同的标准。"为了平等地对待所有的人，提供真正的同等机会，社会必须更多地注意那些天赋较低和出生较不利的社会地位的人们。这个观念就是要按平等的方向补偿由偶然因素造成的倾斜。遵循这一原则，较大的资源可能要花费在智力较差而非较高的人们身上，至少在某一阶段，比方说早期学校教育期间是这样的。"③

在西方教育均等思想不断地演变过程中，各种教育公平理论

---

① ［美］约翰·罗尔斯：《正义论》，何怀宏等译，中国社会科学出版社 1988 年版，第 62 页。

② 同上书，第 102 页。

③ 同上书，第 101 页。

也相继产生。这些理论对教育公平理论产生的背景、教育起点公平的实现以及教育结果公平的获得等方面从不同角度做了深入的探讨，并提出了各自的主张。我们应该立足我国实际，对西方相关教育公平理论进行慎重的选择与运用。尽管社会主义制度的确立为实现教育公平提供了必要的制度保障，但是作为一个发展中国家，城乡差别、地域差别、阶层差别等不可能在短时期内消除。从中我们可以得出的结论是：教育公平只能是处于一种最接近的理想状态，无法完全实现。

（三）不同视角下农村学前教育公平问题

学前教育不仅是整个教育体系的基础，也是个体发展的重要起点，是实现教育公平的重要内容。众所周知，农村地区的学前教育的发展是我国整个学前教育事业中最薄弱和特殊的环节。教育公平问题是社会学、法学、经济学等多学科普遍关注的重要议题，要想理清隐藏在教育公平背后的复杂因素，就必须掌握相关的学科知识和社会背景。因此，从不同的视角来探讨农村学前教育公平问题，能使我们更加全面、客观地审视影响农村学前教育中发展过程的一些不公平现象，促进其进一步健康和谐的发展。

1. 伦理学视角下农村学前教育公平

对弱势群体的关注理应成为社会公平正义的题中之意。罗尔斯提出了公平、正义的两项原则：① 一是每个人对与所有人所拥有的最广泛的基本自由体系相容的类似自由体系都应有一种平等的权利；二是社会和经济不平等的安排，要适合最少受惠者的最大利益。学前教育在教育供给链条中居于基础地位，而农村学前教育是这个基础中最脆弱的部分，从社会政策供给的角度看，我国农村学前教育在体制上受到了不公平待遇。为此，必须采取措

---

① ［美］约翰·罗尔斯：《正义论》，何怀宏、何包钢、廖申白译，中国社会科学出版社2003年版，第303页。

施来补偿农村学前教育资源配置的不足，以弥补其不公平。

里斯曼（F. Rissman）认为社会往往因贫富差距造成两极分化，并由此带来了一系列社会问题，在教育领域不仅表现为经济上的贫困，而且还表现在文化上的贫困，并成为导致教育机会不平等再生产的一个重要原因。里斯曼的文化剥夺理论是补偿教育实施的理论根据，认为出生在家庭经济条件相对贫困的儿童，由于生活所迫，对教育的期望值远远低于富裕家庭的儿童，以至于无法获得与其智力水平相应的教育程度。也就是说，由于他们置身于贫困的生活状态与文化中，他们的教育机会被剥夺了，所以要对这部分儿童实施补偿性教育。[①] 农村儿童是社会的弱势群体，从公平的角度看，整个社会理应给予特别的关注。

2. 经济学视角下农村学前教育公平

有关经济因素对教育公平的影响谈得最多的是教育的资源配置问题。大多数学者从政府对各级教育的资源分配比例来探讨资源分配存在的不公平及其影响。

（1）农村学前教育资源的供给问题

教育公平主要是指针对所有社会成员拥有和享受公共教育资源和公共教育服务的合理性进行价值判断。因此，学前教师的合理供给是教育公平最直接的体现之一。学前教师供给失衡作为一种社会事实在我国农村地区长期并普遍存在。由于教育资源匮乏，农村幼儿园办园条件低下，园所设施简陋、资金投入不足，师资严重缺乏，影响了农村学前教育质量、阻碍其发展，也成为实现《规划纲要》中确定的 2020 年普及学前三年目标的主要障碍。究其原因，主要有以下几个方面。

第一，区域经济发展差异导致城乡学前教育供给失衡。地区经济发展水平决定着该地区教育发展的水平；反之，教育的发展

---

① 林秀珠：《论对农村教育文化补偿》，福建师范大学硕士学位论文，2009 年。

又进一步促进着经济的发展，二者的辩证关系早已毋庸置疑。农村学前教育资源配置的不均衡状态与我国城乡地理环境、经济增长速度等客观因素有关，这使得教育不公平现象作为一种常态存在于包括学前教育在内的农村各个教育阶段。认真分析农村地区经济增长与教育公共服务二者联系，我们不难发现农村经济基础薄弱—教育资源匮乏—教育质量偏低—人才技术缺失—经济发展滞后。剖析这一链条结构，可以发现，由于区域经济发展的不平衡引起的学前教育资源的匮乏，最终导致教育质量落后，进而无法发挥教育对地区经济的促进作用，成为一种封闭的恶性循环。因此，区域经济发展的不平衡，导致了该地区内学前教育资源的有效供给不足，使得我国农村经济已经不能为农村学前教育提供有力的支撑。

第二，农村基础教育管理体制下的农村学前教育供给的起点不公平。2001 年，国务院出台《国务院关于基础教育改革与发展的决定》，正式明确农村基础教育管理体制是：地方政府负责，分级管理，以县为主。[①] 该管理体制要求农村地区的办学经费主要由县、乡、村支付，城市地区的办学经费则由城市政府支付，即同级政府的财政必须为同级的基础教育负责。农村学前教育作为基础教育的重要组成部分，不可避免地受到了这种分级管理体制的影响。2003 年 3 月，国务院转发了教育部等 10 部门联合发布的《关于幼儿教育改革与发展的指导意见》。该《意见》提出落实各级政府责任，完善"地方负责，分级管理"的管理体制，明确了农村学前教育的管理体制为"三级办学，二级管理"，即由县级人民政府负责本行政区域内幼儿教育的规划、布局调整、公办幼儿园的建设，乡（镇）人民政府要充分发挥村民自治组织在发展幼儿教育中的作用，乡政府负责举办乡镇中心幼儿园，承担发展农村幼儿教育的主要责任。首次明确农村"乡、镇财政预

---

① 《国务院关于基础教育改革与发展的决定》（国发〔2001〕21 号）。

算也要安排发展幼儿教育的经费",① 这是基于我国义务教育实行"以县为主"的体制，把幼儿教育的管理重心下移到乡级政府，责任逐步落实到位，改变管理薄弱状况。

这样一来，这种低重心的分权型公共投资体系，导致学前教育的投入严重依附于地方政府的财力，乡级政府机构承担了我国农村学前教育公共投资的主要责任。乡级政府的财政实力成为农村学前教育投入能否得到有效保障以及能否稳定、持续增长的决定因素。但是乡级政府的财政力量微薄、财政收入极度有限，是地方财政实力中最薄弱的一级，也就是说最重的担子压在最弱者的肩膀上。在完成"重中之重"义务教育尚存在巨大资金缺口的情况下，对农村学前教育经费的投入是心有余而力不足。显然，农村学前教育经费投入依靠乡镇财政担负是难以保障的。农村学前教育的发展失去了稳定的经费来源，严重影响了我国农村学前教育的质量，农村学前教育资源也因此而失去了均衡配置。

第三，政策实施中的资源流向使得城乡学前教育差距加大。从1993年至今，我国公共教育经费中只有1.3%左右被用于学前教育，② 而有限的财政拨款又主要用于城市公办园。中央教科所关于14省市调查结果显示：近70%的财政拨款用于城市和县镇公办园。③ 随着我国城市化进程的加快，在城乡二元结构的影响下，我国的学前教育资源配置也不可避免地出现了"城市中心"价值取向。自从有了城市以来，无论是学校教育的兴起还是义务教育的普及，都是从城市开始，城市教育始终处于优于农村教育的状况。在教育政策制定上也是以城市教育为基点，学前教育资源存在优先向城市、发达地区供给的倾向，而人数最多，经费更为匮乏，更需要扶持的农村学前教育却被边缘化，从而造成了东

---

① 教育部等：《关于幼儿教育改革与发展的指导意见》，2003年。
② 同上。
③ 朱家雄、张婕：《教育公平：一个不容回避的学前教育问题》，《教育导刊（幼儿教育）》2006年第2期。

西部之间、城乡之间学前教育发展的差距加大。

也就是说，政府人为地制造城市学前教育资源和农村学前教育资源分配的客观差距，不但本身就是违反了教育公平准则，其结果也使农村学前儿童享受不到必要的学前教育，以致最终丧失发展的机会。

（2）学前教育的回报率问题

位于教育链条底端的学前教育，是否能够从教育体制上担负教育起点公平的责任？2000 年的诺贝尔经济学奖得主、美国芝加哥大学计量经济学家赫克曼（James J. Heckman）等学者发表的一项关于人力资本形成的研究表明对人力资本形成的最佳投资时期是学前教育阶段，而人力资本投资的回报率也以学前教育阶段最高①。经济学模型的计量结果是学前教育时期的投资回报率，相当于此后所有年龄阶段人力资本投资回报率之和。②

美国的佩里学前教育研究计划（Perry Preschool Program Study）进行了长达四十多年的研究，是最早启动也是最著名的幼儿教育长期效果研究项目。该项目 2004 年发表的报告非常详细地解答了学前教育的投入和汇报问题：接受学前教育的儿童年届 40 岁时，投资回报率最高。经过 40 年的跟踪研究，对儿童每投入 1 美元可以获得 16.14 美元的回报。其中，12.90 美元回报给社会，个人则获得 3.24 美元的回报。在对社会的回报中，88% 源于犯罪减少，4% 体现为节省教育开支，7% 源于提高收入而来的增值税，1% 源于福利开支的减少。③ 显而易见，学前教育对个人和社会的高回报率，理应使它成为教育公平供给的起点。这对于确保儿童从早期

---

①　Flavio Cunha, James J. Heckman, LanceLochner, Dimitriy V. Masterov：Interpreting the Evidence on Life Cycle Skill Formation, 2005, http：//econpapers. repec. org/paper/iza-izadps/dp1675. htm.

②　周翠彬：《论学前教育公平的立法保障》，《湖北第二师范学院学报》2009 年第 5 期。

③　L. J. Schweintart, J. Montie, Z. Xiang, W. S. Bar-nett, C. R. Belfield, & M. Nores：The High/Scope Perry Preschool Study to Age. 40, http：//www. highscope. org/Content. sap? Contentld = 219.

因获得公平的教育而更有可能享受公平的生活，起到一定的保障作用。

3. 法学视角下农村学前教育公平

教育公平在法学视野中，体现的是一个基本的人权问题。随着教育公平理念的深入人心，大家逐渐意识到享有公平的教育是一个不可让步的权利。追溯教育史的发展，受教育权利与人权一样经历了从平等到不平等，再到趋于平等的过程。在这个过程中，人权以及受教育权利得到认可并转化为普遍的公民权利是在现代社会法制健全与完善的时候出现的。

20世纪以来，追求"学前教育公平"、保障学前儿童能够享受到优质的学前教育成为了各国学前教育立法的焦点。在一些欧美发达国家，政府已经开始把提供优质、公平的学前教育作为一项基本的职责。但是，对于我国农村地区的学前儿童来说，享受到基本的学前教育公共服务都还不能很好的满足。

教育是一项公共事业，政府是公平的公共教育服务供给体系的建立者，在各级各类教育中都是最主要的责任者和保障方。无论是作为政府的职责还是公民的权利都应有相应的法律来保障其公正性。在我国的法律体系中，虽然公民的教育权作为实体权利在《宪法》、《中华人民共和国教育法》等实体法中已得到了确认，但是在实践操作层面上还没有完全实现。因此，教育权的保障，不仅仅是立法问题，执法的问题更是关乎权利的真正落实。

教育立法是实现教育公平的先决条件，国家有责任公平地对待各级各类教育，尤其是在法律上为处于弱势地位的农村学前儿童提供平等的发展机会和条件，是教育迈向公平的基础。各级政府在教育立法、教育制度制定、政策实施、教育投入、教育资源分配、建立有效的弱势人群教育资助体系以及消除教育不公平问题方面有不可推卸的责任。

（四）教育公平理论对农村学前教师供给的启示

推进教育公平是一项复杂而长期的工程，我国教育体系中各个阶段的公平问题都已经被逐步关注。被《规划纲要》中列为重中之重的农村地区的学前教育公平问题关乎着农村学前儿童个人成长及整个国家的学前教育事业的发展。因此，实现将"教育公平"理念付之于农村学前教育领域的愿望及要求势在必行。

1. 农村学前教师供给是农村学前儿童个人追求教育公平的合理诉求

每个人都能够享受到公平的教育，是教育公平追求的终极理想，但是，社会成员是否能够接受到公平的教育，实现终极追求，很大程度上受制于社会所提供的教育制度是否公平合理。如果社会的教育供给本身是不公平的，比如仅仅对某一阶段教育关注而忽视其他阶段教育，尤其是忽视更基础阶段的学前教育，那么教育公平的理想是无法实现的。从这个角度而言，从教育制度的公平供给入手，为个人提供公平的教育起点，是最终达成社会的公平和正义的理想突破口。也就是说，就受教育者个人而言，教育公平意味着个人能够同其他人一样，公正平等地享受社会提供的教育服务，涉及个人入学机会公平、教育过程公平、教育结果公平。就社会而言，教育公平意味着国家所构建的包括教育结构与布局、教育资源配置、教育制度供给等在内的教育体制的整体公平。

杜威强调，教育的主要功能是帮助弱势者改善他们的生存状态，摆脱由于出生群体的局限而遭遇到的不公平待遇，在社会政治经济等方面存在巨大差距的现实面前，仍然能够为弱势群体提供公平竞争机会或获取成功的可能。正因为教育的这一重要功能，杜威才把教育称之为实现社会平等的"最伟大工具"。我国80%的人口在农村，农村地区的学前儿童是我国构建和谐社会和实现社会主义现代化建设强有力的后备军。教育，尤其是学前教育对于农村学前儿童一生发展的推动作用毋庸置疑。既然每个公民都被赋予了实现自我价值的权利，对那些不通过补偿就有可能失去发展机会的农村儿童来说，弱势补偿可以为他们以后更好地实现自我价值提供重要的保障。政府有责任和义务不让无辜的孩子承受由于出生背景的不利而带来的后果。

因此，针对我国目前农村学前教师数量短缺、质量不高的现状，给农村学前儿童配置数量充足、质量合格的教师是农村幼儿及其家长的合法诉求，是社会公平的又一体现。同时，有效地缓解代际贫困的恶性循环及传递，是农村学前儿童改变自身命运的出路。

2. 农村学前教师的有效供给是实现农村地区学前教育发展的保障

教育虽有个体差异，但一定群体的总体应该是一致的。因此，要追求总体的平等，即均衡发展，包括区域之间的均衡发展、一个区域内不同学校之间的均衡发展、群体之间的均衡发展。这里的均衡发展是群体间教育资源配置的相对均衡，也就是在学校经费投入和设施的配置、教师配备等方面的相对均衡等。当前的情况是存在群体间的不均衡，出现了欠发达的区域、薄弱学校和弱势群体。三种局面对这种资源在不同群体间的分配，可采用罗尔斯的对利益最少者的补偿原则，最大限度地补偿弱势区域、弱势学校和弱势群体的教育利益。但即便这种平等，也不是绝对的。罗尔斯也认为公正不在于否认差别，而在于到底什么样的差别才是合理和适当的。有时候，社会和经济表面上表现出来一些不平等，但只要其结果是能给每个人尤其是那些最少受惠的社会成员带来补偿利益，它们就是正义的。

长期以来，我国城乡教育资源配置不均衡，城乡教育水平差距较大。在城乡二元结构下，无论是在教育经费、硬件设施，还是教师队伍建设、教师待遇、师生比例诸方面，农村地区都远远低于城市地区。尤其在教育机会均等方面，城乡差别严重，使得我国广大农村地区绝大多数孩子无法接受到公平的入学机会；在升学率方面，农村学生远远低于城市的学生；在硬件设施和教育质量的对比上，城市的教育资源要更加丰富，教师的整体素质更高，各种教育设施都相对比较完备，而农村幼儿园不仅教师整体素质较低，而且几乎谈不上什么教育设施。

改善农村学前教育，确保农村幼儿园有基本的硬件设施，改善学前教育城乡之间的差距，保证农村有基本合格的教师队伍。师资队伍质量低，学前教育质量就低，同社会对学前教育的预期形成强烈的反差，进一步恶化了社会对学前教育的评价，加速了学前教育在教育体系中失位的严重程度。可见，解决学前教育的教师队伍的问题，是确保学前教育地位获得社会公平对待的重要措施。

二 人力资本理论

人力资本理论作为西方现代经济学的一个重要的思想流派，或称理论派别，它是以西方教育经济学为理论基础，产生于 20 世纪 50 年代中期，形成于 60 年代，得到鼎足的发展则是在 70 年代以后。特别是进入 90 年代以后，其所涉及的内容日益广阔，引导了一股关于人力资源开发的研究热潮。20 世纪 90 年代初以来，经济学家和政治学家逐步形成了基本一致的认识，决定一个国家和民族国际竞争力最基础、最重要的因素是人力资本。人力资本经济作为一种新的经济形态越来越被看好，其在经济发展中的作用也日趋显著。人力资本理论对我国教育经济学产生影响始于1980 年，这一年，其代表人物舒尔茨到中国来讲学，使得这一理论开始传入中国，并掀起了一股研究浪潮。

（一）人力资本理论的提出

人力资本理论的历史渊源最早可以追溯到 18 世纪。那时，英国古典政治经济学家威廉·佩第（Willianm Petty）在其著作《赋税论》中提出了"劳动是财富之父，自然是财富之母"的著名论断。重农学派的主要代表弗朗斯瓦·魁奈（Francois

Quesnay）认为"构成国家强大的因素是人……人们本身就成为自己财富的第一个创造性因素"①。亚当·斯密（Adam Smith）曾在 1776 年出版的《国富论》中说，"学习是一种才智，须受教育，须进学校，须做学徒，这种才能的学习，所费不少。这种消耗了的资本，已经实现了它的价值，并且作为一种个体固有的财产附着在他的人格上。同样，对于他所属的社会来说，也是一种有形的资产。这作为一种优越的技能，和某些职业中可以节约劳动力的机械工具一样，都是社会上的固定资本。诚然，在个体学习的时候，会花费一笔费用，但这种费用，不但可以在以后的阶段得到偿还，还有可能赚取利润"。② 这些思想的提出为人力资本理论的形成奠定了坚实的基础。

人力资本理论形成于 20 世纪 60 年代，美国芝加哥大学教授西奥多·舒尔茨（Theodore W. Schultz）最早对其进行了系统的阐述。在长期从事与农业相关的实证研究中发现，劳动者收入的多少与其智力的高低和技能的强弱有很大的相关性。他认为人力资本同其他资本一样，可以有许多不同的形态，可以做数量和质量的分析，传统的资本概念必须加以扩大。1960 年，舒尔茨作为美国经济学会会长，发表了题为《人力资本投资》的就职演说，也就是这份就职演说宣告了现代人力资本理论的诞生。1961 年，又以同名著作的形式得以出版。舒尔茨本人也因为在《人力资本投资——教育和研究的作用》一书中系统地论述了"人力资本"理论而成为诺贝尔经济学奖 1979 年的得主，同时也成为西方人力资本理论的奠基人和最主要的代表人物之一。西方人力资本理论在这一时期研究的主要内容是以劳动力分析要素为中心，着重阐述人力资本的概念、内涵、形成及其对经济发展的作用。随着人力资本在人们生活中的重要性逐渐上升，物质资本也退居到第二位，人力资本成为经济增长的决定因素之一。

---

① 谢奕等：《人力资本理论的形成与发展》，《中国人力资源开发》2001 年第 2 期。
② 亚当·斯密：《国富论》，商务印书馆 1979 年版，第 257—258 页。

按照传统经济理论，经济增长必须依赖于物质资本和劳动力数量的增加。但经济学家们在比较了美国 1957 年和 1929 年国民收入增长情况后却发现，增加的 1520 亿美元中竟有 710 亿美元是用增加的资本和劳动力数量所不能解释的。怎样解释这个不可知的"余数"，并进一步寻找出经济增长的源泉，许多经济学家对此进行了大量的研究。然而面对现代经济，许多学者对经济增长动因的解释却依旧承袭着"李嘉图式"的经济思想，过分高估土地、自然资源、机器设备的贡献，认为"一个国家若要发展现代经济，就必须拥有丰富的自然资源"①。

在这种形势下，作为舒尔茨理论核心概念的人力资本被提了出来。② 人力资本作为一种凝聚在个体身上的知识、技能，以及其所表现出来的能力，具有一定的经济价值，是能够促进经济增长的主要因素。若从个体角度分析，是指存在于个体人之中，后天获得的具有经济价值的知识、技能、能力和健康等质量因素之和；若从群体角度分析，是指存在于一个国家或地区人口群体每个人体之中，后天获得的具有经济价值的知识、技能、能力及健康等质量因素的综合。③ 舒尔茨认为，所谓人力资本，主要表现为人所拥有的知识、技能、经验和健康等，是相对于物力资本而存在的一种资本形态。它是人类的，因为它表现在人的身上，属于人的一部分；它又是资本，因为它是满足个体和社会的未来需要，或者成为未来收入的主要源泉。

相对于物力资本，人力资本具有多重性质。其一为稀缺性。从个体或群体所拥有时间上来看，人力资本是非常有限的，必须不断增加包括劳动、时间、资金等在内的一系列资源的投入，以获得人力资本的不断积累。其二为生产性。作为社会生产过程中

---

① 西奥多·W. 舒尔茨：《人力资本投资——教育和研究的作用》，商务印书馆 1990 年版，第 1 页。
② 罗淳：《舒尔茨的人力资本理论及其启示》，《南方人口》1999 年第 4 期。
③ 李宝元：《人力资本与经济发展》，北京师范大学出版社 2000 年版。

最重要的因素，人力资本要素对经济生产的作用要远远大于物质资本要素，因此生产性也是人力资本最基本的性质。其三为可变性。正如人力资本的形成和积累需要投资以促进其价值增加一样，人力资本在闲置不用时会贬值，发挥效用时也会消耗。其四为功利性。人力资本作为获取经济效益的重要工具和主要手段。人们对投资人力资本的目的是将来获取更多社会外溢效益和一定的经济效益。

人力资本构成的最基本要素是教育资本。教育资本是指为了进一步培养和提高个体在未来劳动的能力，而投入教育的费用，因此也可以称为能力资本。① 除此之外，还有健康资本、知识与技术资本、迁移与流动的资本等，这些资本要素之间可以互补、互动，但教育资本是最重要的、最基础的。

（二）人力资本的内涵及特征

舒尔茨作为人力资本理论的代表，开辟了教育经济学先河。从 20 世纪 80 年代中期开始，新经济增长理论以技术内生化为特征在英美等国兴起，它注重研究人力资本积累与经济增长的内在联系，进而使人力资本成为经济新思维的核心概念。这标志着人力资本理论学术地位的显著提升和在当代的新发展，人力资本投资则作为一个决定性的重要变量，对经济持续增长的解释具有长期主导作用。据此，必须加大对人力资本的投资力度，以促进经济的发展。而教育作为人力资本投资的最有效手段之一，对教育进行投资的过程实质上是形成和积累人力资本的过程。但教育制度是人力资本的生产制度，这已经被人力资本理论不断反复证实，人力资本的形成和积累伴随着社会科技和经济体系的演进，同时也受到相应制度的激励和影响。

舒尔茨非常强调教育对人力资本形成的重大作用，把教育作为一种具有重大意义的人力资本投资。根据舒尔茨的观点，人力

---

① 靳希斌：《教育经济学》，人民教育出版社 2009 年版，第 56 页。

资本作为一种附着在个体身上的能力，是经济发展与增长的主要因素，是一种收益率很高的资本。

人力资本理论将现代经济发展中人的能力作用高度凝练，使之在经济分析中得以广泛地运用，并由此打开了教育与经济相联系的视窗，开辟了新经济学研究的领域。该理论明确指出了教育和经济增长之间的内在机理和外在社会效益，投资于教育可以得到较高的经济回报，进而为教育的经济功能提供了更为充分的理论依据。虽然人力资本的形成形式相当广泛，进行人力资源开发的途径也很多样，但是最为重要的途径只能是教育。舒尔茨认为，教育是人力资本形成最主要的渠道。

（三）舒尔茨人力资本理论的主要观点

舒尔茨认为完整的资本应该既包括物力资本，又包括人力资本。舒尔茨等人经过长时期的实证分析发现，物质资本和人力资本都是生产的投入要素，都可以在生产中发挥作用并带来收益。二者的区别在于，物质资本的所有权可以继承和转让，但人力资本则不能。

舒尔茨在"人力资本"概念的基础上，进一步提出了"人力资本投资"的概念。即所有在人身上所进行的旨在提高其生产能力的投资，都称为人力资本投资。对人力资本投资的途径有两条：一是体力投资，即对营养和健康的投资；二是智力投资，即教育投资。

第一，人口质量重于人口数量。舒尔茨认为人力资本包括量与质两个方面：量的方面指一个社会中从事有用工作的人数及百分比、劳动时间，一定程度上代表着该社会人力资本的多少；质的方面指人通过教育培育出来的劳动技能、知识水平、自我约束、自我管理、自我发展以及自我完善的能力。舒尔茨用大量的证据证明人口质量比人口数量更重要。人口质量在人一生的社会活动中，包括改造自然、改造社会以及创造财富等方面均具有决定性的作用，衡量人口质量的指标主要是受教育程度。只有当人们把视野从只关注人口数量转向同时关注人口质量时，才称得上是人力资本问题，而人力资本理论的形成正是得益于这一认识上的转变，人力资本理论的基本出发点是提高人口质量、提升人口素质。

第二，人力资本投资与物力资本投资作为经济发展不可或缺的生产因素，但人力资本在现代化经济中的作用是大于物力资本投资的。随着人力资本的不断积累，生产效率迅速增大。

第三，教育投资是人力资本的核心。教育投资作为一种生产性投资，它对经济增长起着举足轻重的作用。因为经济增长的关键是通过提高劳动力质量来提高劳动生产率，而教育恰恰是提高劳动力质量的主要途径。他们论证说，各国人口、劳动力的先天能力是相近的，但后天获得的能力却相差悬殊。各国人口和劳动力质量的差别主要取决于后天能力。这种后天能力主要表现为知识、技能、文化修养、企业精神和创造力等，这一切都与教育密不可分。[1] 因为各国教育投资水平的差异和社会平均教育程度的差异，使人口素质呈现出不同水平。教育投资是一种长期性的投资，它的回报是在未来的社会生活中逐渐体现出其内在的价值。来自美国的教育投资回报：1900—1957 年，这 57 年间教育投资增长速度大于物力资本，物力资本投资所赚回的利润增长了 3.5 倍，同时教育投资增加的利润则达到 17.5 倍。[2] 一些发展经济学家以人口兴衰及有关统计资料为经验，对发展中国家收入的个人分配性及收益增长的决定因素，特别是贫困问题及贫困对策给予了极大关注和深入的考察研究。结果发现，对教育和人力资本培训进行的投资是发展中国家个人收入增加和国家财富增强的主要因素。因此，教育和个人成功之间存在紧密且有规则的联系。

第四，教育投资收益率高于物力投资的收益率。舒尔茨强

---

[1] Mark Biaug, "The Private and Social Returns on Investment in Education: Some Results for Great Britain", *Journal of Human Resources* 2 (Summer, 1967).

[2] 靳希斌:《教育经济学》，人民教育出版社 2009 年版，第 58 页。

调，人力资本与物力资本投资的收益率相关性很高。收益率高说明投资量不足，需要追加投资，收益率低，说明投资量过多，需要相对减少投资量。当人力资本与物力资本二者间投资收益率相等时，就是二者之间的最佳投资比例。当前相对于物力投资来说，人力资本投资量不足，必须将资本积累的重点从物力资本转移到人力资本上，要追加教育投资总量。所以，由教育形成的人力资本成为社会经济增长的源泉，在经济增长中逐渐代替了其他生产要素。舒尔茨认为个人收入的增长和收入差别的根本原因是人们受教育水平的普遍提高，这是人力资本投资的结果。

舒尔茨将人力资本的形成分为五种途径：（1）医疗和保健的支出；（2）职业培训；（3）正规教育；（4）成人教育；（5）适应就业或变化所引起的移民。其中最重要的是正规教育和职业培训形式。① 人力资本理论成为许多国家制定教育发展政策的理论基础。因此，面对农村学前教育师资供给严重不足的现状，充分重视农村学前教师的职前培养和职后培训环节，是解决农村学前教师数量短缺和质量低下的重要途径。

（四）丹尼森关于人力资本理论的主要观点

丹尼森对人力资本数量进行了大量的实证研究，是西方人力资本计量的代表人物。他在理论观点上与舒尔茨的主要区别如下：

第一，舒尔茨把教育看作生产过程中的一个独立的因素，丹尼森则认为教育是生产中人力因素的一个重要组成部分。

第二，教育因素和教育投资指的是受正规教育年限的多少。

第三，"知识增进"是人力资本的组成部分。所谓人的"知识增进"，主要包括学生在校学习期间的学习质量和毕业后自学、进修所获得的知识，人的知识扩大的存量，知识应用持续时间的减少等。

第四，正规教育因素对经济增长的作用，只有其中的 3/5 在起

---

① Schultz, T. W., *The Economic Value of Education*, New York: Columbia University Press, 1963.

作用。他认为各级教育程度就业者的工资差别，以及对经济增长的贡献的差别，并非由于教育因素的作用，因为除教育因素外，还有其他因素的作用，如天赋、才能、工资经验等。他借用了英国经济学家布劳格的观点，布劳格将正规教育的 3/5 作为一个系数，定名为阿尔法系数（α），作为计算个人收入的修正因素。[①]

另外，美国著名经济学家、1992 年诺贝尔经济学奖获得者加里·S. 贝克尔认为在职培训是对人力资本进行投资的重要内容。贝克尔认为，"唯一决定人力资本投资量的最重要因素可能是这种投资的有利性或收益率"[②]。因此人们是否进行正规的在职培训方面的人力投资，是由这些投资的边际收益等于边际成本的均衡点决定的，换句话说，只有教育培训的预期收益的现值至少等于其支出的现值时，人们才愿意接受教育培训。基于此，贝克尔深入分析了教育培训的支出和收入、职工、学生等主体的人力资本投资决策行为等问题，并得出了一系列有经验支持的理论。

（五）人力资本理论对我国农村学前教师供给的启示

舒尔茨的人力资本理论不仅充满了对传统理论的大胆质疑，同时带给我们诸多富有挑战性的启示。从人力资本理论的论述中，可以体会到教育在人力资本理论中的价值，针对我国农村学前教师供给保障问题，人力资本理论带给我们的启示是：

第一，学前教育是人力资本形成与积累中的基础性环节。现代经济增长主要依靠的是人力资本投资，即劳动者的质量和素质，而劳动者的质量和素质的形成和积累主要依靠的是教育、培训和知识的增加。学前教育作为教育的基础部分，对学前教育进行投资是在人力投资中进行的前期资本积累。

第二，学前期是进行人力资本投资的最佳时期。在人力资本框架下，经济学家通过分析教育投资的回报率，从个体层面和宏

---

①　靳希斌：《教育经济学》，人民教育出版社 2009 年版，第 72 页。

②　［美］贝克尔：《人力资本投资》，梁小民译，北京大学出版社 1987 年版，第 73 页。

观层面上考察了教育与收入之间的关系。人力资本的边际效率把教育的成本与教育的终生收益联系了起来。许多国家对教育的回报率进行实验研究纷纷表明，与其他可供选择的投资相比，无论是从个人角度，还是从社会角度，教育都产生了诱人的投资回报效率。同时，学前期是一个投资人力资本的最佳时期。这种投资不仅对儿童有利，也对家庭和社会有利。芝加哥纵向研究的最新结果在《科学》杂志上发表，[①] 学者在对低收入家庭长达 19 年的追踪研究表明，幼儿接受学前教育干预对于他们 28 岁时教育和经济状态、犯罪预防、健康状况、行为纠正以及心理健康都有着重大的积极影响。此外，学前教育带来的经济效益远大于成本，平均比例是 6∶1。法国的研究表明学前教育扩张提升了后续学校教育阶段儿童的学业表现和成人阶段的职业收入。以上理论和实验都能够阐释学前教育资本投入的社会学意义。

2000 年诺贝尔经济学奖获得者詹姆斯·赫克曼 （Heckman，J）通过分析芝加哥亲子中心、高瞻佩里幼儿园等研究发现"学前教育是最值得投入的教育领域"[②]。这是因为学前教育的人力资本投入有着较为长久的受益空间，而且在幼儿年龄最小时期的大量人力资本投入，对幼儿诸多能力的积累和锻炼起到了积极作用，并使其在未来的社会竞争中处于领先地位。

从成本的收益来看，大量的学前教育研究显示，学前教育投资能够带来巨大的经济效益和社会效益。而且在教育阶段中，对学前教育的投资所获得的回报最高，将伴随着幼儿成长产生持续、大量的收益。从 1964 年起，美国提前开端计划的研究人员对 123 名来自贫困家庭的幼儿进行了持续 40 年的追踪研究：与对比组相比，实验组接受了 1—2 年的学前教育。研究结果发

①　[美] 苏珊·纽曼：《学前教育改革与国家反贫困战略——美国的经验》，李敏宜、霍力岩主译，教育科学出版社 2011 年版，第 5 页。
②　严冷、冯晓霞：《学前教育作为人力资本投入的启示》，《中国教育学刊》2009 年第 7 期。

现，实验组幼儿较对比组幼儿在学业成绩、就业率、经济收入等方面都更高，家庭关系更和睦、犯罪率更低。等实验组幼儿长到 27 岁时，投资收益率为 1：7.16；到 40 岁时，整体投资收益率高达 1：17.07。其中，对幼儿个人的收益率为 1：4.17，对社会则高达 1：12.9。分析表明，这些社会收益分别来自犯罪率的减少、特殊教育与心理辅导的减少、所得税的增加以及社会福利开支的减少。[①] 因此，学前教育的人力资本投入将是受益最大、最有价值的资本投入。

第三，对农村学前教师的合理供给，是提高农村学前教育质量的最佳投资。教育在人力资本的构成中占据重要的地位。人力资本是一个由多种要素和内容组成的综合体，教育资本是其中最基本的构成要素和最主要的内容，并且教育被蕴含在人力资本的其他要素和内容中，尤其是培训资本、知识和技术资本以及人才供给资本所蕴含的教育因素更加突出。也可以说，缺乏了教育资本，人力资本的构成就是不完整。

第四，合理的农村学前教师供给对于西部农村的反贫困有重大意义。人力资本理论把教育看作是减少贫困的重要手段。依据人力资本理论，教育上的投资会强化人力资本的积累，从而促进经济的增长。通过教育和培训能把人改造成更有价值的人力资本，从而提高了他们的经济收入。简单地说，教育和收入之间被认为存在一种牢固的线性关系，随着教育水平的提高，收入也上升。这种关系的普遍性被认为是无可怀疑的。[②]

我国是一个农业大国，人力资源的主体在农村，而开发农村人力资源的根本手段是教育。我国现行的农村教育在开发农村人力资源、积累与转化农村人力资本、提高劳动者素质，尤其是专

[①]　中国学前教育发展战略研究课题组：《中国学前教育发展战略研究》，教育科学出版社 2010 年版，第 6—7 页。

[②]　Jandhyala B. G. Tilak, "Education and Poverty", *Journal of Human Development*, Vol. 3, No. 2, 2002.

业技术能力等方面还存在不少问题。主要是因为我们忽视了农村人力资本的投资。如果我们能够有效地把农村失学和辍学人口转化为人力资本大军，成功实现农村转移教育的作用，提升农村儿童的社会地位和生存能力、生存状态，对彻底扭转农村贫困落后的局面有着非常重要的意义。

从微观层面上看，教育贫困与经济收入贫困之间存在密切的相关性。教育贫困的特征包括基础教育的普及率低、辍学率高、教学质量差、教育环境差以及教育资源短缺等。要改善教育贫困的这些方面，无一例外地首先都需要加大经费投入。收入贫困使得人们改善教育贫困的能力极其有限；反之，教育贫困又进一步影响了经济收入，加重了收入贫困的程度。经济的贫困是许多儿童无法享受到正常教育的重要阻碍。甚至当教育由国家免费提供时，许多儿童也会因为家庭经济的贫困而无力对其进行足够的投资而迫使其离开学校。

许多来自发展中国家关于教育贫困的实证研究发现教育剥夺通常受两组因素的影响。首先与学校设施有关，包括学校数量短缺、教师数量不足、距离学校远以及教学质量低等，这些都是贫困家庭的儿童辍学的重要诱因。其次是经济因素。受教育的机会成本、直接成本以及家庭的经济收入水平也是阻碍儿童进入学校接受教育的重要因素。教育能够通过使低收入人群获得科学知识和劳动技能，从而提高他们的劳动生产率，来增加其经济收入。正因为如此，教育是被看作缓解贫困最重要的途径之一。

三　协同理论

当前，我国农村地区学前教育发展缓慢的情况已经成为制约全国学前教育事业整体发展的薄弱环节。因此从公共产品供给的角度出发，分析农村学前教育的发展、农村学前教师的配置，挖掘出影响农村学前教师供给的不利因素，并纠正以往单一的、不合理的教师供给状况，寻找适合西北地区学前教育发展实际情况的合理策略，对于促进和推动农村学前教育事业的发展有着非同寻常的意义。

（一）协同理论概述

"协同"一词来源于古希腊，它标志着开放系统中各个子系统之间相互作用的、集体的、整体的或合作的效应。协同学（Synergetics）亦称协同论或协和学，最初是由联邦德国西德斯图加特大学物理学家赫尔曼·哈肯（HermanHaken）在耗散结构理论的启发下，于1973年首先提出了"协同"的概念，主要以此来反映复杂系统的各个子系统之间的协调合作关系。它的研究与应用范围非常广泛，横跨自然科学和社会科学的众多领域。哈肯教授认为，从动物、人类到原子细胞都是由其集体行为间接地决定着自身的命运的，主要是通过竞争抑或协作。正如哈肯所说，"如果一个群体的单个成员之间彼此合作，他们就能在生活条件的数量和质量的改善上，获得在离开此种方式时所无法取得的成效"[1]。协同学发展与完善了系统论、耗散结构理论、控制论与信息论等现代科学理论。

协同学理论认为，协同有协同作用之意，是指在复杂大系统内，各子系统的协同行为产生出的超越各要素自身的单独作用，从而形成整个系统的统一作用和联合作用。[2] 这一理论重在强调，协同作用是形成系统内部有序结构的主要作用力，是任何复杂大系统本身所固有的一种自组织能力。随着系统科学研究的逐渐深入，管理界也开始认同并开始运用协同的观点，结果发现，一个企业系统，可以通过自我调节和相互协作，来不断优化其运作过程，在企业共同远景的指导下，从低级平衡走向高级平衡，这个平衡的转化过程就是一个协同过程。从协同论的普适性及科学性

---

① 曾健、张一方：《社会协同学》，科学出版社2000年版，第3页。
② 许国志：《系统科学》，上海科技教育出版社2000年版，第9页。

来看，教育界也可以尝试运用协同理论来解决教育中出现的一些资源供给不均衡的问题。

（二）协同理论的基本思想

协同学是一种复杂系统理论。它把一切研究对象看成是由众多子系统构成的复杂系统，而这些子系统之间会通过利用物质、能量或信息交换的方式相互作用，使系统从而形成一种新型的结构，达到一种整体效应。在整体复杂系统层次上，这种效应具有某种全新的功能，而这个功能是在各子系统层次上不具备的。所以，协同学的目的是建立一种处理复杂系统的概念和方法的统一观点。它主要研究的是开放系统怎样从原始无序状态发展为有序结构，或从一种低级的有序结构转变为更高级的有序结构。

协同学将系统所处的不同结构或状态称为不同的相，在一定条件下，系统从一种相转变为另一种相的现象称为相变。其基本思想可以概括为：相变出现之前，子系统之间的关联比较脆弱，无法束缚子系统本身存在的无规则运动，因而系统呈现出一种无序状态。当控制参量不断变化，达到一定的阈值时，系统会越过临界点，形成子系统之间的关联互动，出现宏观的结构或类型，这种互动胜过子系统的独立运动。于是，相变是一种临界现象，"序参量是系统相变前后所发生的质的飞跃的最突出的标志，是所有子系统对协同运动的贡献总和，是子系统介入协同运动程度的集中体现"①。它来源于子系统之间的协调合作，同时又反过来支配着子系统运动。

协同学由三个基本原理组成，即不稳定性原理、支配原理和序参量原理。

1. 不稳定性原理。不稳定性原理的基本内涵是"弃旧图新"。从系统的演化发展来看，不稳定性代表一种激进的、变革的因素，对于系统的发展有积极的推动作用。而稳定性则代表着一种保守因素。一种既存的旧结构或行为模式如果没有失去稳定性，新的结构

---

① 郭治安：《协同学入门》，四川人民出版社 1988 年版，第 23 页。

和模式就无法形成，因而不稳定性充当了新旧结构交替的媒介。

2. 支配原理。支配原理的主要概念是稳定模与不稳定模、慢变量与快变量、长寿命子系统与短寿命子系统。它们之间的关系具体表述为不稳定模支配稳定模，慢变量支配快变量，长寿命子系统支配短寿命子系统。支配原理的核心思想是强调任何系统内部都有矛盾、差异和不平衡，巨型系统尤其如此。当系统远离临界点时，这种差异、矛盾、不平衡不可能对系统结构和行为产生重要影响。随着系统运动逼近临界点，这些差异、矛盾、不平衡将被释放，一旦到达临界点，它们将被非线性放大，通过远离平衡态条件下激烈的相互作用，最终形成不稳定模支配稳定模，慢变量支配快变量，长寿命子系统支配短寿命子系统的宏观格局，系统也开始以有序结构取代无序结构，以新的有序结构代替旧的有序结构。归根结底，支配原理认为有序结构是由少数几个慢变量、模或子系统决定的。

3. 序参量原理。序参量是平衡相变理论提出的概念。序参量是指任何系统，只要某个参量在系统演化过程中产生变化，并具有指示或显示出新结构形成的作用，它就称为序参量。序参量是描述系统整体行为特性的宏观参量。序参量的形成不是外部作用强加于系统的，而是系统内部大量子系统之间的合作和协同一致的产物。当系统处于无序状态时，其各子系统独立运动，各行其是，相互间不存在合作关系，因而无法形成序参量。只有当系统趋近临界点时，各子系统发生关联，并形成合作关系，协同行动，进而导致序参量的出现。序参量是命令参量，序参量一旦形成就成为主宰和支配系统演化过程的力量。协同学是基于物理学理论建立的一个自组织理论。它研究的是以合作与竞争为基本概念的自组织运动。协同学强调的是有竞争性的子系统的合作行动以产生宏观尺度上的结构和功能，即在不否认竞争的同时强调子系统间的合作。

这些理论对本书具有重要的借鉴意义，是本书的主要方法论依据，其理论内容不仅为农村学前教师供给机制命题的提出提供借鉴，而且理论内容贯穿全文。

（三）协同理论对农村学前教师供给的启示

从协同视角看，当前农村学前教育普及背景下的西北农村学前教师供给保障问题，即是协同系统中的"相"。农村学前教师由供给不足到有效供给的转变也就是一种"相变"，系统越过临界点形成子系统之间的协同运动，即宏观上形成农村学前教师供给机制的新结构。相变之前，子系统本身存在的自发的无规则的独立运动，系统呈现无序的状态。但众多子系统的无序运动又会加深彼此之间的无序与混乱，使得系统进入一个临界点。

1. 农村学前教师的供给需要各个要素的协同供给

由于受城乡差别、区域经济发展不平衡、管理机制不完善等诸多因素的影响，我国农村学前教育发展缓慢，农村学前教师供给现状不容乐观。仅仅依靠劳动力市场的自动调节不可能缓解农村学前教师的短缺的困境，来实现农村学前教育的供求平衡，而且西部基层政府大多不具备所需要的财政实力，只能做到适当的缓解农村学前教师的供求矛盾，只有中央政府与地方政府各司其职才能确保为农村学前教育提供充足的师资，从而确保农村学前教育的质量。农村学前教师协同供给机制是一个集政府、教育行政部门、教师培训机构、农村学前教育机构、农村学前教师个人统于一体的大系统，具有复杂性。这种复杂性体现在各个子系统之间的关联互动，即农村学前教师供给机制中的各个影响因素本身也都是一个独立的子系统，他们之间又相互关联形成一个大的生态系统。多个相互关联的系统所掌控的社会资源不同，具有的功能与作用不同，决定了各自的作用与功能各有侧重。

政府部门的作用严重缺位，这就为农村学前教育的发展埋下了严重的隐患。但是，作为引导社会的政策，当今的教育政策是涉及多种团体和多重利益复杂互动的结果，这些团体最终以一些巧妙的并且不可预见的方式联合在一起①。可以说，我国许多公共问题通常都是通过公共机构、私人机构以及非营利机构的联盟而得以解决的。

一个地区教师的供给会影响到该地区教育的发展。但是教师的供给由多种因素构成，如财务部门对教师工资的及时拨付、各种待遇的合理提高；人事部门对其编制的充足配置，职称评定的科学合理，都能够增加教师职业的吸引力，增强职业的稳定性；学校对教师培养质量的提高，社会对教师行业的尊重与认可等。各个部门责任明晰、各尽其责、协调运行才能保证农村学前教师的良好供给。

2. 政府是农村学前教师供给保障的主体

作为起着支配子系统行为主导作用的序参量——政府，对于农村学前教师供给起到主导作用，并影响其他因素发挥间接作用。教育行政部门等子系统是被主导因素，是"伺服参量"。政府、教育行政部门、高校等子系统构成开放的整体系统，政策、管理、待遇、社会地位等作控制参量，借助系统中诸要素或子系统间非线性的相互协调、共同作用，调整系统有序、可持续运作所处的战略语境和结构，产生局部或子系统所没有的新能量，实现力量的增值，使整个系统在维持高级序参量的基础上协同供给农村学前教师，最终达到数量充足、质量合格的农村学前教师供给的目的。

在城乡二元体制下，中国长期实行非均衡的城乡公共服务供给制度，政府不断致力于提高城市学前教育质量，而其在农村学前教育供给的失位，导致城乡学前教师供给的严重失衡。例如，一个地区对其区域内提供了学前教育资金支持，但人口的流动会

---

① 珍妮特·V. 登哈特、罗伯特·B. 登哈特：《新公共服务》，中国人民出版社 2003 年版，第 80—81 页。

使这种支持变得不公平，甚至影响社会公平。农村学前教育的准公共产品属性，要求政府部门必须严格落实、切实执行，以改变农村学前教育由个人承担的不合理现状。因此，政府应该针对农村学前教师的协同供给模式进行探究。

本章小结

本章重点选择了教育公平理论、人力资源理论以及协同供给理论作为农村学前教师供给研究的理论基础。并分别对三种理论的内涵、主要思想进行了分析，尤其是其核心思想对农村学前教师供给的启示做了重点剖析，为进一步构建农村学前教师供给机制奠定理论基础。

从教育公平理论出发，农村学前教师供给是农村地区学前儿童个体追求教育公平的合理诉求；农村学前教师的有效供给是农村地区学前教育发展的重要保障。从人力资本理论出发，学前教育是人力资本形成与积累的基础性环节；学前期是进行人力资本投资的最佳时期；对农村学前教师进行投资是提高农村学前教育质量的最佳途径。从协同供给理论出发，农村学前教师供给需要各个供给要素的协同，政府是农村学前教师供给保障的主体。

第三章　宁夏农村学前教师的供给现状与困境

随着《规划纲要》的颁布，各级政府进一步强调了提供学前教育在国家公共教育服务的重要地位。尤其是农村学前教育，作为农村公共教育服务体系的重要组成部分，在我国加快新农村建设的战略布局下，更应该成为中央政府和地方政府工作的重点。况且，满足农村儿童对学前教育基本的需求，对提高我国公民整体素养，促进社会和谐全面发展至关重要。在整个农村学前教育事业中，农村幼儿教师的社会角色和历史使命尤为重要。因此，农村学前教育的发展必须是以农村学前师资队伍的发展为前提，而农村学前教师的工资、编制、社会福利等相关供给保障是农村学前教育发展的重要保证。

2010 年 11 月，国务院下发的《国务院关于当前发展学前教育的基本意见》（国发〔2010〕41 号）（以下简称"国十条"），国家实施推进农村学前教育项目，重点支持中西部农村地区，要求将学前教育纳入新农村建设公共服务的统一规划中优先发展，并且强调重点加快推进中西部地区的农村学前教育项目实施步伐。[1] 各级政府纷纷响应，并积极地制定了一系列方针、政策以确保学前教育发展目标的实现。

---

[1] 教育部解读学前教育三年行动计划：《让入园不再难》，解读人：教育部基础教育二司负责人。

近几年来，得益于国家有关西部农村学前教育发展的政策红利，宁夏回族自治区学前教育总体不断发展。为了加快学前教育普及，提高学前教育质量，宁夏回族自治区教育厅制定了《宁夏回族自治区教育人才发展中长期规划（2010—2020年）》，并将"切实加快学前教师队伍建设"确定为首要任务。但是宁夏农村学前教师的供给问题同全国其他农村地区一样，成为阻碍农村学前教育发展的主要"瓶颈"。

一 宁夏学前教育事业发展现状

宁夏回族自治区，简称宁，是我国面积最小的省区之一，也是五大民族自治区之一。宁夏处在中国西部的黄河上游地区，东邻陕西省，西部、北部接内蒙古自治区，南部与甘肃省相连。宁夏是中华文明的发祥地之一，位于"丝绸之路"上，历史上曾是东西部交通贸易的重要通道，作为黄河流经的地区，这里同样有古老悠久的黄河文明。

宁夏回族自治区面积6.6万平方公里，管辖5个地级市，9个市辖区、2个县级市、11个县。根据《宁夏回族自治区2010年第六次全国人口普查主要数据公报》，全区常住人口为6301350人。其中回族人口占35.56%，是全国最大的回族聚集区，居住在乡村的人口为3283003人，占52.10%。

自治区政府为了贯彻落实《规划纲要》、《宁夏学前教育三年行动计划》精神，加快发展学前教育，扩大学前教育规模，提高保教质量，逐步满足适龄幼儿接受学前教育的需求。截止到2015年年底，全区学前教育三年毛入园率达到71.44%，比2010年提高20个百分点。① 宁夏学前教育事业总体呈快速发展趋势，具体

---

① 郭虎：《深入贯彻党的十八届五中全会精神努力开创全区教育事业改革发展新局面——在2016年全区教育工作会议上的工作报告》（宁教工委办〔2016〕6号），2016年2月22日。

情况见表 3 - 1。

表 3 - 1　　　2005—2014 年宁夏学前教育事业发展情况统计　　单位：所，人

年份	幼儿园数	在园幼儿总人数	教职工总数	园长数	专任教师数	教师与幼儿比	专任教师与幼儿比
2005	208	78831	4246	276	2717	1：19	1：29
2006	219	102552	4647	297	3004	1：22	1：34
2007	228	126273	4746	358	3104	1：26	1：40
2008	286	113279	5375	369	3460	1：21	1：32
2009	334	124903	6191	466	4172	1：20	1：30
2010	373	137856	7029	502	4613	1：29	1：30
2011	440	148917	8361	546	5283	1：18	1：28
2012	527	160254	10109	681	6145	1：16	1：26
2013	634	169080	11233	752	6624	1：15	1：26
2014	710	180871	12834	881	7746	1：14	1：23

数据来源：《宁夏教育统计手册》(2005—2014 年)，宁夏教育厅编制。

　　进一步分析表 3 - 1 中的数据，可以看出 2005—2014 年宁夏学前教育事业发展初步取得了以下成就：

　　1. 幼儿园数量逐年增长。截至 2014 年年底，全区目前共有各类幼儿园 710 所（其中公办园 229 所，民办及其他幼儿园 481 所），相比 2005 年，增加了 502 所，增幅为 241%。仔细对比 2005—2014 年幼儿园增长数量，可以看出，近十年来，我区幼儿园数量平均以每年 13% 左右的速度增长。

　　2. 在园幼儿数快速增长，学前教育普及效果显著。近年来，随着我区学前教育普及力度的加大，在园幼儿数从 2005 年的 78831 名，增长到 2014 年的 180871 名。全区学前教育规模不断扩大，在 2011—2013 年第一期学前教育三年行动计划实施以来，在园幼儿人数增加了 3.2 万人。与此同时，学前三年毛入园率也从 2010 年的 50.9% 增加到 2014 年 60.39%，增加了近十个百分点。城市基本满足了适龄儿童入园需求，农村学前教育得到进一步发展。

　　为了更全面的了解、掌握宁夏学前教育发展的整体态势，笔者调查了从 2005—2014 年宁夏不同体制、不同区域的幼儿园发展情况。

（一）宁夏不同体制幼儿园数量发展变化情况

办园体制主要是指由于幼儿园的承办主体不同，在教育管理模式、教育理念、人事管理等方面存在一定的区别。农村幼儿园主要是由教育部门办园、民办园、集体办园及其他部门办园组成。在我国多元化的办园模式已初步形成的局面下，了解不同体制类型幼儿园的发展情况，能够帮助我们从整体上掌握一个区域内学前教育的发展状况。

表 3 - 2　　　　2005—2014 年宁夏不同体制幼儿园发展情况统计　　　单位：所

办园主体	2005 年	2006 年	2007 年	2008 年	2009 年	2010 年	2011 年	2012 年	2013 年	2014 年
教育部门	80	87	74	76	77	90	105	140	199	229
集体办	6	6	7	10	17	11	1	0	0	0
民办	110	126	137	191	234	264	318	373	421	471
其他部门办	12	20	10	9	6	8	16	14	14	10
总计	208	239	228	286	334	373	440	527	634	710

数据来源：《宁夏教育统计手册》（2005—2014 年），宁夏教育厅编制。

为了更直观地了解到宁夏不同体制幼儿园近十年来的发展情况，根据表 3 - 2 的数据绘制了宁夏不同体制幼儿园数量发展变化图，如图 3 - 1 所示：

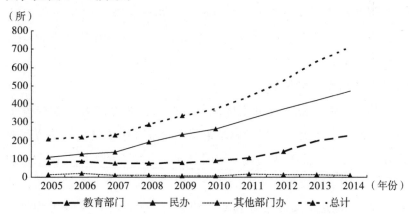

图 3 - 1　2005—2014 年宁夏不同体制幼儿园发展情况

根据图 3 - 1，宁夏地区 2005—2014 年十年间不同体制幼儿园的数量发展情况，我们可以看出：

（1）教育部门办园数量持续增长

教育部门和机关、事业单位、部队、学校和团体等国家单位举办的幼儿园，都属于我们通常所说的公办园，这类幼儿园具有很强的教育性和福利性，是我国幼儿园办园体制的主导模式。长期以来，引领着我国幼儿园的发展方向。宁夏近十年来，教育部门办园 2009 年以前数量增长比较缓慢，2009 年以后数量快速增长，从 2005—2014 年间，数量从 80 所增长到 229 所，增长了 2.86 倍，其中 2009 年以后增长了 152 所。

（2）集体办园迅速减少至消失

在 20 世纪末期，根据我国"动员社会力量、多渠道、多形式地发展幼儿教育"的方针，集体办幼儿园当时占据了我国幼儿园办园形式的主要位置。宁夏进一步提出了"将企业办的幼儿园、托儿所全部实行社会化管理"。[①] 宁夏地区企业办幼儿园数量长期以来一直没有形成规模，徘徊在 10 所左右，但是如图 3-1 所示，宁夏地区的集体办幼儿园从 2009 年的 17 所迅速下降，规模不断缩小，至 2011 年宁夏地区仅剩 1 所集体办幼儿园，到 2012 年集体办幼儿园完全消失。究其原因，主要有以下三点。

第一，企事业单位改制，集体制幼儿园与原有单位剥离，举办经费来源切断，生存困难，大量幼儿园被迫停办、变卖，办园规模迅速缩小，数量减少不可避免。

第二，缺乏相应政策支持，企事业单位举办幼儿园积极性下降。面对企事业改制，尽管有政策明确企业办中小学交给地方政府举办和管理，但企事业幼儿园的问题却一直缺乏相关的明确政策规定。虽然国家教委等 8 个部门联合下发了《关于企业办幼儿园的若干意见》，但是该文件一方面缺乏约束力，另一方面又缺乏相应地

---

① 宁夏回族自治区人民政府：《宁夏回族自治区人民政府关于加快我区国有企业改革与脱困若干问题的暂行规定》（宁政发〔1999〕63 号）。

支持企事业单位继续办园的优惠政策措施，如减少税收、政府退税、政府补贴等，导致国有企事业单位继续办园的积极性下降。

第三，城区改造工作推进步伐加快，而很多地方政府在改造过程中未能把幼儿园的发展内容纳入当地规划中，这些为一般大众服务的集体幼儿园或被撤销或自然消亡。使得长期以来积累的大量优质学前教育资源流失。

（3）民办园发展迅速

民办园的快速发展是近年来全国各地学前教育事业发展中的一个非常突出的特点。根据表3－2和图3－1中的数据可以看出，自2005年以来，宁夏的学前教育发展主要是以社会力量办园为主体，民办幼儿园是该地区学前教育发展的主要力量。2005—2014年，宁夏地区民办园从110所增加到471所，增加了361所，增长率为328%。结合表3－2和图3－1，我们可以清楚地看到，民办园在宁夏幼儿园总量中始终占有较高的比重，2005—2014年该比重保持在60%左右，最高时达到72%（2011年度），出现这种情况主要有以下几点原因。

第一，民办园的迅速发展与集体办园数量减少相伴而生。虽然民办园的数量迅速增长，但这些幼儿园的规模都相对较小。近几年，宁夏地区民办园在宁夏幼儿园总量中所占比重一直保持在70%左右的较高比重，但其在园幼儿人数占宁夏在园幼儿总人数的比重却只有40%，超过3/5的幼儿是集中在仅占幼儿总量30%的公办园中。进一步的调查还发现，在民办园中，个人办园为主体的园所已经达到近80%的比例。

第二，民办园满足家长的多样化需求。民办园的小规模化一方面在调整办园格局与满足家长多样化需求方面有着一定的优势。为了在市场竞争中求得生存与获得经济利益，满足不同层次家长的需求，目前宁夏民办园发展出现多层次性，大体有三个层次：一是高端化，这类幼儿园由于定位比较高，高标准、超豪华，地理位置选择在高档小区附近。因为能够保证小班额教学，而且极具特色的课程赢得家长的热衷，收费一般在3000元/月以上，服务群体以高收入群体为主；二是中端化，这类幼儿园一般具备办园资质，教学设备设施相对完善，教学理念也随着社会发展逐步跟进，服务对象是本地工薪阶层，是本地公办幼儿园的有益补充，具备良好的发展势头；三是低端化，这类幼儿园教学无计划，场地狭小，缺乏基本的设备设施，给学前教育质量和幼儿园安全隐患带来很多问题。有的甚至不具备办园资质，但因为其收费低廉，而成为本地贫困阶层、低收入的外来务工阶层的无奈之选。

第三，民办园发展质量良莠不齐。多层次的民办幼儿园规模，虽然能满足社会多元化多层次的学前教育需求，但是其发展与质量上的许多问题需要我们正视。在市场经济运作的大环境下，民办园存在缺乏完善有效的监督监察机制，例如收费难以标准化、教师培训难以跟进、教育质量良莠不齐等。所以单纯提高民办园数量而忽视其发展质量将直接影响整个宁夏地区的学前教育发展质量和发展格局。

综合宁夏地区不同体制幼儿园发展格局的变化可以看出，近十年来，集体办园因为其生存的政策土壤变更，数量迅速减少到彻底消失；民办园从110所增加到471所；而教育部门办园从80所增加到229所，这说明随着社会结构和经济体制的转型，幼儿园在体制和数量上也随之发生不同变化。

总体而言，教育部门办园将继续保持其主体地位，发挥其主导作用；民办园将成为主要的办园形式；而集体办园在社会改革中逐步被公办分化或被民办园合并替代。

（二）宁夏不同区域幼儿园数量发展变化情况

处于宁夏城市、县镇和农村不同区域的幼儿园，由于受区域经济文化发展水平的影响，在发展速度和发展规模上会呈现出不同的特点和趋势，具体见表3-3。

表3-3　2005—2014年宁夏城市、县镇、农村幼儿园发展情况统计　单位：所

区域	2005年	2006年	2007年	2008年	2009年	2010年	2011年	2012年	2013年	2014年
城市	96	107	123	148	169	168	228	258	289	317
县镇	88	86	73	94	106	132	137	167	188	209
农村	24	26	32	44	59	73	75	102	157	184
总计	208	219	228	286	334	373	440	527	634	710

数据来源：《宁夏教育统计手册》（2005—2014年），宁夏教育厅编制。

结合表3-3的数据，分别从城市、县镇和农村三个层面来对宁夏幼儿园数量发展情况进行分析，可以进一步掌握宁夏幼儿园发展在数量上的态势。

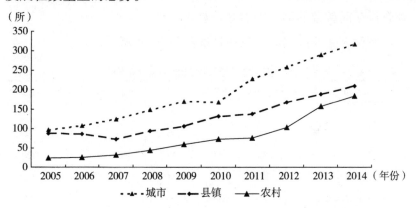

图3-2　2005—2014年宁夏城市、县镇、农村幼儿园发展情况统计

对图3-2中宁夏不同区域内幼儿园发展情况进行进一步的分析，可以看出：

（1）无论是在城市、县镇还是在农村，各个区域幼儿园的发展趋势与全国幼儿园发展的趋势是一致的。近十年来宁夏城市、县镇、农村幼儿园数量都呈快速增长趋势，但是进一步对其增长比例进行分析，我们发现近十年来，宁夏地区城市、县镇和农村幼儿园的数量的增长率分别为：230%、138%、667%，很显然，农村幼儿园增长比率最高。

（2）宁夏农村幼儿园数量快速增长。从图3-2可以看出，截至2014年年底，宁夏农村幼儿园总数增长从2005年的24所迅速增长为2014年的184所。

二 宁夏农村学前教育发展的状况与趋势

截至2014年年底，宁夏共有各级各类农村幼儿园184所。根据本书的研究目的，在本次研究过程中，笔者共走访22所农村幼儿园，发放农村学前教师问卷310份，回收问卷300份，回收率96.7%；结合本书研究的需要，访谈农村学前工作者88人，其中，主管农村学前教育工作的行政人员9位，农村幼儿园园长16位，农村学前专任教师63位。收集了大量的客观、真实的关于宁夏农村学前教育的第一手有效资料。

所调查幼儿园的具体分布情况如表3-4所示：

表3-4　　　　宁夏行政区域划分及农村幼儿园分布情况　　　单位：所

市	银川市	固原市	中卫市	吴忠市	石嘴山市	合计
县	2	4	2	2	1	11
乡镇	11	62	40	42	23	178
行政村	80	891	442	532	64	2009
幼儿园	212	151	60	110	94	627
农村幼儿园	28	48	34	26	21	157
本书所调查农村幼儿园	2	8	5	3	4	22

就我区目前在学前教育方面取得的成就，不仅得益于国家教育改革措施的宏观布局和调整，同时得益于区政府因地制宜实施的人才强区战略，尤其形成了学前教育骨干体系和多途径多元化的农村学前教育发展模式。然而，随着经济发展和社会结构的不断变化，学前教育目前的发展格局与社会对其需求的鸿沟逐渐凸显。就宁夏回族自治区学前教育整体发展而言，存在对学前教育资源投资不足、教师数量和素养急需提高、幼儿园基础设施跟进缓慢等问题，这些问题在农村学前教育尤为突出，亟待解决。

（一）宁夏农村在园幼儿数量变化情况

农村学前教师队伍规模的起伏与农村幼教机构数量的变化密切相关。而幼教机构数量的变化与我国计划生育政策见效，适龄儿童减少也有着密不可分的联系。

表3-5　　　　2005—2014年宁夏农村适龄幼儿入园情况　　单位：人，%

年份	新入园幼儿人数	在园幼儿总数	其中幼儿园幼儿人数	其中学前班幼儿人数	学前三年毛入园率	学前一年毛入园率
2005	38411	42412	4665	37747	17.40	43.35
2006	39848	44402	6079	38323	26.08	49.60
2007	37665	43050	8840	34210	33.95	49.84
2008	36015	41374	6875	34499	29.90	42.77
2009	36063	41328	7706	33622	34.90	48.11
2010	36199	43085	10464	32621	43.40	47.03
2011	29880	36975	8902	28073	38.71	49.53
2012	30747	39331	16652	22679	47.50	52.69
2013	27632	40002	13185	26817	49.03	63.88
2014	27052	41659	17947	23712	50.63	64.62

数据来源：《宁夏教育统计手册》（2005—2014年），宁夏教育厅编制。

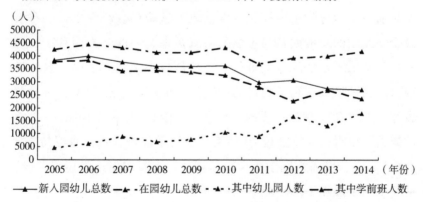

图3-3　2005—2014年宁夏农村在园幼儿数量变化情况

结合表3-5和图3-3，可以清晰地看出2005—2014年宁夏农村在园幼儿的数量变化情况：

（1）宁夏农村新入园幼儿逐年递减，但在园幼儿总数保持稳定。

从表3-5和图3-3可以看出，2005—2014年，宁夏农村在园幼儿总人数总体上保持稳定，持续保持在4万名左右。但是，与此同时，新入园幼儿人数却出现逐年递减趋势。2005年新入园幼儿总数为38411名，到2014年却只有27052名幼儿，针对此现象，笔者进行进一步的深入调查发现，这主要是因为：一方面，随着计划生育政策的落实和城镇化的发展，农村出生人口减少，居住分散，特别是宁夏南部山区，农村学前适龄儿童人数逐年下降。另一方面，由于农村青年外出务工、人口流动等社会原因，部分学前儿童随父母外出，逐渐开始流向县镇、城市以及外省。在本地就近入园的幼儿人数出现了逐年减少的现象。

（2）学前班幼儿总数逐年递减，幼儿园在园幼儿总数逐年递增。

根据表3-5中的数据显示，学前班幼儿总数逐年递减。2005年，学前班幼儿总数为37747名，占在园幼儿总数的89%，2014年则减少为23712名，占在园幼儿总数的57%，10年间减少了14035名，但其总数仍然高于幼儿园在园人数。学前班是我国普及学前一年教育的主要模式。学前班一般附设在小学中，也有隶属于幼儿园的。根据其与小学的隶属关系，一般分为两种：一种是真正隶属于小学的学前班；另一种是与小学并无隶属关系的学前班。这种形式有利于农村幼小衔接，但同时也成为了农村学前教育"小学化"现象严重的主要诱因。根据表3-5和图3-3中的数据可以看出，宁夏近10年来，农村学前班人数一直保持在2万—3万人。随着我国中小学布局调整，大量农村小学撤点并校，这一数据呈逐年下降趋势。

与此同时，宁夏农村幼儿园人数呈逐年递增趋势。2005年，幼儿园在园幼儿人数为4665名，仅占在园幼儿总数的11%，2014年这一数据增长为17947名，占在园幼儿总数的43%。这主要是得益于学前三年计划的实施和宁夏农村学前教育机制改革的启动。学前班幼儿人数逐年下降和幼儿园人数逐年递增，一降一升使得幼儿园在园总人数保持稳定。

（二）宁夏农村幼儿入园率的发展变化情况

入园率是衡量一个地区学前教育发展的一个核心指标。为了更直观地看到近几年宁夏农村适龄幼儿入园情况，我们可以将表3－5中关于宁夏农村学前一年毛入园率和学前三年毛入园率的相关数据转换到图3－4中，如下图所示。

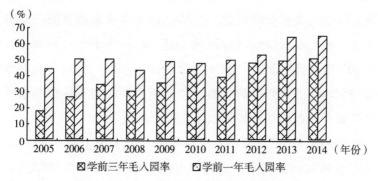

图3－4 2005—2014年宁夏农村适龄幼儿入园率发展变化情况

结合表3－5和图3－4的数据，我们可以看出，2005—2014年宁夏农村学前一年教育和学前教育的普及情况如下。

（1）宁夏农村学前三年入园率呈快速增长

从表3－5可以看出，从2005年开始，宁夏农村幼儿园人数逐年快速增加。截至2014年年底，农村幼儿园总人数为17947名，比2005年增加了13282人，学前三年入园率增长了近33个百分点，平均每年以3.3%左右的速度提升。尤其是在2012年度，随着宁夏学前三年行动计划的逐步落实，农村幼儿园数量的扩建，该年度幼儿园幼儿数比上一年度增加了87%，学前三年入园率较上年提高了8.8%，并且在2014年年底学前三年入园率达到50.63%。

（2）学前一年入园率总体呈稳步上升

根据表3－5可以看出，宁夏农村学前班儿童数量减少很快，从2005年的37747名减少到2014年的23712名，减少了37%，

尽管如此，截至 2014 年年底学前班儿童总数仍占在园幼儿总数的
56.9%。受宁夏农村地区适龄儿童数量的减少和农村幼儿园数量
的增加，学前三年入园率的提高，进入学前班就读的幼儿在减
少。但学前一年入园率在稳步提高，从 2005 年的 43.35%，增长
为 2014 年的 64.62%，增长了近 20 个百分点。

长期以来，学前班是我国农村学前教育一种主要形式，是实
现我国农村学前一年教育的最主要途径。学前班的大量减少直接
影响农村幼儿受教育的机会。当前农村出现越来越多的留守和流
动儿童，然而农村学前教育经费不足，农村中小学布局调整，被
撤并小学附设园（班）不得不随之减少甚至消亡。留守儿童数量
增多与农村学前班数量的急剧减少的矛盾问题将直接影响农村儿
童学前教育机遇和学前教育城乡均衡化发展。

根据图 3-4 可以看出：总体看来，宁夏农村学前教育发展
水平据全国农村平均水平还相差甚远，如 2009 年全国学前教育
一年毛入园率为 74.0%，而宁夏只达到 48.11%；全国农村学
前三年毛入园率为 50.9%，而宁夏只有 34.90%，相差近 16 个
百分点。但是，近几年来宁夏农村学前教育三年入园率呈快速
增长趋势，究其原因，主要是因为宁夏农村民办幼儿园的数量
增加，使得当地学前儿童的入园机会增多。

三 宁夏农村学前教师配置现状

对于宁夏农村学前师资配置情况，主要从人数、学历、职称
等方面进行考察。其中，对于宁夏农村学前教师人数、学历以及
职称的情况分析主要以《宁夏教育统计》（2005—2014 年）的相
关数据为主，对于工资待遇以及编制等情况的分析则主要依据笔
者实地调查获得的相关信息。

（一）宁夏农村学前教师数量现状

农村学前教师是农村学前教育发展的最重要的人力资源和第一

推动力。在我国大力普及农村学前教育的背景下，实施了很多促进农村学前教育发展的项目，"十二五"期间，中央下达专项资金500亿元，重点发展中西部农村地区的学前教育，大量改建、扩建乡镇中心幼儿园。但是，农村学前教师队伍总体数量不足、素质偏低的情况在全国各地普遍存在。如果农村学前教师供给的问题得不到有效解决的话，那么就会造成前期很多投入资金的浪费，没有专业、合格的农村学前教师，农村幼儿园就无法运转起来。

　　宁夏近几年一直在加大学前教师的培养力度和培养规模。为了进一步了解宁夏农村学前教师的配置情况，笔者对宁夏2005—2014年的农村幼儿园不同岗位的教职工数量变化做了一个详细的统计分析，以期望对宁夏农村学前教师队伍的整体状况做一个客观、全面的掌握。

表3-6　　　　2005—2014 年宁夏农村学前师资配置数量情况　　　单位：人

岗位	2005 年	2006 年	2007 年	2008 年	2009 年	2010 年	2011 年	2012 年	2013 年	2014 年
园长	11	20	27	38	43	66	62	89	115	143
专任教师	60	107	117	140	232	302	334	450	523	772
保育员	18	3	30	22	49	48	107	112	172	145
其他①	19	30	26	48	49	94	96	106	126	137
代课教师②	7	31	60	24	27	107	81	130	181	179
兼任教师③	10	1	5	5	2	14	1	14	7	4
合计	125	192	265	277	402	631	681	901	1124	1380

　　数据来源：《宁夏教育统计手册》（2005—2014 年）宁夏教育厅编。

　　为了进一步分析宁夏农村学前教师的配置情况，将表3-6转

---

① "其他"主要是指幼儿园的厨师、门卫、保安等后勤保障人员。

② 代课教师：指在编教师由于一段时间内不能在岗工作，可以通过当地教委或幼儿园临时雇用本地师范毕业的待岗毕业生或有一定教学经验的人，代替其组织教学活动。代课教师的工资一般由提出雇用代课教师的本人支付。除此之外，代课教师不能享有任何福利待遇和保障，也不和教育部门建立任何关系，发挥一种临时顶岗的作用，是一种简单的雇用关系。

③ 兼任教师：指由于幼儿园人员短缺，对于有些岗位，如幼儿园财务人员，后勤采购人员等，采取临时聘用其他人员的方法，发挥临时顶岗的作用。

换为折线趋势图，如图 3 - 5 所示。

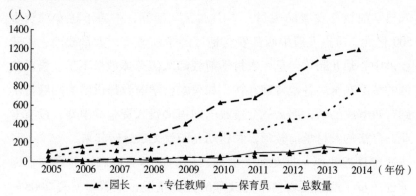

图 3 - 5　2005—2014 年宁夏农村学前教师配置趋势

通过图 3 - 5，我们可以非常清晰地看到：

（1）宁夏农村学前教师总体数量呈快速增长趋势，而且上升速度很快。截至 2014 年年底，农村学前教师的总体数量是 1197 名，是 2005 年的 11 倍。从 2005—2014 年，宁夏农村学前教师总人数增加了 1089 名，平均每年增加近百名。

（2）宁夏农村学前专任教师数量快速增加。在宁夏农村学前教师队伍中，专任教师的增长速度是最快的。从 2005 年的 60 名增加到 2014 年的 772 名，增加了 712 名。但是相对于宁夏农村学前儿童在园人数配备比例来说，还是存在巨大缺口。

（3）随着宁夏农村幼儿园数量的逐步增加，幼儿园规模的逐步扩大，园长、保育员等不同岗位教职工的数量也是逐年增长。例如，园长从 2005 年的 11 名增长到 2014 年的 143 名；保育员从 2005 年的 18 名增长到 2014 年的 145 名。宁夏农村学前教师队伍数量的迅速增长，与《规划纲要》的颁布以及《宁夏学前三年行动计划》的落实有着密切的关系。

（二）宁夏农村学前教师学历现状

学历层次是反映师资水平的重要标志之一。目前宁夏农村学前教师队伍的整体学历层次和专业水平较低，这是宁夏农村学前教育质量不高的重要因素之一。

表3-7　　宁夏农村学前专任教师学历情况（不含学前班）　单位：人

学历	2005 年	2006 年	2007 年	2008 年	2009 年	2010 年	2011 年	2012 年	2013 年	2014 年
本科	2	3	2	5	16	13	18	30	54	67
专科	31	31	50	70	89	138	176	232	244	378
高中	26	62	56	57	105	133	131	177	208	296
高中以下	1	11	9	8	22	18	9	11	17	31
合计	60	107	117	140	232	302	334	450	523	772

数据来源：《宁夏教育统计手册》（2005—2014 年），宁夏教育厅编制。

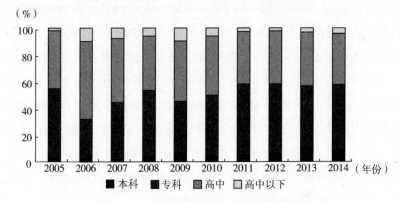

图3-6　2005—2014 年宁夏农村学前专任教师学历情况统计

从表3-7和图3-6可以清晰地看到，2005—2014 年，宁夏农村学前专任教师的学历水平变化情况，具体地表现为以下几点：

（1）本科学历的专任教师逐年增长。从 2005 年只有 2 名本科学历专任教师到 2014 年已经有 67 名本科学历专任教师，尤其是 2009 年以后增长速度明显加快。截至 2014 年年底，本科学历的教师占宁夏农村学前教师总量的 9.3%。

（2）专科学历的学前教师是宁夏农村学前教师的主力军。由 2005 年的 31 名增长到 2014 年的 378 名，增长了 12 倍。截至 2014 年年底，专科学历的教师占宁夏农村专任教师总量的 48.9%

（3）高中学历的学前教师也是宁夏农村学前教师队伍中的重要力量。2005—2014 年，高中学历人数从 26 名增长到 296 名，截至 2014 年年底，高中学历人数占宁夏农村专任教师总量的 38.3%。另外，截至 2014 年年底，宁夏学前教师队伍中仍然有 4% 的高中以下学历教师。

综上所述，宁夏农村学前教师队伍中不同学历水平的教师人数都在逐年增加，其中专科水平人数增长最为迅速，2014 年拥有专科学历人数是 2005 年的 12 倍。进一步的分析可以看出，宁夏农村学前教师以专科和高中学历为主，二者总人数占专任教师总人数的 87.3%，到 2014 年，教师总人数中的 48.9% 已经拥有专科毕业学历，与此同时，高中及高中以下学历教师占 42.3%，本科学历水平教师仅占 9.3%。总的来看，农村学前教师学历水平参差不齐，呈低学历水平。这说明农村学前师资学历水平急需进一步提高。

在学历层面上，西北地区农村学前教师学历达标程度虽然逐年提高，但是，专业不对口的现象突出。调查显示，15.9% 西部农村幼儿园教师的第一学历为初中及以下，71.4% 为高中或中专；在专业方面，72.2% 为非学前教育专业，其中，46.9% 为非师范专业。另有调查显示，西部农村学前教师中正规幼师生、职高生、非师范生、小学教师各占 1/4 左右。[1]

（三）宁夏农村学前教师职称结构

职称是教师专业发展能力和水平的集中体现。对宁夏农村学前教师的职称评定情况进行调查，情况如表 3-8 所示。

表 3-8　　2005—2014 年宁夏农村学前专任教师职称情况　　单位：人

职称	2005 年	2006 年	2007 年	2008 年	2009 年	2010 年	2011 年	2012 年	2013 年	2014 年
小学高级	13	13	24	18	21	38	59	64	104	90
小学一级	15	12	22	24	34	47	50	72	93	79
小学二级	7	0	4	3	5	4	2	6	8	8
小学三级	0	0	0	0	1	4	3	3	2	3

---

[1] 王杰：《贫困地区农村幼儿教师专业成长的现状、问题及对策》，《学前教育研究》2009 年第 1 期。

续表

职称	2005 年	2006 年	2007 年	2008 年	2009 年	2010 年	2011 年	2012 年	2013 年	2014 年
未评职称	27	82	67	95	171	209	220	305	316	592
合计	62	107	117	140	232	302	334	450	523	772

数据来源：《宁夏教育统计手册》（2005—2014 年），宁夏教育厅编。

　　为了更直观地了解到宁夏农村学前专任教师的职称情况，进一步将表3－8转换为图3－7，如下图所示：

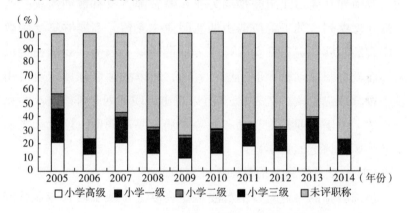

图3－7　宁夏农村学前专任教师职称情况统计

　　结合表3－8和图3－7，我们可以清楚地看到宁夏农村学前专任教师职称情况，其中最显著的特点是：

　　（1）小学高级职称人数逐年递进，增幅较大。从2005年的13人，增长到2014年的90人。截至2014年，小学高级职称人数占总人数的11.7%。小学一级职称人数为79人，占总人数的10.2%。进一步的调查发现，这两部分教师均为乡镇中心园幼儿教师，合计占总体的21.9%。

　　（2）未评职称教师比例情况越来越严重。以2014年为例，未评职称的教师人数为592人，占教师总人数的76.7%。这非常不利于教师队伍的稳定和调动教师专业发展的积极性，这说明教师任职资格管理严重缺位，导致被聘用的好教师留不住，职称问题成为宁夏农村学前师资建设中一个亟待解决的问题。学前教师队伍建设中，如果缺少合理的职称梯队，将会对整个教师队伍的持续发展产生非常不利的影响。

截至 2014 年年底，宁夏各级各类幼儿园在园教职工总人数为 12834 人，其中专任教师总人数为 7746 名，占总数的 60.36%，其中农村地区（包括乡镇中心园）幼儿教师有 1197 人①，占总数的 9.3% 左右。除了乡镇中心园的老师，农村小学"校中园"的幼儿教师和其他幼儿园教师均为非在编教师，没有被纳入统一的教师管理序列，其工资待遇由幼儿园业主支付，不能够享受到教师应有的职称评定和社会保障等方面的待遇。因为，我国长期以来学前教育归基础教育部门统一管理，所以教师职称评定也沿用基础教育评定模式。从表 3-8 可以看出，职称划分等级与小学完全一致，由于学前教育与义务教育本质上是不同的，这大大影响了教师职称评定的科学性。

（四）宁夏农村学前教师专业对口情况

学前教师的专业对口情况在一定程度上反映了教师专业技能的掌握与熟练程度。为了进一步了解宁夏地区学前教师的专业对口情况，以全区 2013 年幼儿园教职工总人数为例，见表 3-9 和图 3-8。

表3-9　　　　2014 年宁夏学前教师专业对口比例情况　　　单位：人，%

岗位	教职工总数	园长	专任教师	保健医生	保育员	其他	代课教师	兼任教师
总人数	12834	881	7746	310	1563	2334	1826	28
学前教育专业毕业	6588	468	5656	18	362	84	904	6
比例	51.3	53.1	73.0	5.8	23.2	3.6	49.5	21.4

根据表 3-9 和图 3-8 的数据我们可以看出：2014 年宁夏全区幼儿园教师中有 51.3% 的老师来自学前教育专业，也就是说，全区幼儿园教师中将近一半的教师不是学前教育专业。其中专任

① 数据来源于 2013 年《宁夏回族自治区教育统计手册》，宁夏回族自治区教育厅编。

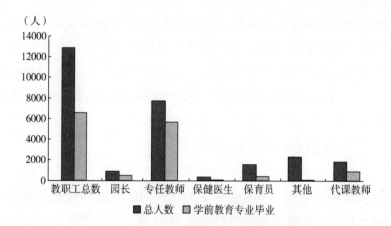

图 3-8　2014 年宁夏学前教师专业对口情况

教师来自学前教育专业的有 5656 人，占专任教师总人数的 73%。来自农村学前教师的调查也进一步证实了这一点。

　　为了进一步了解宁夏农村学前教师的专业对口情况，在对 300 名农村学前教师进行了"您的第一专业是学前教育专业吗?"的问卷调查，其调查结果如图 3-9 所示:

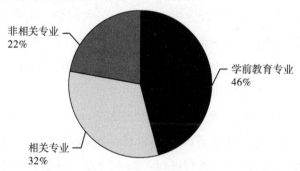

图 3-9　宁夏农村学前教师专业对口比例情况

　　根据调查的结果显示:在 300 名农村学前教师中，有 138 名教师是从学前教育专业毕业，占 46%;有 96 人虽然不是学前教育专业毕业，但也是相关专业毕业，相关专业有美术教育、音乐教育、小学教育、舞蹈表演等专业，这些专业的教师占总人数的 32%;另外，有 66 人是与学前教育不相关的专业，主要涉及财会电算化、临床护理、旅游服务等专业，其占被调查总人数的22%。

进一步的调查显示，这些无论是毕业于与学前教育相关专业还是非相关专业的162名老师中，只有12名是小学教育专业本科毕业，其余150名教师中有89人是大专或高职毕业，61人是中专毕业。

（五）宁夏农村学前教师工资待遇现状

工资收入是一个人劳动价值最直接的体现。同宁夏农村小学教师收入水平相比，宁夏农村学前教师的收入显然较低。在宁夏农村地区，小学教师平均月收入在1800元左右，尤其是在义务教育经费保障机制逐步完善以后，农村小学老师的工资逐步提升，并由区一级财政统一拨付。而与同一地区的小学老师相比，农村学前教师的平均月收入在1200元左右，尤其是无编制的代课教师，其平均月工资仅1000元左右。同工不同酬现象严重，只有乡镇中心幼儿园里有编制的老师是按公办老师的待遇对待。而对于占农村绝大多数的民办园只能以生养师，教师工资只能依靠学费收入。很明显，从工资收入的角度来看，农村学前教师已经处于一种"弱势群体"的境地。在笔者所调查的幼儿园中，大部分幼儿园的教师工资就是从幼儿每月交纳的保育费中来，除去办公经费，余下的钱才是老师的工资。

1. 宁夏农村学前教师的工作收入情况

为了进一步详细地了解宁夏农村学前教师的实际工资收入，笔者对300名农村学前教师进行了调查问卷。调查结果是：

（1）183人（61%）表示自己的工资能够按时、足额发放；另外有39%的人表示不能够按时、足额发放；

（2）135人（45%）表示对自己的工资收入"非常不满意"；78人（26%）表示对自己的工资收入"不太满意"；只有13%的教师对自己的收入"基本满意"；16%的教师表示对自己的收入"满意"。

　　具体的工资收入水平状况如图 3 - 10 所示，在笔者所调查的 300 名农村学前教师中，他们的月收入水平在 1500 元—2000 元之间的有 114 人，占总人数的 38%。工资收入在 2000 元以上农村学前教师有 75 人，只占 25%（其中 2500 人以上的只有 39 人），这部分教师大多数是幼儿园的管理者、保教主任、原来的小学教师、有编制的教师等，他们年龄较大，工作时间较长。此外，有 36 人（12%）月工资收入还在 1000 元以下。除乡镇中心幼儿园在编教师之外，大部分农村幼儿教师为"民办教师"，他们缺乏医疗、养老、生育、住房等基本生活保障。工资水平在当前物价上涨的压力下，让很多农村幼儿教师不堪重负。

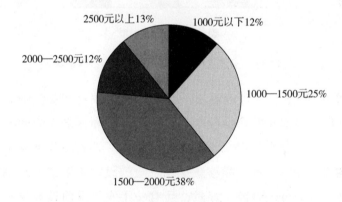

图 3 - 10　宁夏农村学前教师工资收入状况

　　根据对 300 名农村幼儿学前教师关于工资收入的调查，"根据您的实际情况，您认为每月的理想工资收入是多少"，调查结果显示：他们的实际工资都低于理想工资 1000 元左右，168 名（56%）的老师理想工资在 2000 元—2500 元，83 人（27.7%）的理想工资是 2500 元—3000 元，有 32 人（10.7%）的老师理想工资在 3000 元以上。

　　2. 宁夏农村学前教师享有的基本社会保险的情况

　　工资收入是教师生活的主要来源，医疗、失业和养老保险也是教师生活中不可或缺的一部分。宁夏农村学前教师的各项保险办理的情况如何？针对此，对 300 名农村学前教师的调查显示：医疗保险的办理情况较好，失业保险和养老保险的保障在宁夏农村地区还有很大的差距。具体如图 3－11 所示：

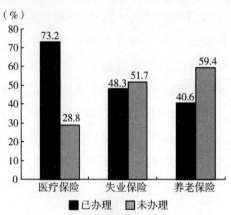

图 3－11   宁夏农村学前教师社会保险办理情况

通过图 3－11，可以看出：有 73.2% 的农村学前教师办理了医疗保险，相对于医疗保险来看，失业保险和养老保险的办理比例要低一些，分别是 48.3% 和 40.6%。进一步对享受到社会保险的老师进行调查发现，能够享受到三险的教师主要集中在乡镇中心幼儿园和部分公办园。显然，还有一半农村学前教师没有享受到正常的社会保障。

工资待遇低和社会待遇不能很好，不仅影响了现有农村学前教师工作的积极性，也大大影响了学前教育专业毕业生到农村任教的选择可能性。

（六）宁夏农村学前教师在职培训现状

由于教师职业所面对的教育对象的特殊性，要求教师个人也是持续发展的个体，需要持续成长。农村学前教师必须通过不断的学习来提升专业能力、更新教育观念。随着我国“幼儿教师国家级”培训计划的逐步推广，宁夏一系列针对农村学前教师的培训计划相继启动，如在认真落实国家有关农村学前教育培训计划的同时，宁夏相继出台《宁夏农村幼儿园园长培训计划》、《宁夏幼儿园骨干教师短期培训计划》，也组织了专家团队深入农村进行指导培训。这些措施不仅有效缓解了农村学前师资薄弱的矛盾，也促进了农村学前教师队伍素质和水平的提高。

根据所参加培训的层次，把培训分为园本培训、县级培训、市级培训、自治区级培训和国家级培训。分别从这五个层次对宁夏 300 名农村学前教师参加在职培训的情况进行调查，结果如表3-10 和图3-12 所示：

表3-10　　　　宁夏农村学前教师参加在职培训情况　　　　单位：人

级别	从未参加	偶尔参加	经常参加
园本培训	42（14%）	180（60%）	78（26%）
县级培训	87（29%）	163（54.33%）	50（16.67%）
市级培训	102（34%）	137（45.67%）	61（20.33%）
自治区级培训	137（45.67%）	97（32.33%）	66（22%）
国家级培训	89（29.67%）	179（59.67%）	32（10.67%）

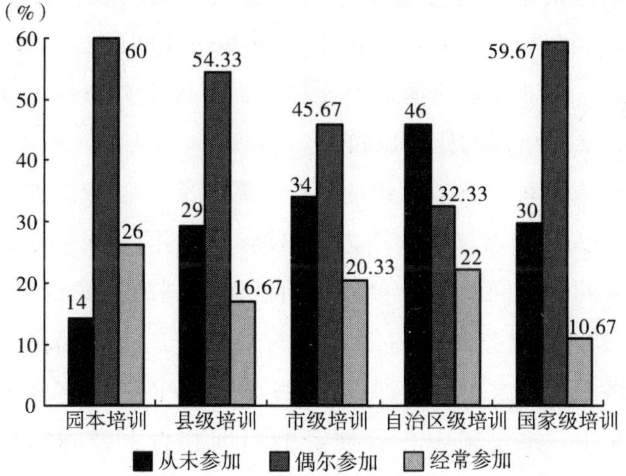

图3-12　宁夏农村学前教师参加在职培训情况

根据以上图表信息，结合实地访谈情况，我们发现：

（1）宁夏农村学前教师参加培训的层次以园本培训和国家级

培训为主。在参加问卷的 300 名教师中，参加过园本培训的人数为 258 名，占总人数的 86%，参加过国家级培训的人数为 211 名，占总人数的 70.34%。从未参加过园本培训和国家级培训的农村学前教师人数分别占 14% 和 29.66%。

通过在问卷现场对部分教师进行深入访谈发现，经常举办园本培训的幼儿园多为乡镇中心幼儿园。采取园本培训的主要方式有邀请专家讲座、幼儿园集体学习、组织参加本园或外园骨干教师的公开课等。由于园本培训有全员性、灵活性、实效性的特征，可以针对切实存在于本园的情况和农村学前教师在教学实际中的具体问题进行有针对性的探讨，而受到农村学前教师的普遍欢迎。同时，因为其举办培训的成本低、见效快而成为幼儿园管理者比较乐意实施的培训。

农村学前教师参加的国家级幼儿教师培训主要是指教育部、财政部从 2011 年开始启动的"幼儿教师国家级培训计划"，因为国家确定这次培训的主要对象为：中西部地区农村公办幼儿园（含部门、集体幼儿园）和普惠性民办幼儿园园长、骨干教师、转岗教师，培训计划的覆盖面比较大，所以宁夏农村学前教师受惠与此，参加培训的比例也较高。

（2）未参加过自治区级培训的人数最多。在所调查的教师中有 46% 的人从未参加过自治区级培训，是不同层次的培训未参加人数最多的，但同时经常参加自治区级培训的人数也是最多的，有 66 名教师经常参加，占总人数的 22%。这一方面说明，自治区级培训的规模太小，受训面不大；另一方面，又体现出受训人群比较集中，主要集中在管理者的培训和骨干教师的培训，所以，就会出现有的人从未参加，而有的人经常参加的现象。

进一步对 300 名农村学前教师关于"在职培训期间，您遇到的最困难的事是什么"的调查。结果显示：162 人（42%）表示经济负担过重；97 人（32.3%）表示最大困难是培训时间过长；

另有 26 人（8.7%）表示"交通不方便"。

（七）宁夏学前教育科研队伍现状

据统计，宁夏回族自治区区级和各市、县（区）级学前教育教研员总数为 15 人，具体分布情况如下：教育厅教学研究室学前教育专职教研员 1 名，全区 25 个市、县（区）只有 14 个地区有专职教研员，11 个地区没有教研员，5 个地级市中石嘴山市和中卫市没有配备教研员，配备了学前教育教研员的地区只占 56%，没有教研员的地区占 44%。在 14 位专职教研员中，是学前教育专业的有 9 名，非专业的有 5 名，这 14 人中近一半以上还兼做其他多项工作。这一现状，无论是与全国相比，还是与西北其他地区相比在数量上都是极其短缺的，严重影响了宁夏学前教育事业的发展。科研工作还属于我区学前教育事业中最薄弱的环节。

四　宁夏农村学前教师培养体系及供给现状

教育需求并不是一个纯经济学的范畴。随着我国农村经济生活条件的逐步提高，人们的教育需求在不断扩充，同样对农村学前教育的需求也在不断地提高。尤其是在我国农村地区义务教育的任务已经分阶段、有效落实以后，家长看到了接受教育对个体发展、家庭境况的改善所发挥的作用。农村地区家长对学前儿童受教育的需求逐渐提升，加之国家大力宣传普及"高质量的"、"科学的"学前教育。学前教师作为农村学前教育的直接实施者，是农村学前教育质量的最关键的决定因素。因此，对高质量的、科学的农村学前教育的诉求最直接的体现就是要求配置数量充足、质量过硬的农村学前教师。

（一）宁夏农村学前教师培养体系

宁夏目前的学前教师培养体系是以师范院校为主体，其他非师范院校共同参与组成的。从培养层次上来看，有中专、大专、本科和研究生四个层次。开放的、多元化的学前教师培养体系初步形成。

在师范院校中，有中专、大专和本科三个层次的学前教育专业的师范生培养层次。专科层次以宁夏幼儿师范高等专科学校为主，该校成立于 1975 年，有四十年的历程，是宁夏最早的学前教师的培养基地，四十年来承担了宁夏学前教师培养的主要任务，2014 年由原来的宁夏幼儿师范学校升格为宁夏幼儿师范高等专科学校。目前，学校以培养三年制高中起点的专科生为主，也有部分三年制初中起点的中专生以及五年制初中起点的专科生。学校在校生 3120 人（2013 年），是目前宁夏地区学前教育专业办学规模最大、招生人数最多的学校。平均每年培养学前教育专业学生 1000 名左右。

本科层次的培养以宁夏师范学院为主，该校是宁夏唯一一所师范类本科院校，也是宁夏建立在南部山区的唯一一所普通高校，是国务院学位委员会下发的"服务国家特殊需求人才培养项目"硕士专业学位研究生试点工作单位之一，为宁夏首所师范生免费教育试点学校。2006 年经教育部批准由原来的"固原师范高等专科学校"更名为"宁夏师范学院"，升格为本科院校。每年培养学前教育专业本科生 60 名左右。

在非师范院校中有大专、本科、研究生三个层次。专科层次以宁夏民族职业技术学院、银川大学为主。宁夏民族职业技术学院以吴忠师范为前身，2007 年更名为宁夏民族职业技术学院。每年培养学前教育专业学生 30 名左右。银川大学专门有下设的培养幼儿园教师的文科学院——银川大学幼师学院，每年培养学前教育中专层次和大专层次学生 70 余名。另外，有 14 所中等职业技术学校也设置了学前教育专业，每年也培养部分学前教育专业学生。

本科层次和研究生层次由宁夏大学承担。宁夏大学 1997 年由原宁夏大学、宁夏工学院、银川师范专科学校、宁夏教育学院合并而成。学前教育专业本科生与研究生由宁夏大学教育学

院培养，每年培养学前教育专业本科生 30—50 人，研究生 3—5
人。但是，受各种因素影响，研究生层次的培养未能做到持续
招生。

　　宁夏目前有学前教育专业培养学校 20 所，其中师范类院校 2
所，非师范类院校 18 所，具体的院校类型及在校学前教育专业人
数见表 3 - 11。

表 3 - 11　宁夏学前教育专业培养院校及本专业在校人数（2013 年）

单位：所，人

类别	院校类型	院校数	在校学前教育专业人数
师范院校	师范学院	1	218
	师范专科学校	1	3120
非师范院校	综合大学	1	58
	综合学院	1	198
	高等职业学校	2	310
	中等职业技术学校①	14	2330
合计		20	6234

　　从表 3 - 11 可以看出，宁夏的学前教师培养体系已经初步形
成，以师范院校为主，虽然师范院校仅有 2 所，但是学前教育专
业在校生有 3338 人，占总人数的 69%；非师范院校有 18 所，其
中 14 所为中等职业技术学校，总体上层次较低。

　　从学前教育专业学生培养院校的类型来看，非师范院校多于
师范院校，虽然师范院校的数量仅有 2 所，但却是学前教师的主
要培养机构，学前教育专业在校生有 3338 人，是 18 所非师范院
校的学前教育专业在校生人数的总和的 1.15 倍。

　　从培养学生的学历层次来看，专科生仍是学前教育专业学生

---

① 14 所中等职业技术学校分别为：隆德县职业中学、固原市农业学校、西吉县职业技术
中学、泾源县职业中学、海原县职业中学、中卫市职业技术学校、中宁县职业中学、
青铜峡市职教中心、宁夏水利电力工程学校、宁夏军宏中等职业学校、盐池县职教中
心、西北外事中专学校、平罗县职教中心、宁夏光彩职业技术学校。

培养的主体。本科生数量在逐步上升，研究生学历的学前教育专业的培养招生工作才刚刚起步，而且招生的情况很不稳定。

目前宁夏学前教育教师的职前培训和职后培训基本上都是由以上院校承担，即便是有些县级、市级学前教师的培训由相关教育行政部门主办，在资源利用、教师聘请上还是以这些院校的教师为主。

更直观的宁夏学前教育培养体系见图3-13。

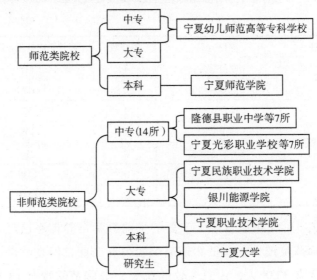

图3-13 宁夏学前教师培养体系

（二）宁夏学前教师实际培养数量情况

教师是教育资源中最主要的人力资源。教育的供给包括数量供给和质量供给两个方面，而且这两个方面都对教育供给需求的满足有直接的影响作用。

宁夏学前教育师资的培养主要由高等幼儿师范专科学校以及一部分高职院校、普通师范学校承担。

为了更进一步地了解宁夏学前教师的培养情况，笔者对宁夏目前的20所设有学前教育专业的院校一一走访，全面地了解了这些学校从2011—2015年的学前教育专业学生的招生、培养以及其就业情况；另外，省外培养的学生虽然人数不多，但也是宁夏学前教师培养的主要来源，因此，笔者对宁夏教育厅负责招生工作的工作人员进行了访谈，了解2011—2015年宁夏学前教育专业学生的招生培养情况，具体的数量统计见表3-12。

表3-12　　2011—2015年宁夏学前教师培养数量情况统计表　　单位：人

培养层次	2011年	2012年	2013年	2014年	2015年	合计
本科	25	26	37	66	84	238
大专/高职	90	170	140	370	626	1396
中职	1520	1700	2330	3390	2038	10978
合计	1635	1896	2507	3826	2748	12612

为了进一步更直观的掌握近5年宁夏学前教育专业人才的培养数量情况，我们将表中的数据转化成趋势图，如下图所示。

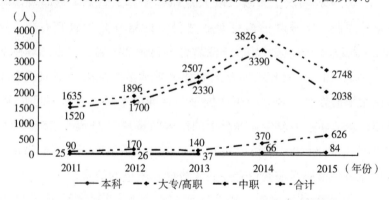

图3-14　2011—2015年宁夏学前教育专业人才培养情况

结合以上图表中的数据，我们可以清晰地看出，我区2011—2015年宁夏学前教育专业学生的培养情况，具体有以下特点：

1. 从培养数量来看，总体数量持续增长。近几年我区学前教育专业人才培养的规模和数量逐年递增，从2011年的1635名到2015年的2748名，增长了1.68倍。其中，2011—2014年呈现出逐年递增的趋势，分别增长了116%、132%、152%。2015年培

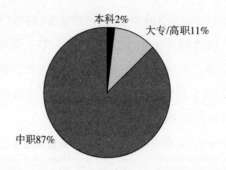

图 3-15 2011—2015 年宁夏不同学历层次学前教育专业人才培养总量情况

养学前教育专业学生的总量相比 2014 年，下降了 28.18%，究其原因：2015 年宁夏回族自治区教育厅对全区中等职业学校学前教育专业办学条件开展合格评估，规范其办学，限制了中职学校学前教育专业的招生规模。

2. 从培养层次上来看，以大专和中专为主。受宁夏高等院校数量的限制，宁夏学前教育专业本科生的培养数量极其有限，从 2011—2015 年，全区共培养学前教育本科生 238 名，仅占培养总数的 1.9%，目前全区仅有宁夏大学和宁夏师范学院两所高校设有本科层次学前教育专业。两所学校每年培养的本科生总数不足百名。虽然，全区学前教育专业本科生的培养数量从 2011 年的 25 名增长到 2015 年的 84 名，增长了 3.36 倍。但其增长速度仍然不能满足我区目前对高素质学前教育专业人才数量和质量的需求。

3. 从培养体系来看，整个体系初步完善。我区学前教育人才的培养主要由高等幼儿师范专科学校和部分中职学校承担，同时也有普通高等师范院校和综合性大学参与其中。从培养层次上来看，有中专、大专、本科三个层次。多层次、多渠道、多规格、多形式的学前教育专业人才培养体系初步形成。但总体上来看，培养重心偏低，高层次的本科人才严重不足。

（三）宁夏农村学前教师供给数量缺口情况

由于教育的对象是人，主要是儿童和青少年。因此，一个国家人口构成情况，包括其基数、增长速度和年龄构成，决定着教育社会需求的基本规模和走势。人口基数大，增长速度快，人口构成年轻化，则在未来一定时期内，学龄人口所占比例会持续增高，社会对教育的需求量相应较大，教育社会需求的层次较低。发展中国家大都具有这样的特征。相反，人口增长速度慢，人口趋于老龄化，学龄人口所占比例低，社会对教育需求量相应较少，教育社会需求层次相对较高。

从这个角度来讲，我国农村适龄学前儿童数量及其增长速度、趋势决定着农村学前教师的需求数量，同时学前教师的需求量及农村经济文化的发展水平影响着农村学前教师的质量。

师幼比，是衡量一个地区学前教育发展的重要指标。根据国家2013年1月教育部网站发布的《幼儿园教职工配备标准（暂行）》，提出幼儿园应当按照服务类型、教职工与幼儿以及保教人员与幼儿的一定比例配备教职工。根据最新标准，全日制幼儿园每班配备2名专任幼儿教师，1名保育员（或配3名专任幼儿教师），全日制幼儿园全园教职工与幼儿比为1：5—1：7，全园保教人员与幼儿比为1：7—1：9。

根据表3－5和图3－6的数据绘制表3－13，2005—2014年宁夏农村学前教育师幼比情况，并按照国家《幼儿园教师配备标准》测算出近十年来，宁夏农村幼儿园教职工缺口情况，尤其是专任教师的缺口情况。

表3－13　　　2005—2014年宁夏农村学前教师缺口数量　　　单位：人

年份	在园教职工总数	专任教师总数	幼儿园在园幼儿总数	教职工与幼儿比	专任教师与幼儿比	教职工缺口数量	其中专任教师缺口数量
2005	108	60	4665	1：43	1：77	558	458
2006	160	107	6079	1：38	1：57	708	568
2007	200	117	8840	1：44	1：76	1062	865
2008	248	140	6875	1：28	1：49	734	624
2009	373	232	7706	1：21	1：33	727	624

年份	在园教职工总数	专任教师总数	幼儿园在园幼儿总数	教职工与幼儿比	专任教师与幼儿比	教职工缺口数量	其中专任教师缺口数量
2010	510	302	10464	1：21	1：35	985	653
2011	599	334	8902	1：15	1：27	673	655
2012	757	450	16652	1：22	1：37	1621	1400
2013	938	523	13185	1：14	1：25	946	942
2014	1197	772	17947	1：15	1：23	1366	1222

　　为了更直观地了解近十年来宁夏农村学前教育的师幼比变化趋势，并根据师幼比的变化情况了解教师供给的缺口情况，将表3-13 转换为图3-16 和图3-17，如下图所示：

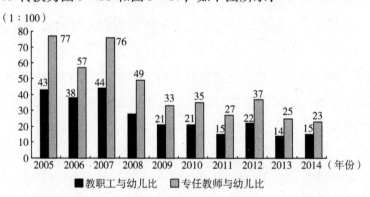

图3-16　2005—2014 年宁夏农村幼儿园师幼比发展趋势

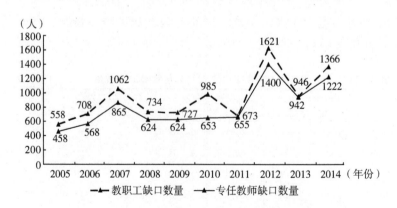

图3-17　2005—2014 年宁夏农村幼儿园教师数量缺口情况

根据以上图表数据，我们能清晰地看到宁夏近十年来师幼比变化趋势，以及宁夏农村学前教师的缺口数量，具体呈现出以下特点：

（1）总体上看来2005—2014年宁夏农村幼儿园师幼比呈下降趋势。2005年宁夏农村幼儿园教职工与在园幼儿的比例为1：43，其中专任教师与在园幼儿的比例为1：77，到2014年教职工与在园幼儿的比例为1：15，其中专任教师与在园幼儿的比例为1：23，近十年来这一数据分别下降了65%和70%。

（2）宁夏农村幼儿师幼比与国家要求的配置比例差距很大。2013年1月教育部网站发布的《幼儿园教职工配备标准（暂行）》，提出幼儿园应当按照服务类型、教职工与幼儿以及保教人员与幼儿的一定比例配备教职工。根据最新标准，全日制幼儿园每班配备2名专任幼儿教师，1名保育员（或配3名专任幼儿教师），全日制幼儿园全园教职工与幼儿比为1：5—1：7，全园保教人员与幼儿比为1：7—1：9。对照此标准，宁夏农村幼儿园教师与国家规定的师幼比还相差甚远，不能够满足适龄幼儿入园的实际需要。

（3）宁夏农村学前教师供给数量总体上呈上升趋势，但是其增长速度仍然赶不上该地区学前儿童入园数量的增长。因此，农村学前教师的供给数量不能满足农村学前教育发展的需求。

（4）宁夏农村学前教师缺口数量呈上升趋势。根据图3－17可以看出，近年来随着农村学前教育普及率的提高，宁夏农村在园幼儿明显增多（2005—2014年增加了13282名在园幼儿），农村学前教师供给数量明显不足，尤其是专任教师常年得不到有效补充。2005年教职工供给数量缺口为558名，2014年这一数量上升为1366名，最高时达到1621名（2012年）。按照2014年宁夏农村在园幼儿的实际情况，结合《标准》最低要求教职工总数与幼儿比为1：7，保教人员与幼儿比1：9，还需要配置1366名教职工，其中1222名专任幼儿教师。师幼比例过高的情况长居不下，是农村学前教育质量难以提高的主要症结之一。

"需求决定供给"是经济学上的一般规律,这表明,只有适应需求的供给才是有效供给,才能实现供给的价值。这一规律体现在教育上就是,只有适应劳动力需求状况的教育供给才是有效供给。正因为如此,政府在决定供给规模、结构时,总是着眼于经济社会发展需要、建立于劳动力需求状况基础之上的。所以劳动力需求的数量和结构直接引导着教育供给的数量和结构。

按照这个规律,宁夏农村学前教师的培养规模、培养数量、培养的学历层次等必须是按照宁夏农村学前教育发展的需要,以满足农村学前教育发展需要为核心目的的农村学前教师的供给才是有效的供给、合理的供给。

(四)宁夏学前教师缺口数量城乡比较情况

通过前面的调查分析(见图3-2)我们可以看出,宁夏无论是城市、县镇、农村学前教育的普及和发展都呈现迅速提升的趋势,但是三个不同区域的幼儿园发展的速度和规模还是有区别的。那么,相应地在三个不同区域幼儿园教师的供给上也会有一定的差别。尤其是受到区域经济发展差异的严重影响,不同区域幼儿园对教师的吸引力也是呈现出一定的差别。

为了整体上了解宁夏回族自治区各级各类幼儿园的教师需求,把握宁夏学前教师的供给的整体情况,笔者详细地调查2005—2014年宁夏城市、县镇、农村三个区域的幼儿园师幼比情况,并对此做出比较分析,以期更加具体、客观的了解宁夏学前教师供给的城乡差距。

1. 宁夏幼儿园师幼比城乡比较

将表3-14分别转换为图3-18、图3-19,可以更清晰地看出,宁夏近十年的师幼比城乡对比情况,以及宁夏学前教师的缺口情况。

综合图表(表3-14、图3-18、图3-19)信息,可以清晰地看出宁夏学前教师供给的城乡对比情况如下。

表3－14 2005—2014年宁夏幼儿园教师配置情况城乡比较

单位：人

年份	教职工总人数			专任教师总人数			在园幼儿人数			教职工与幼儿比例			专任教师与幼儿比例			教师缺口数量			专任教师缺口数量		
	城市	县镇	农村	城市	县镇	农村	城市	县镇	农村	城市	县镇	农村	城市	县镇	农村	城市	县镇	农村	城市	县镇	农村
2005	2442	1696	108	1434	1223	60	27034	27599	4665	1:11	1:16	1:43	1:19	1:23	1:77	1420	2247	558	1570	1844	458
2006	2681	1806	160	1578	1319	107	28377	29773	6079	1:11	1:16	1:38	1:18	1:22	1:57	1373	2447	708	1575	1989	568
2007	2886	1660	200	1752	1235	117	32055	30343	8840	1:11	1:18	1:44	1:18	1:25	1:76	1693	2674	1063	1809	2136	865
2008	3101	2026	248	1868	1452	140	34918	36987	6875	1:11	1:18	1:28	1:18	1:25	1:49	1887	3257	734	2012	2657	624
2009	3528	2290	373	2262	1674	232	42217	41358	7706	1:12	1:18	1:21	1:19	1:25	1:33	2503	3618	727	2428	2921	624
2010	3835	2684	510	2385	1926	302	46592	48179	10464	1:12	1:18	1:21	1:20	1:25	1:35	2821	4199	985	2792	3427	653
2011	4967	2795	599	3135	1814	334	61058	50884	8902	1:12	1:18	1:15	1:19	1:28	1:27	3756	4474	673	3649	3839	655
2012	6106	3246	757	3679	2016	450	68075	53848	16652	1:11	1:17	1:22	1:19	1:27	1:37	3619	4447	1621	3885	3967	1400
2013	6802	3493	938	4041	2060	523	71907	57171	13185	1:11	1:16	1:14	1:18	1:28	1:25	3470	4674	946	3949	4292	942
2014	7607	4030	1197	4600	2374	772	78040	61172	17947	1:10	1:15	1:15	1:17	1:26	1:23	3541	4708	1366	4071	4423	1222

（1）无论是教职工总人数与在园幼儿的比例，还是专任教师配备数量与在园幼儿的比例，城乡差距都非常明显。根据图3－18显示，最高时师幼比的城乡差距达到1：33（2007年），也就是说，平均每位农村幼儿园教师比城市幼儿园教师多面对33个孩子，最低时这种差距也在1：3（2013年）。其中来自专任教师与幼儿的比例也呈现出同样的特点。根据图3－19显示，专任教师与幼儿比例城乡对比差距更悬殊，最高时达到1：58（2005年），最低时差距在1：6（2014年）。

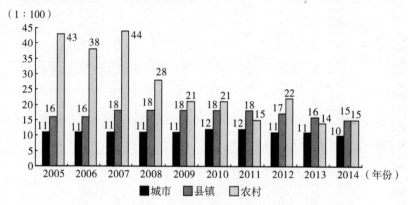

图3－18　2005—2014年宁夏幼儿园教职工与幼儿比例城乡比较情况

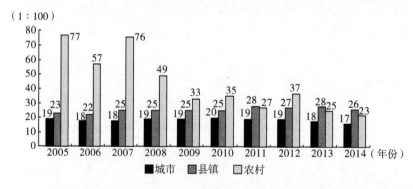

图3－19　2005—2014年宁夏幼儿园专任教师与幼儿比例城乡比较情况

（2）总体上看来，城市幼儿园和县镇幼儿园师幼比较为稳定。从图3－18、图3－19可以看出，2005—2014年，无论是教职工总人数与在园幼儿的比例还是专任教师与在园幼儿的比例，都呈现出较为稳定的状态。其中，城市幼儿园教职工与在园幼儿比例基本保持在 1∶11 左右，专任教师与在园幼儿的比例则保持在 1∶19 左右；而县镇幼儿园这两组数据分别是 1∶17 和 1∶25。这也从一个侧面反映出，城市幼儿园与县镇幼儿园教师供给相对及时，基本能够保证师幼比的稳定性。

（3）农村幼儿园教职工总人数与在园幼儿的比例和专任教师与在园幼儿的比例都在呈逐年提高的趋势。其中，农村幼儿园教职工与在园幼儿的比例从 2005 年的 1∶43 上升为 2014 年的 1∶15，与县镇幼儿园的师幼比例一致。专任教师与在园幼儿的比例则提升更快，从 2005 年的 1∶77 提升到 2014 年的 1∶23，甚至超过了县镇幼儿的数据。

2. 宁夏幼儿园教师数量缺口城乡比较

根据表 3-14 显示，从供给数量上来看，宁夏城乡幼儿园教师缺口数量都比较大，那么，这个数量的城乡差异情况到底怎么样，以及近十年来，供给数量的变化趋势如何？根据表 3-14 的数据，绘制图 3-20 及图 3-21，进一步反映宁夏幼儿园教职工供给数量缺口及专任教师的数量缺口情况。

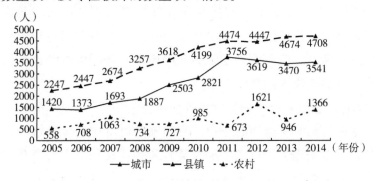

图 3-20　2005—2014 年宁夏幼儿园教师缺口数量城乡趋势比较

根据图 3-20、图 3-21 的数据，可以清晰地看出宁夏幼儿园教师总体数量供给的缺口情况，进一步具体分析其特点和趋势如下。

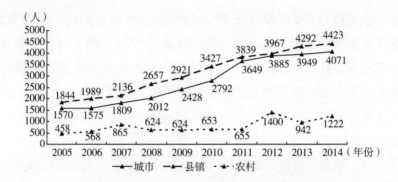

图 3 - 21　2005—2014 年宁夏幼儿园专任教师缺口数量城乡趋势比较

（1）宁夏幼儿园教师总量供给不足，出现严重缺口。从表 3 - 14 和图 3 - 20 可以看出，无论是在城市、县镇还是农村，虽然教师供给的数量在逐渐提高，但是因为近几年学前教育三年入园率大幅提高，所以，宁夏幼儿园教师的数量缺口仍然很大。以 2014 年数据为例，宁夏幼儿园教师缺口数量为 9615 名。

（2）宁夏幼儿园专任教师缺口数量巨大，其中最严重的是县镇，其次是城市。农村地区因为近几年在园幼儿人数递减，师幼比例提升较快，虽然表面上教师缺口数量较县镇和城市少，主要是因为农村在园幼儿大大低于城市和县镇在园幼儿数量。以 2014 年的数据为例，农村在园幼儿数量分别占城市和县镇幼儿园在园幼儿数量的 23% 和 29% 。虽然三个区域的教师供给数量都在逐年递增，但是因为在园幼儿的增多，教师供给的速度仍然不能满足幼儿园入园需要。

（五）宁夏农村学前教师培养质量分析

学前教师学历结构的变化，与国家经济文化的发展对教师教育的要求息息相关，更是受到有关政策的直接影响。随着我国教育事业的大发展，师范教育改革的逐步推广，开放型的教师教育模式逐步形成，中等幼儿师范教育为了适应师范教育改革的需要，逐渐过渡为专科或高等职业教育，同时在高等教育中学前教育相关专业也逐步扩大招生。大专及其以上学历者所占的比例迅速提高是一个显著的变化。

学前教师职前教育的层次开始大幅度提高，教师队伍的学历结构开始发生巨大变化。从近十年宁夏学前教师培养的情况可以看出，目前宁夏不同层次的职前学前教育专业培养体系初步形成。但是宁夏学前教师队伍培养质量上还是存在一些制约性因素和深层次矛盾与问题。

1. 目标定位低，发展后劲不足

宁夏学前教师队伍培养目标过低，尤其体现在低学历的幼儿园教师的培养模式，虽然教师学历与教师能力是不同层面的现象，然而低学历的目标定位在一定程度上必然影响农村学前教师综合素养的提升空间。

师范专科学校及中等职业技术学校是宁夏学前教师培养的主要机构。由于幼儿师范学校升格为幼儿师范高等专科学校的时间较短，在培养方式上还在摸索调整的阶段。考察这两类学校的培养体制发现，从教学培养目标定位看是中专层次，招生对象是以初中生为主，虽然也有部分高中起点的大专生的培养，但在教学内容上，绝大部分教学内容仅仅是基础教育内容的拓展；从教学方式看，主要以训练技能技巧为主，专业理论课涉及面窄，内容相对单一，这样容易造成培养出来的学前教师视野狭隘，缺乏应有的处理相关事宜的能力；从未来发展看，这些幼儿园教师在幼儿园环境创设能力、幼儿园活动设计能力及科研能力等方面发展不足。虽然可以通过职后培训的方式暂时性提高在职教师的学历，但是从长远的角度看，这种低学历幼儿园教师培养目标定位很难从根本上培养出适应社会转型和现代化急速发展所需要的高水平、高层次、高素养、高要求的幼儿教师。总之，这将使宁夏学前教育事业发展直接面临后劲不足的困境。

2. 招生困难多，生源质量下降

20 世纪后半叶至 90 年代，幼儿师范学校能招到优秀的初中毕业生，幼儿师范学校因为高就业率，生源质量较高，生源也比较充足。然而随着高等学校招生规模的进一步扩大，为了顺利进入高等学校学习，在面对初中毕业进入高中还是进入中等师范学习的选择时，很多优秀的学生转向首选高中。这导致了幼儿师范学校优秀生源大量流失。很多幼儿师范学校为了保持学校的招生规模，不得不在招生工作中一再降低标准和要求，生源绝大多数是普通高中升学无望的学生。这样一来，生源质量的持续下降，不仅影响了将来幼儿园教师的职前培养的质量，同时损害了学校自身的吸引力，从源头上极大地影响了学前教育专业从业人员队伍的整体素质，进而影响学前教育事业的长远发展。

3. 课程设置陈旧，教育观念陈旧

由于师范学校的学生招生起点低，其文化、理论基础薄弱，要提高其整体素质，必须设置相当比例的文化基础知识课，而压缩专业理论课的比重。因此，比较注重文化基础课的学习，注重音乐、美术、舞蹈等艺术技能课程的训练，逐渐倾向于"艺体生"的培养模式。在教学过程中，以技能技巧的训练为主，专业理论功底明显不足，为将来进行进一步学前教育专业理论知识的学习、研究和探索留下先天不足。

我国幼儿师资的培养在过去主要依靠独立设置的幼师、普通中师、职业高中附设的幼师班，起点较低，偏重音乐、美术等实际操作能力的训练，而比较轻视教育学理论、心理学理论等的学习。尽管许多幼儿师范学校近些年来开始举办大专层次的学历教育，但在教材建设、课程设置上与幼师并没有本质的不同，不过是学制有所延长、某方面的知识量有所增加而已。师范学院和综合性大学的学前教育专业则偏重理论的学习，实际操作能力的训练不足。

目前，幼儿教育改革正在轰轰烈烈地进行，作为培养幼儿教育师资的课程却大有"岿然不动"之势，依然按部就班地固守自己的传统做法，两者之间形成了鲜明的反差。我国曾于 1995 年对幼师教育专业课程设置做了整体性的重大变革，要求打破原"三教六法"的课程体系，取消六科教学法、增设"幼儿园教育活动设计与指导"。但由于缺乏相应的代表性、权威性、系统的配套教材，将幼儿教育的各科教学法进行融合至今也没有真正完成，所谓的综合也大多是简单的拼盘。再加上"幼师教学观念保守，墨守成规，重教学常规管理，轻教学改革研究，重知识传授轻创造力的培养。模式单一，方法陈旧"①，在这种课程体系下，培养出来的教师很难适应农村学前教育发展的需要。

另外，目前宁夏的学前教师的培养机构，在课程设置上没有专门的关于农村学前教育的内容，毕业生对于在农村幼儿园工作的适应力非常低。

五　宁夏学前教师需求预测

为了能够准确、科学、合理地预测出宁夏学前教师队伍的数量需求，在充分对 2015 年全区学前教师师资队伍现状分析的基础上，根据《宁夏中长期教育改革与发展规划纲要》中学前教育人才发展目标，参考《宁夏教育人才发展研究报告》② 中关于适龄幼儿及在园幼儿人数情况的预测，以 2013 年 1 月，教育部网站发布的《幼儿园教职工配备标准（暂行）》的最低要求，推算出未来 2015—2020 年全区学前教育所需师资的数量。

（一）2015—2020 年宁夏幼儿园教师总体需求预测

宁夏学前教师需求数量的预测与幼教机构数量的变化、在园幼儿的数量密切相关。根据《宁夏学前教育三年行动计划》（2013—2016 年），到 2016 年，所有乡镇完成一所标准化幼儿园建设目

---

① 李兴：《幼儿师范教育与幼儿园教育发展的不相适宜性》，《扬州教育学院学报》2007年第 3 期。

② 田继忠、卢光辉、徐进：《宁夏教育人才发展研究报告》，《宁夏教育科研》2011 年第 2 期。

标，城镇新建小区必须按照相关规定建设配套幼儿园。随着未来宁夏幼儿园数量的增加，幼儿园教师需求总量势必增加。

另外，随着我国二胎政策的完全放开，加之宁夏又是少数民族自治区，未来几年生育率和入园率均会受到这一政策的影响。因此，受众多不确定因素的影响，为未来宁夏学前教育人才需求的预测只能做到低位预测。

表3-15　2015—2020年宁夏幼儿园教师总体需求数量预测 单位：万人

年份	2015	2016	2017	2018	2019	2020
适龄幼儿	30.59	30.58	30.43	30.11	29.68	29.10
在园幼儿	18.99	19.02	19.60	20.05	20.42	20.66
幼儿园教师低位预测	2.71	2.72	2.80	2.86	2.92	2.95
幼儿园教师高位预测	3.80	3.80	3.92	4.01	4.08	4.13

师幼比，是衡量一个地区学前教育发展的重要指标。根据国家2013年1月，教育部网站发布的《幼儿园教职工配备标准（暂行）》，提出幼儿园应当按照服务类型、教职工与幼儿以及保教人员与幼儿的一定比例配备教职工。根据最新标准，全日制幼儿园每班配备2名专任幼儿教师，1名保育员（或配3名专任幼儿教师），全日制幼儿园全园教职工与幼儿比为1：5—1：7，全园保教人员与幼儿比为1：7—1：9。以2015年为例，按照国家关于幼儿园教师配备标准的最低标准，宁夏需要幼儿园教师2.62万名，而实际上只有18125名，还有8000多名的差额。

（二）2015—2020年宁夏幼儿园专任教师需求预测

培养一支数量充足、质量过硬、结构合理的学前教育专业人才是提高宁夏学前教育质量的重要保障。目前，宁夏幼儿园专任教师数量严重不足。准确、科学地预测未来几年宁夏幼儿园教师需求的数量，可以促进学前教育专业人才培养的目的性、计划性。

表 3-16　　2015—2020 年宁夏幼儿园专任教师需求数量预测

单位：万人

年份	2015	2016	2017	2018	2019	2020
适龄幼儿	30.59	30.58	30.43	30.11	29.68	29.10
在园幼儿	18.99	19.02	19.60	20.05	20.42	20.66
幼儿园专任教师低位预测	2.11	2.11	2.18	2.23	2.27	2.30
幼儿园专任教师高位预测	2.71	2.72	2.80	2.86	2.92	2.95

按照表中的预测分析，随着宁夏在园幼儿的增长，到 2020 年全区需要配备 2.30—2.95 万名专任幼儿教师才能达到国家配备标准。

六　宁夏农村学前教师供给的困境

所谓教育供给，是指在某一阶段，一个国家或地区所有的教育机构为受教育者所能提供的受教育机会。广义的教育供给同时也包括非正规教育机构为受教育者所提供的受教育机会。

在影响教育供给的各种因素之中，师资状况具有最直接的决定意义。这不仅是因为充足的教育供给离不开足够的教师，而且因为高质量的教师队伍更能够提供高质量的教育供给，师资状况对教育供给具有不可替代的作用。所谓师资状况囊括师资数（质）量和师资结构等多个方面。具体而言，师资数量直接影响教育供给数量，师资质量和师资结构直接影响教育供给质量。目前，在我国西部农村地区既存在师资短缺问题，也存在师资质量问题。从宁夏农村学前师资目前的情况来看，影响教育供给不仅仅是教师短缺问题，而且包括教师质量问题和结构问题。

本书以抽样问卷和实地访谈为主要研究方法，通过学前教师的薪酬待遇、社会地位、工作压力、学历水平、专业能力以及再培训等多个维度，着重分析了宁夏农村学前教师配置和教师队伍供给状况，总结宁夏农村学前教师供给的困境主要有以下几点。

（一）师资总量不足，区域分布不均衡

幼儿园教师的数量必须与幼儿园增长的数量、入园幼儿增长数同步同比增长才能够满足学前教育发展的合理需求。随着《宁夏学前教育三年行动计划》的逐步落实，学前教育普及率提高。但是，农村学前教师的配置数量还并没有跟上宁夏农村学前教育事业发展的步伐。以宁夏2015年的数据为例，在园幼儿数达到近19万人，按照国家关于幼儿园教师的配置的最低标准，应该配置2.7万名教师，其中专任教师应有2.11万人，但实际教师总量与配备标准有1万人的差距，其中专任教师有8000人的缺口。学前教师数量不足，是我区学前教育事业发展亟须突破的"瓶颈"，究其原因，主要是因为学前教师总量历史缺口巨大，后期补充困难。

《规划纲要》颁布以后，学前教育的普及被列为首要任务，近5年来，宁夏的学前三年入园率显著提高。2013年，全区学前三年的毛入园率为50.9%，在园幼儿总数大幅提高，近10年来，从2005年的62256名，增加到2014年的180871名，增加了118615名幼儿，增幅为190%。随着入园率的提高对学前教师供给的数量需求增大。尽管近几年自治区政府开始重视学前教师的培养工作，一再强调扩大招生规模，在学前教师供给数量的提高上做出了不懈的努力。全区学前教职工总量，从2005年的4246名增加到2014年的12834名，增加了7024名教师，增幅为202%。但是因为全区学前教师的历史缺口巨大，供给速度仍然不能满足学前教育发展的需求。因此，学前教师总量供给难以满足，严重不足。而且以目前的供给速度来看，在短期内这一困境难以缓解。

综合对宁夏学前教师供给现状的分析可以看出，宁夏每年学前教师数量缺口巨大。以2014年为例，全区幼儿园教师缺口数量为9615名，但同年省内培养各级各类幼儿园教师仅为3826名。即使这些新毕业的学前师范生全部补充到宁夏学前教师的队伍中，也仅占供给缺口数量的40%，远远不能满足目前宁夏学前教育发展对教师供给的需要。

农村地区情况更为严重，受区域内城乡经济发展水平的影响，加上幼儿园办园体制的不同，其发展规模、办学效益有非常大的差异，进一步影响了新毕业学生在农村幼儿园就业的可能性。截至 2014 年年底，宁夏农村学前教师总数为 1197 人，其中专业教师仅有 772 人，远远不能满足农村学前教育发展的需要。据统计，2010 年至今，宁夏在园幼儿人数以平均每年 6.6% 的速度递增，幼儿园教师以平均每年 21% 的速度递增。宁夏幼儿园教师的缺口数量自 2014 年之前一直徘徊在 1.2 万—1.3 万人，2015 年缺口数量降低到 0.9 万人。但尽管如此，因为历史缺口巨大，加之学前教育人才流失严重，学前教师的补充，尤其是农村学前教师的配置仍然是宁夏学前教育工作的重中之重。

宁夏目前设置学前教育专业的院校 20 所，但是其招生规模极其有限，其中本科院校 2 所，招生情况极不稳定，2015 年 2 所学校招生人数仅有 88 名左右，招生人数占全区各级各类学校学前教育专业招生人数的 3%；大专和高职院校有 4 所，招生人数也仅占学前教育专业招生人数的 23%；中专院校有 14 所，2015 年学前教育专业招生人数占全区学前教育专业招生总数量的 74%。中专学前教育专业招生 2015 年比 2014 年下降了 1352 名，但与此同时，大专及本科的招生人数仅增加了 274 名，其中，本科生只增加了 18 名。虽然，每年省外有 22 所各级各类的师范院校在宁夏招生，但其分配数量极其有限，每个学校招生人数从 1 人到 5 人不等。这样的培养规模和培养层次，远远不能满足宁夏学前教师供给需求。

因此，一方面要扩大招生规模，另一方面继续增加宁夏省内学前教师培养机构也是当务之急。

（二）学历层次偏低，专业基础薄弱

《教师法》明确规定："幼儿园教师应该具备幼儿师范学校毕业及其以上学历。" 2014 年 9 月最新颁布的《宁夏回族自治区农村幼儿园办园基本标准》也明确规定："农村幼儿园园长应具备国家规定的幼儿师范学校、职业学校幼教专业及其以上学历，从事幼教工作三年以上或参加过县级以上幼教专业培训，能履行国家规定的园长职责，有一定的组织管理能力，取得园长岗位培训合格证书。农村幼儿园教师应具备幼儿师范学校、职业学校幼教专业及以上学历或高中毕业并接受过县级以上幼教专业岗前培训，能履行国家规定的教师职责。"①

但是由于许多条件限制，宁夏农村学前教育教师学历要求不严，整体素质不高，从业标准相对较低。一方面从实际情况看，优秀的高层次专业的师范类教师从个人意愿和物质待遇的角度考虑不愿意到农村边远无编制的地方就业，这样导致的直接结果是农村学前教育不得不选择非幼儿师范专业毕业的学生，甚至被迫降低门槛，招聘低学历的"教师"。有些地区的教育部门未能从根本上提高学前教育意识，对学前教育的认知还存在边缘化的偏见，甚至把能力不足或老或弱的小学教师临时安置到幼儿园。从专业角度看，农村幼儿教师毕业于学前教育专业的被访者和非学前教育专业毕业的被访者几乎各占一半；从教师资格证取得的情况看，拥有教师资格证的被访者仅有43.5%，超过一半的幼儿老师被访者没有获得教师资格证。从以上数据不难发现宁夏农村学前教育的整体专业资质问题比较严重。总之，学历水平低直接影响学前教育的质量提升。农村学前教师由于学历水平偏低，缺乏一定的学前理论素养知识的储备，难以准确把握学前教育理念宗旨；在专业技术技能方面综合能力显弱，例如经常出现不符合学前幼儿心理发展特征的绘画、弹奏等基本技能的现象，直接影响幼儿的身心全面综合发展。

根据对宁夏农村地区学前教师学历层次的现状分析，专科学历层次的教师是宁夏农村学前教师队伍的主力军。但是学历为大专以上的教师中有相当一部分持有的是二次进修学历。低层次学

---

① 宁夏教育厅：《宁夏回族自治区农村幼儿园办园基本标准》，2014年9月1日。

历的教师队伍严重影响了宁夏学前教育发展的整体质量。深入探析，主要有以下原因：

第一，高校学前教育专业招生规模受限，本科层次毕业生数量少。宁夏目前承担学前教育本科层次招生的学校仅有两所，两所学校每年学前教育专业毕业人数不足百人。学术型硕士研究生层次的学前教育专业人才培养在宁夏地区尚属空白。这使得高学历层次的供应无法满足宁夏学前教育事业的发展速度，受地理环境的影响，农村地区对高学历层次的学前教育专业的毕业生显然没有吸引力，农村地区学前教育发展更是难上加难。

第二，艺术技能等于专业技能的用人标准，长期误导幼儿园的聘用要求。长期以来，幼儿园管理者多数都过分重视教师的艺术技能，将艺术技能简单等同于专业技能，对教师学前专业知识要求较低。因此擅长艺术技能的中、高职毕业生成为幼儿园教师队伍的"主力军"。随着社会对高素质学前教师需求的加大，越来越多的幼儿园逐渐开始注重对高学历教师的聘用，但绝大多数幼儿园（尤其是民办园、农村幼儿园）并不能满足相应的薪资、福利、发展空间等条件，因此对专业人才的吸引力严重不足，这是宁夏学前师资学历水平较低的根本原因。

第三，培养目标定位低，发展后劲不足。宁夏学前教育专业人才培养目标定位过低，在一定程度上影响了学前教师综合素养的提升。中职、高职乃至大专学历层次学前教育专业一再降低招生标准和要求，生源绝大多数也是普通高中升学无望的学生，不仅影响了幼儿园教师的培养质量，同时损害了学校的吸引力。因此，从长远的角度看，入学低门槛、低学历幼儿园教师培养目标定位很难培养出适应社会转型和现代化急速发展所需要的高水平、高素养的幼儿教师，使学前教育事业发展直接面临后劲不足的困境。

（三）工资待遇低下，同工不同酬现象严重

《教师法》规定"教师的平均工资水平应当不低于或者高于

国家公务员的平均水平，并逐步提高，建立正常晋级增薪制度"。同时又规定"中小学教师包括幼儿园教师"。从目前的状况来看，只有在编制内的少数公办幼儿园教师的待遇能够参照中小学教师的待遇得到落实。调查显示，83%以上的民办园、公有民办园以及公办园教师中的非在编幼儿教师都无法享受到《教师法》所规定的教师待遇。收入低、权益得不到保障，不但影响了现有教师的工作积极性，同时也难以对新毕业的学前教育专业毕业生形成吸引力。造成这一现状的原因主要有以下几点。

第一，工资标准缺失，非在编幼儿教师工资待遇低且权益没有保障。在编幼儿教师工资收入水平明显高于非在编幼儿教师。这一现象在农村地区更是严重。一个重要的原因是在编幼儿教师的工资待遇有统一的工资制度和政府及相关政策的保障，而非在编幼儿教师的工资待遇依然缺乏相应的国家法律来规范与保障。

第二，相关部门监管不力。很多民办幼儿园经营者为了节约用人成本，赚取尽可能大的利润，拒绝为教师购买医保等，更不可能为教师缴存住房公积金，以致进一步拉大了非在编和在编幼儿教师的收入差距。

第三，基层配套措施无力，执行困难。幼儿教师的工资待遇、职称评定、养老保险等待遇难以操作和落实，特别是民办幼儿园教师和农村幼儿教师因聘用和管理制度不规范，教师权益没有保障，随时面临被辞退的可能。临聘教师也因为身份不明确，编制紧缺，地位较低，收入也较低等因素流动更频繁，不利于教师队伍稳定。

工资收入偏低这一现状严重影响了农村学前教师的职业吸引力。这种对农村学前教师职业吸引力的影响一方面可以通过对学前教育专业学生的职业选择调查体现：就宁夏高校及幼儿师范学校的高年级学前教育专业的学生进行的就业意愿的调查结果显示：超过50%的被访者无法确定毕业后是否会从事教育事业，25.6%的被访者确定不会从事学前教育事业，只有不到1/3的被访者表示毕业后会从事学前教育工作。从数据结果看，对师范类学生而言，学前教育专业难以满足师范学生的自我价值实现，学前教师的职业吸引力不够。

对 180 名学前教育专业学生关于"你愿意毕业以后到农村地区幼儿园工作吗?"的调查结果显示，有 118 人（65.6%）表示不愿意，其中有 63 人（53.4%）是因为"工资待遇低"，29 人（24.6%）是因为"生活太单调"，因为"条件太艰苦"和"交通不便利"的人数分别占了 17% 和 5%；同样在愿意去农村幼儿园的 62 人中，有 48 人（77%）是因为"父母在农村"，另外有 14 人是因为"城市竞争压力太大"。

工资待遇低影响到了学前教师这一职业的吸引力。从对宁夏某高校，学前教育专业毕业生的访谈中可以看出，学生因为待遇问题对在农村任教望而却步。

访谈对象：刘同学，宁夏某综合大学，学前教育专业大四学生，来自宁夏固原农村地区。

访谈问题：马上就要毕业了，面临着找工作的问题，你愿意毕业以后到农村地区当幼儿园老师吗?

年前，父母坚决要我毕业以后回到县城上班，我其实也愿意回到父母身边。我有一个表姐，是幼师毕业，在我们县幼儿园工作了五年了，现在还没有编制，每月工资不到 1000 元。我现在挺沮丧的，想着先在银川应聘一个民办幼儿园上两年班，积累点工作经验，等我们县幼儿园招聘老师的时候，我再考虑回去吧。现在父母也不坚持了，同意我的想法了。我和同学上周已经应聘了几家民办幼儿园了，银川工资待遇能好点，像我们这样刚毕业的本科生，每月能拿到 1600 元，而且工作环境能好点。至于县以下的农村幼儿园，我是没想过要去的，工资更低，生活环境也不好!

刘同学的话代表了一批学前教育专业毕业生的心声。虽然，在城市民办园上班，存在生活成本过高，离家远等问题，但是，经过一番纠结比较，大家还是愿意留到城市民办园"积累点工作经验"。

（四）缺编现状严重，队伍缺乏稳定性

教师编制情况是反映幼儿教师队伍稳定性的一个重要指标。根据宁夏地区学前教师编制现状，非在编教师占教师总量的83%，（截至2015年年底，宁夏地区幼儿园教职工总数18125人，其中在编3018人，占教职工总数的16.7%，聘用15107人，占83.3%）成为了宁夏学前教师队伍的主力军。显然，在工资待遇较低的情况下，非在编教师数量越多，说明队伍的稳定性越差。究其原因，主要有以下几点：

第一，编制标准滞后，不适应学前教育体制改革需求。我国现行的编制标准是1987年劳动人事部和原国家教委联合下发的《全日制、寄宿制幼儿园编制标准（试行）》，时至今日，已有近三十年。从学前教育事业发展对教师需求的变化来看，这一标准显然已不合时宜。

第二，宁夏农村幼儿园学前教师编制出现自然收缩，不增反减的情况。即如果有编制的学前教师一旦退休，编制也面临"退休"，这样实际编制总体减少一个名额，这使宁夏农村地区学前教育缺编现象雪上加霜。据调查，宁夏已经十五年没有增加幼儿园教师编制，原有的在编教师因退休或调出等原因，使在编教师数量逐年减少。另外，近几年民办园数量的持续增多，民办园教师数量也急剧增加，导致宁夏农村幼儿园教师队伍逐渐演变成非在编幼儿园教师占主体的格局。由于临时编制的管理约束性不强，教师的工作态度和工作内容随意性强，教师队伍的流动性和随意性大。

第三，幼儿教师没有单独列编，而是与小学教师的编制混在一起，使幼儿教师的编制被小学教师挤占或者取消。长期以来，农村学前教育编制与小学教师编制没有分离，混编现象非常严重，幼儿园教师编制面临着随时被小学编制占用或随意被取消的风险，加之基础教育结构调整，许多农村中小学多余出来的教师大量转岗到幼儿教师队伍中，严重影响着幼儿教育事业正常有序的发展。

总而言之，宁夏农村地区学前教师缺编现象严重影响了农村学前教师队伍的稳定性。

因为没有编制而留不住老师，来自宁夏同心县某农村幼儿园的园长"黑园长"的访谈更说明了这一点。

访谈对象：黑园长，42岁，担任该园园长6年。

访谈问题：为了稳定本园教师队伍，幼儿园做了哪些方面的措施？

我是想做很多的，但能力有限啊！去年，我们有个特别优秀的骨干教师，在我们园干了六七年了，一直没有编制，去年家里孩子考上银川的高中了，为了照顾孩子方便，人家就到银川一个民办园去了，因为人做事踏实，今年就已经是保教主任了。为这事儿，我曾经去县教育局争取过很多次了，可是，县里一直没有给我们编制名额。我们幼儿园现在一共有12个老师，只有5个人是有正式编制的，其余老师都是合同制。

长期缺编现象导致农村学前教师的身份处于模糊尴尬的境况。从理论上看，虽然学前教师是被纳入教师行列，但是由于编制管理问题和社会认知偏见，在农村地区关于学前教师的"教师身份"仍十分含糊；从现实状况看，由于编制不到位，直接影响了在职农村学前教师的切身利益，如养老保险和其他社会保障无法落实。这些因素从根本上直接影响了农村学前教师工作积极性和未来职业规划，从而直接影响农村地区学前教育质量。

（五）评审制度缺失，职称评定困难

根据对宁夏目前学前教师职称评审的现状来看，截至2014年年底，农村学前教师队伍中未评职称的教师占了76.7%之多，能评上高级职称的人少之又少。究其原因，主要是缺乏合理的、科学的职称评审制度。这对整个教师队伍的持续发展产生非常不利的影响。

虽然《小学教师职务试行条例》规定了"幼儿园各级教师职务的任职条件，由各省、自治区、直辖市参照本条例，自行拟定"，但实际上各地的幼儿园教师普遍被纳入小学教师的职称系列，并参照小学教师职称晋升的专业要求及标准执行。这一制度设计对幼儿园教师来说是非常不公平的，导致幼儿园教师的职称晋升通道愈加狭窄，进而压缩了幼儿园教师待遇提升和兑现的政策空间。

受我国长期以来学前教育归口基础教育部门统一管理模式的影响，因此在幼儿园教师职称评定的做法上也沿用基础教育评定模式，幼儿园教师的职称划分等级与小学完全一致。由于学前教育与义务教育本质上是不同的，因此，这样的划分不但缺乏学前教师职称评定的科学性，同时也非常不利于教师队伍的稳定和调动教师专业发展的积极性。这说明教师任职资格管理严重缺位，导致被聘用的好教师留不住。职称问题成为宁夏农村学前师资建设中一个亟待解决的问题。

（六）科研人才缺失，专业引领不足

根据宁夏的学前教育科研的整体现状来看，还未能充分地发挥其对农村学前教育的引领作用，究其原因主要有以下几点：

第一，农村学前教育基层教研队伍不健全，专业能力有限。宁夏学前教育教研网络还未形成，教研人员的缺失严重影响了各市、县（区）学前教育的专业指导与支持的力度。部分学前教育教研员自身专业水平有待提高。非学前教育专业的教研员不具备指导幼儿教师的专业能力，容易出现专业指导的"缺位"或"错位"现象。调查中我们发现，宁夏近 1/3 的县没有设置专门的学前教育管理部门，即便是有负责农村学前教育的管理人员，也同时担负着兼管初中或小学的行政任务。所以，在宁夏农村地区学前教育的管理以兼职管理人员为主，他们以小学教育管理为主要责任，但这种现象的普遍存在使学前教育管理工作难以做实，难以做到因地制宜；对具体的学前教育的调查研究也难以做到有针对性地监督指导；对民办园的审批监督管理不到位，在学前教育考核机制、资质审定制度方面难以发挥主体管理作用；在落实农村学前教师社会保障和编制名额等方面无法做到供给保障。新老问题交织，对学前教育发展造成了严重的影响。在调查中发现，地方配套制度的不完善，没有做到规则细化，是农村学前教师供给过程中的一大障碍。

第二，专职教研员角色定位不清晰，工作动力不足。各市、县（区）学前教育专职教研员在各市、县（区）教育局教学研究室，一般将其与中小学各学科教研员一样被视为学科教研员，没有被作为基础教育中的一个学段的教研人员。各市、县（区）级学前教育教研员要研究和解决的幼儿教育问题的全面性和综合性，仅作为学科教研来考虑，甚至存在根本不统筹规划基础教育这三个学段的教育教学研究问题，将学前教育边缘化、狭隘化，这种不科学的定位使得各级教研员缺乏工作动力。另外，没有教研员的地区多由中小学教研员兼任，对待学前教育教研工作，仅起到上传下达的作用，缺乏主动开展工作的意识，未能真正发挥专业引领的作用。

第三，区内高校和农村幼儿园之间缺乏有效衔接。高校学前教育专业的研究者占据着学前教育理论研究的制高点，成为了宁夏多层次学前教师培养模式中一个非常重要的组成部分。不但在理论上引领着学前教育发展的方向，而且在实践中也具备不断推动幼儿园教学、课程等方面的改革与发展。但是，一方面高校学前教育专业理论研究人员较少深入基层，其科研引领的优势资源难以得到有效的发挥；另一方面幼儿园教师在科研中摸索前进，缺乏专家指导。二者之间缺乏有效衔接，难以形成长效的合作机制。

（七）专业对口率较低，培训机会有限

通过对农村学前教师的专业对口情况进行调查，宁夏农村学前教师的不对口问题比较突出。54%的教师不是学前教育专业毕业。非学前教育专业毕业的学生常在摸索模仿中开展保教工作，缺少理论指导，形成的工作经验零散、不系统，难以突破知识背景的瓶颈，无法使教学质量跃升到更高的水平。对于一些幼儿的身心发展特征及规律掌握不全面、环境的创设不具备技巧，尤其关于幼儿一日生活的安排和保教工作都需要幼儿园进行二次培训，或者其他有学前教育专业背景的老师现场指导，适应工作的时间比较长，影响了农村学前教师队伍的素质，也影响农村学前教育的质量。从教师自身来说，由于专业不对口，在实际教学工作中无法得心应手，会增加职业倦怠倾向。

> 访谈对象：纳老师，女，23岁，毕业于高职院校，永宁县宁化村幼儿园老师，2012年参加工作。
>
> 访谈问题：您在专业发展过程中，遇到的最大困难是什么？
>
> 我的最大困难是缺乏专业的指导和帮助。我的第一专业是临床护理，毕业于高职。当初回到农村，我们村子幼儿园招聘老师，我刚开始应聘的是幼儿园的保健医生。刚开始工作的还算顺心，因为我本身是学护理的，有一些专业基础。但是，工作了两个月以后，因为园里缺老师，领导让我去教学岗。自己觉得干得很吃力，可能是因为性格原因，我本身不喜欢唱歌跳舞，所以每次到需要这些技能的时候，我就压力很大。后来，经常向园里的其他教师学习，现在我在绘画和玩教具制作上有了很大进步。现在压力能少点，但是唱歌跳舞还是不行。

　　从对农村学前教师的访谈中发现，像纳老师这种情况也不在少数，更多老师没有系统地学习专业基础，没有掌握一定的技能技巧，选择在农村地区幼儿园任教，充满了无奈。

　　教师不仅仅是教育者，同时也是学习者。教师通过不断的学习和实践以此提升教育专业素养，夯实理论基础。为了达到更高的专业水平，教师需要努力把握各种培训学习机会，相互交流教学经验，增加专业知识储备，激发教学热情，提高教学理念。随着国家对学前教育的不断重视，宁夏一系列针对农村学前教师的培训计划相继启动，如在认真落实国家有关农村学前教育培训计划的同时，宁夏相继出台《宁夏农村幼儿园园长培训计划》、《宁夏幼儿园骨干教师短期培训计划》，也组织了专家团队深入农村进行指导培训，这些措施不仅有效缓解了农村学前师资薄弱的矛盾，也促进了农村学前教师队伍素质和水平的提高。随着近年来教师学历层次略有提高，农村学前教师的在职培训需求有所增加，多途径的在职培训更符合农村学前教师的岗位需求。也说明学前教育的培训类型和模式正在趋向多元化。尽管在培训上取得长足的进步，但是宁夏农村学前教师通过在职培训和学习以提高自身专业素养的情况不容乐观。

　　教师培训机会少的现象对农村学前教育的影响最为明显。首先，相关教育部门在培训资源分配问题上总是倾向于将农村民办教师排除，这直接影响了农村民办园的幼儿教师的专业素养提升；同时由于农村社会综合发展能力不足，信息相对封闭，最新的有关学前教育的图书影像资料匮乏，这造成他们很难通过业余自学的途径提升自我学业水平；而且由于农村幼儿园的设置相对分散，有些农村只有一个幼儿园，这些因素直接限制了同行幼儿教师之间的教学实践经验的相互借鉴学习，很难达到教学内容和教学方式的创新。总之，由于外出学习交流的机会较少，许多幼儿教育新理念无法从根本上贯彻落实。另外，在与许多农村幼儿园教师进行深入访谈时，能够深深体会到他们迫切想要改变现状，提高自身业务素质的愿望，他们渴望有培训、进修的机会与渠道。希望研究人员能够关注农村幼儿园，培训者能够就他们日常教学中困扰他们的问题进行切实的指导。

本章小结

本章是研究的核心部分之一，在对 2005—2014 年宁夏农村学前教师供给的现状做了全面、客观的调查以后，做了细致、深入的剖析。

首先，从不同体制幼儿园的发展状况来看，教育部门办园仍占据主导地位，民办园快速发展，集体办园迅速减少并逐渐消失；从不同区域幼儿园的发展情况来看，城市、县镇、农村幼儿园均快速发展，其中农村幼儿园数量提升速度最快；从宁夏农村学前教师配置的数量来看，逐年递增；从农村学前教师的学历层次来看，以大专和高中学历为主，总体上呈低学历水平；从职称情况来看，高级职称人数有增长趋势，与此同时，未评职称人数也快速增多；从全区学前教师培养体系来看，多元化多层次的培养体系初步形成；从培养区域来看，以区内培养为主。综合看来，宁夏学前教师总量供给不足，截至 2014 年，全区有 9615 名学前教师的缺口数量，其中农村地区有 1366 名的数量缺口。其次，为了进一步了解其供给趋势，从幼儿园教职工总数与幼儿的比例、专任教师与幼儿园的比例等多个维度进行城乡趋势的比较；最后，对宁夏整体的学前教师培养的质量做了分析。

总体上来看，目前宁夏学前教师供给的主要困境有学前教师总量供给不足、学前教师培养机构短缺、专业不对口情况严重、农村学前教师工资待遇低、缺编现象在宁夏农村地区严重。另外，整体素质有待提高，基层学前教育行政管理机制缺失也是宁夏农村学前教师供给的主要困境。

第四章 影响农村地区学前师资供给的原因分析

要想有效地解决问题必须首先掌握问题成因。农村学前师资供给不足现状的存在，不仅严重影响了农村学前教育发展的速度与质量，同时也给农村地区经济发展、社会稳定造成了一定的影响。要努力使《规划纲要》的普及目标尽快实现，尽早摆脱目前农村学前教育发展缓慢、质量不高的困境，就必须对问题及背后的原因有一个全面、深刻的认识和理解。通过对隐藏在现状背后的原因做深入剖析，我们发现农村学前教师供给数量不足、质量不高的现状是多种因素交织影响的结果。这其中既有社会原因也有深层次的历史原因，既有客观的也有主观的。它是一个由经济、历史文化、地域环境、自然条件等多种因素共同作用的结果。

一 生态环境恶劣影响农村学前教师职业吸引力

自然环境是人类生存和发展的基本条件也是影响人们就业选择的主要客观因素。恶劣的生态环境一方面影响着人们的工作环境和生活环境，另一方面自然环境的恶劣、交通的限制，加大了教育的投入成本。

（一）自然环境恶劣，工作环境差

从东西部的自然环境来看，我国西部地区气候多变，干旱、沙化现象非常严重，水土流失严重，尤其大多数农村地区位于高山、荒漠、牧区等生态环境遭到严重破坏，又很脆弱的地区。"例如贵州省，山地面积占了全省土地面积的87%，丘陵占了10%，平原只占了3%；西藏、青海乃世界屋脊，平均海拔4000米以上，50%的面积在海拔4500米以上；甘肃、新疆、宁夏属于全国荒漠化最为严重的地区。宁夏远离海洋，深居内陆，南端属南温带半干旱区，年平均降水量400毫米，尤其是宁夏南部山区有西吉、海原、彭阳、同心、固原等七个国家级贫困县，1972年被联合国粮食开发署确定为不适宜人类生存的地区之一。"①

在这样一种生态环境下，农村幼儿园的办园条件极其有限，教师的工作环境也常年得不到改善。在笔者所走访的农村幼儿园中，有的缺乏教师的办公室，平时办公就在活动室里，在靠墙的地方放张桌子，简单隔离一下，就是教师的"办公室"。

西北地区是个少数民族较聚集，地形复杂，土地沙漠化情况严重，自然条件恶劣的偏远地区。环境的恶劣阻隔了与外界的联系，使得教育工作者的工作环境不尽如人意，也阻隔了师范生到农村幼儿园工作的信念和意愿。西部农村地区艰苦的生活和工作条件，难以吸引大量的师范生到这些地区任教，使很多地方的农村学前教师多年得不到补充。

（二）生存环境艰苦，生活质量不高

西部贫困人口主要集中在资源匮乏的地区，宁夏95%的贫困人口集中在西海固地区，甘肃60%的人口集中在中部地区，"面积大、人口多、贫困程度高"是我国西北贫困地区的共同特征。新疆的天山南部、青海的海东地区、宁夏的西海固等都是我国典

---

① 吴德刚：《西部教育》，中共中央党校出版社2001年版，第11页。

型的贫困地区。

从农村环境来说，水资源的匮乏，加上水、土资源空间匹配差，造成这一地区自然环境的恶劣，加上人口居住分散、交通通信设施不便利，给农村学前教育的普及和发展带来了很多困难，也大大影响了教师的生活环境。生活环境艰苦，娱乐设施少，精神追求容易受限，交通工具不便，很多工作无法开展，许多年轻人不愿意到基层，而且在城市就业空间很大的前提下，农村的待遇又差，无法吸引大学生到农村幼儿园任教。

经济发展的速度影响着整个社会发展的速度，这一结论已经在人类社会发展的历史经验反复证明。当然，教育的发展也不例外要以坚实的经济发展为基础。我国沿海经济发达地区各类教育均优先于西部地区，正是经济迅猛发展对教育的刺激结果。西部贫困地区远离城市、信息闭塞、资金短缺，经济发展缓慢。长期的贫困状况得不到改善，使得这些地方的人们一直处于低水平的生活状态。

2013 年，全国国内生产总值 GDP 为 568845 亿元，全国人均GDP 为 43320 元，但同年宁夏地区 GDP 为 2565.06 亿元，人均GDP 为 40173.67 元，低于全国平均水平。① 进一步的数据显示2013 年全国农村人均纯收入为 8895.9 元，宁夏地区农村人均收入仅为 6931 元，② 低于全国平均水平 22 个百分点。

从整体上来看，西部农村地区受区域经济发展迟缓的严重影响，资源开发不足。人们的经济收入过低，限制了教育的支出，农村地区优质教育资源短缺的情况尤其严重，教育发展不均衡的状况非常突出。地区发展对毕业生没有吸引力，大量的师范生难以补充到基层边远农村幼儿园。如此的环境想要留住优秀教师也是难上加难，造成了广大农村幼儿园师资短缺。

---

① 数据来源：《宁夏回族自治区 2013 年国民经济和社会发展统计公报》，宁夏统计局。
② 数据来源：中华人民共和国国家统计局，http://www.stats.gov.cn/tjgz/tjdt/。

二 传统观念束缚影响农村学前教师职业定位

政府和家长对学前教育观念上的模糊、认识上的偏差，是造成农村学前教育举步维艰的主要因素。受传统思想的影响，一些政府对农村学前教育在国家教育事业发展和在农村儿童个体成长过程中的作用缺乏战略眼光，对学前教育的性质、地位及宗旨等根本性问题的认识存在欠缺或偏颇；在实践中，轻视和忽视农村学前教育，从根本上制约了农村学前教育的发展，影响了农村学前教师的地位。传统观念对农村学前教师供给的影响主要体现在基层教育主管部门重视义务教育轻视学前教育的工作意识；家长忽视孩子学前教育的教育观念；学前教师受社会影响，教育信念不足，职业定位过低。

（一）基层政府重视力度不够

对农村学前教育意义和地位正确认识是地方政府积极发展农村学前教育的重要前提。但是在我国西北农村地区支持农村学前教育发展的环境还没有完全形成，推动农村学前教育发展的机制也急需完善。地方政府对农村学前教育的观念还是陈旧的，工作作风还是保守的。对于农村学前教育强烈的公益性质，在我国教育体系中的基础性地位和提升国民素质、促进教育事业发展具有重要意义没有一个清晰的认识。尤其是乡镇等基层政府甚至简单、错误地认为学前教育是保育孩子的福利事业，是学校教育之前、基础教育之外的"照看孩子"的事情，因此政府可以不投入、不管。甚至"学前教育到底是否属于国民教育体系的一部分，是否是基础教育的重要一环"的问题也成为当前困扰和影响基层政府职能发挥，因而影响学前教育事业健康发展的一个根本性问题。

1. 地方政府对农村学前教育事业发展的经费投入不足

足够的经费投入是农村学前教育发展的基本条件。政府对于保障教师的权益和社会整体地位，提高教师的工作待遇出台了一系列政策法规，但在具体的落实过程中，举步维艰。长期以来，我国西部地区在教育经费投入上依赖国家的倾斜调拨，由于基层政府财政紧张等种种原因，地方教育经费的按比例配套投入困难重重。在这样的一种困境下，广大农村学前教师根本无法完全享受到政府的"惠师"政策。仅能维持温饱的工资收入，加上缺编现象严重，在农村地区工作的安全感缺失，职业幸福感减退，其社会地位与经济待遇长期处于较低水平，令广大农村学前教师难以安心工作，逐步成为教师群体中的"弱势人群"。

2. 基层政府对于学前教育的公共产品属性认识存在偏差

学前教育属于准公共产品，学前教育的发展直接关系到民族的整体素质和国家的未来。在现实中，政府尤其是基层政府对于学前教育的公共产品属性认识存在偏差，对农村学前教育在国家教育事业与儿童个体成长中的作用缺乏宏观的战略眼光。这种认识上的误区导致了以下现状。

首先，弱化了政府在发展农村学前教育中的责任意识。受传统观念的束缚，政府只看到学前教育"非义务性"、"非公共产品"性质，基层政府对其公共产品的属性认识模糊，对自身提供公共教育服务的职责认识不到位，弱化甚至否认政府对学前教育承担的责任和义务。一些地方政府"卖园风"盛行，盲目模仿企业改制的做法，将幼儿园产权变卖给个人，盲目地将幼儿教育推向市场，在地方财政有限的情况下，被迫对公办园实行断奶、改制。大大影响了幼儿园教育公益性和公共性的发挥，最终影响了该地区学前教育事业发展的速度和规模。

其次，有些乡镇政府和教育主管部门对学前教育重要性的认识存在误区。在"普九"任务繁重的情况下，一再地强调基础教育普及在农村教育工作中的地位，却忽视了农村学前教育的发展，经常把农村学前教育工作作为义务教育的"附属性工作"，甚至放弃了对农村学前教育的统筹和管理责任。在脱贫工作中做了很大的工作，却没有把农村学前教育的发展纳入地方经济社会发展的规划，不能意识到农村学前教育对于脱贫的深远意义。导致农村学前教育失去了政府的宏观调控，工作没有目标、没有计划，形成"有任务了抓一抓，日常工作捎带抓，工作忙了可不抓"的松散无序状态。受此影响，农村学前教师的合法权益和农村幼儿受教育的机会得不到很好的保障。

最后，教育主管部门的普九任务繁重，存在重视义务教育轻视学前教育的思想。在实践工作中，也是投资力度上很明显偏向义务教育阶段，使得农村学前教育处于教育系统边远地带的状况并没有得到有效的改善。

3. 忽视了农村学前教育发展的质量

在促进农村学前教育发展中的实际工作中，思想意识和实践操作中都存在忽视学前教育质量的情况。表现为盲目仿照城市举办幼儿园，使原本农村特有的、原生态的、现有的发展农村学前教育的资源优势没有被充分利用起来。受到忽视农村学前教育质量的影响，对农村学前教师的重视程度也没有得到很好的提高。对农村学前教师待遇落实方面也缺乏监管和保障机制，关系到农村学前教师切身利益的问题长期得不到有效解决，影响了农村学前教师队伍的稳定。

（二）农村家长对学前教育认识不到位

在我国农村地区，由于受传统历史文化的束缚，农民忽视学前儿童教育的观念根深蒂固，严重制约了农村学前儿童的受教育机会。保守与封闭的教育观念仍然阻碍着农村学前教育的发展。当前农村家长对学前教育认识还明显地存在以下误区。

1. 学前教育可有可无

由于经济落后、思想观念陈旧，在西北很多农村地区学前教育对儿童身心发展的重要作用也得不到家长的足够重视。他们没有意识到正规的学前教育机构对自己孩子发展的重要性，也从来不主动寻求相关的教育援助。他们觉得幼儿园就是看管孩子的地方。更有甚者，教育督导员来动员学龄儿童接受学前教育，他们不但不配合还有抵触情绪。这就不难理解为什么基层的教育部门工作人员经常抱怨工作难做。有些家长甚至认为，家里有老人带孩子，再耗费时间和精力把孩子送到幼儿园没有什么必要。家长没有认识到学前教育对儿童健康成长的重要性，思想上轻视，行为上就没有让孩子接受必要的学前教育。这也是国家在耗费大量人力、物力，但是西部学前教育入园率提升仍然很慢的原因之一。"2009 年西部地区学前儿童三年的毛入园率为：云南 54.5%、广西 52.0%、新疆 51.5%、甘肃为 36.3%、西藏仅为 5.9%，这一比例在西部农村地区则更低。"① 对学前教育的漠然态度，也折射出了家长对农村学前教师职业地位和社会地位的定位存在很大的偏见，经常有家长认为，幼儿教师就是"孩子王"，谁都能干。

2. 学前教育是幼儿园的事

有的家长对幼儿园教育期望很高，一旦孩子入园，把所有的教育责任全部推向幼儿园和老师。自己却打牌赌博、打架骂人，没有意识到自己的行为对孩子的影响。殊不知，家庭环境的耳濡目染对孩子潜移默化地影响更是巨大。家长没有意识到学前教育需要幼儿教师和家长配合。在日常生活中就自然而然地缺乏对学前教育积极的关注，缺乏对教师工作的支持与配合，影响了农村学前教师在家长心中的地位，导致农村学前教师工作难开展。

（三）农村教师自身职业定位偏低

所谓农村学前教师社会地位的自我认定，是指农村学前教师对自己在现实生活中所处的社会地位的认定情况。本次对宁夏300 名农村学前教师关于社会地位认同的调查数据中发现，认为"幼儿教师的社会地位很高"的被访者 29 人，占 9.67%；"比较高"的 42 人，占 14%；认为"幼儿教师的社会地位一般"的被

---

① 王冬兰：《西部学前教育发展面临的机遇与挑战》，《当代教育与文化》2011 年第 3 期。

访者 68 人，占 22.67%；认为"幼儿教师的社会地位比较低和很低"的被访者 161 人，占 53.67%。很明显，我们发现被访者对幼儿教师职业的社会地位的自我认定相对较低。

另外，可以从现实农村学前教师的职业观窥视。由于农村学前教师的工资收入偏低，工作环境相对较差，社会福利津贴等无法及时到位，生活上甚至捉襟见肘，入不敷出，使农村学前教师难以从根本上树立正确的职业观和思想观，这直接影响农村教师的工作积极性和对学前教师的职业认同。同时，社会上"他者"关于幼儿教师工作的偏见认知和舆论导向也间接影响农村学前教师对待幼教职业心态。例如很多家长认为所谓"幼教"就是"保姆"，不需要理论知识，不需要社会培训，是最简单的体力劳动。经济地位和社会地位都较低，这些都会直接影响农村学前教师社会地位的自我认同。所以，要从根本上解决上述问题，一方面应建立相应的学前教师鼓励资金和津贴补助细则，直接提高农村学前教师的工资待遇，吸引优秀的师范人才积极参与到学前教育行业；另一方面，在师范类学前教育课程培养体系中，应有意识地加强学生的社会责任感、职业道德感和职业荣誉感的培养。下面的访谈比较有代表性地说明了这一点。

　　访谈对象：马老师，回族，38 岁，毕业于幼儿师范学校，在农村幼儿园任教 12 年。
　　访谈问题：结合您自身的体验，您觉得农村幼儿园教师的社会地位如何？
　　刚参加工作的时候，很自豪我是个幼儿园老师，因为我自己也比较喜欢小孩子。但后来家里有亲戚向别人说起我的时候，直接说："她在我们村子幼儿园当保姆呢。"听到这话，心里很不舒服。刚开始的时候，我还会去给她们纠正，强调"我是老师，不是保姆"，后来，发现这样的纠正没有什么作用，周围还是有人这样说，不是说"保姆"就是说"阿姨"，慢慢地，我虽然表面上适应了，但心里其实挺难受的。我知道她们没有恶意，是因为她们就觉得幼儿园老师就是"看孩子"的。现在，也懒得给别人纠正了，"保姆"就"保姆"吧！

从对马老师的访谈中可以看出，农村家长对老师从称呼到实际态度，都显示出农村幼儿园教师的社会地位并不是很高。

首先，受地方政府和农村家长对农村学前教育认识的影响，农村学前教师对自身的职业定位也比较消极，缺乏职业自豪感。虽然也承认从事学前教育的光荣，尤其是自己所承担的农村学前教育工作的重要意义。但在具体的工作生活中，农村幼儿园的教师无法体会到自己工作的特殊性，也没有受到应有的尊敬。在对300名教师的问卷调查中发现，有52名（17.3%）农村学前教师感觉到自己很不受尊重，68名（22.67%）教师认为自己比较受尊重，对其进行进一步的访谈发现，农村学前教师把自己的职业作为一种谋生和养家糊口的手段，处于一种生存型职业状态。其次，受个人职业定位的影响对自身专业水平的发展和提高也持消极态度，自觉学习的意识不强。甚至对教育教学工作的实施也持被动应付态度。最后，农村幼儿园教师劳动的价值大打折扣。因此，把农村学前教师职业错误地定位为谁都能干的简单劳动，又加上实际收入与付出不成比例，导致农村学前教师消极地认为干得再尽责，也不可能获得较高的经济地位和社会地位。所以，对自己是一名农村幼儿园教师的身份缺乏一定的职业自豪感和荣誉感，也缺乏一定的职业目标和职业追求。

三　政策保障不足影响农村学前教师队伍稳定性

教师政策反映了国家对教师的需求及培养导向，同时也渗透着一定的时代和社会的价值取向。农村学前教师队伍的建设和发展与政府颁布的各项学前教师政策密切相关。作为幼儿教育体制政策的关键要素之一，幼儿园教师政策的发展变化是在幼儿教育体制改革这样一个大的体制环境与背景下进行的，办园体制、管理体制的改革都成为幼儿园教师政策发展变化的最直接的影响因素。国家作为制定教师政策的主导者，通过制定政策的形式引导和规范教师队伍的建设和发展。学前教师是我国教师队伍的重要组成部分。我国的幼儿园教师政策变革本质上是幼儿教育体制改革在教师领域的集中反映。我国政府历来重视教师队伍建设和教师发展，但由于幼儿园管理和体制改革过程中公办园逐渐减少，幼儿教师的身份与地位得不到确认，幼儿教师的待遇得不到有效的保障，幼儿教师的管理制度不完善，这些重要问题在现实中还存在落实不到位的问题，回顾和分析相关法律文件精神，有助于制定更加有效的保障与实施策略。

（一）现行政策滞后，缺乏对农村教师的倾斜

自改革开放以来，国家为推动相关学前教师政策做出了不懈的努力，从法律的角度加大了对学前教育事业发展的政策支持和保障，使我国学前教师队伍在规模上取得显著的提高。但是就政策系统本身的成熟性和完善而言，存在一些体制性的障碍是难以避免的，一个突出的问题就是配套政策的缺失及其内容的缺陷。从多方面对其进行分析，研究者认为其最为突出的主要表现在以下几个方面：

1. 现行的学前教师政策滞后于形势的发展

改革开放以来，相关的部门先后制定了《关于进一步办好职业高中幼师专业的意见》（1988 年）、《中华人民共和国教师法》（1993 年）、《全国幼儿园园长任职资格、职责和岗位要求（试行）》（1996 年）、《幼儿园工作规程》等学前教育教师政策。这些政策法规对我国学前教师的培养、任职等提供了政策依据，起到了积极的作用。但是，这些法规的法律位阶较低，强制性不

足，地方政府在执行过程中普遍感到法制影响力太弱。

从相关政策颁布的时间角度来看，许多幼儿教师管理政策无法跟上时代发展步伐，无法满足现实社会多元化需求。例如，1989 年出台的《幼儿园管理条例》，距今已经 28 年；1995 年发布的《三年制中等幼儿师范学校教学方案（试行）》是最近的关于学前教师培养的政策，也距今近 20 年。虽然在新世纪新时期的 2005 年教育部发出了《关于规范小学和幼儿园教师培养工作的通知》，但是就其内容而言只是针对具体问题的补充文件，缺乏应有的权威性、全面性、规范性。所以从时间的角度分析，学前教师政策无法跟上社会发展转型步伐，无法满足学前教育目前多层次发展格局的要求。

从现行政策所包含的内容来看，相关政策内容已经不合时宜。随着我国教师教育模式的逐渐转型，学前教师的培养越来越强调专业化发展，并且也强调终身学习，因此要求对于学前教师教育和培养向职后延伸。但是，这些符合时代发展的理念在相关的学前教育教师政策不但鲜有出现，反而，一些陈旧的教学理念、落后的培养目标还在继续影响着我国学前教师的培养，比如现行学前教育的政策规定大多着眼于幼儿师范学校的改革，然而现实生活中，仅仅依照多年前的教学计划培养幼儿园教师，而且倾向于技能技巧的培训，这显然过于单薄无力，在新世纪新时期，如果不了解不同时代背景下幼儿心理发展特征、不了解社会国家需要的新的教学理念和培养模式，就根本无法满足现实社会更高水准的要求，从根本上直接影响国家人才培养质量。

从政策的体系与结构上来看，相关政策还不成熟、不完善。在社会转型和经济体制改革下，学前教育事业发展中也出现了一系列新的问题，新老问题交织严重影响了学前教育发展的质量和速度。目前还没有形成一个包含教师薪酬待遇、从业标准、社会保障、学习培训、编制管理等多方面与教师个体发展密切相关内容的完善体系。如长期存在的关于教师编制管理、工资福利、社会保障、幼儿教师身份地位问题等，对这些存在的问题一直没有得到国家相关法律法规及时回应，充分显示了学前教师相关的政策无法跟上社会经济转型的需要。

总而言之，当前我国的学前教育政策系统在教师政策上是存在很大的缺失的，需要引起足够的重视。

2. 基于办园体制的"身份管理"，对非公办教师存在"制度性歧视"

由于受经济领域所有制结构和幼儿园办园体制的深刻影响，单从构成来看，我国幼儿园教师队伍比其他教师群体更为复杂。

目前，基于幼儿园教师是否为财政编制将我国幼儿园教师可以分为公办和非公办两种。所谓公办园教师是指受国家编制管理，并且享有国家财政拨款的幼儿园教师。相反，非公办幼儿园教师是指没有在国家编制管理范畴内，并且无法享有国家财政拨款的幼儿园教师。非公办幼儿园教师在现实中包括民办园教师、公办园中的合同制教师、街道或社区园教师等。更为普遍的问题是即使有编制幼儿园教师和无编制幼儿园教师服务于同一个幼儿园，由于编制的原因，两者之间的社会地位、工资待遇、福利保障、自我评价等都有很大的差距。

从以上表述中不难发现，目前针对我国幼儿园教师政策管理，更多表现出根据幼儿园教师的"所有制身份"设定而非更合理地根据"行业管理"的设定。而且这些政策没有根据不同地区、不同对象实行差异化分类管理，而是集中直接表现为公办比民办好、城市比农村好的倾向。类似倾向如果持续下去，就会恶性循环为：公办园教师政策体系日趋完善与民办园教师政策体系无人问津的差距化发展日益加大的矛盾问题，所以，就我国幼儿园教师整体政策格局中存在的最重要的问题不是制度有无问题，而是由于对我国幼儿园教师政策管理依据不合理而导致不同"所有制身份"的教师在权益保障方面的不公平现象。

在此政策格局之下，首先，只有公办幼儿园教师被纳入国家教师政策的管理范围，而民办园教师、农村幼儿园教师则被排除在政策规范之外，这些"编制外"的幼儿教师即使获得了正式的国家教师资格，也无法与公办幼儿园教师"平起平坐"。具体表现为在工资待遇、社会保障、社会地位、职称评定等方面的巨大差异。这也再次论证了我国幼儿园教师行业内的"同工不同酬"的情况很严重。

其次，现有幼儿园教师的"身份管理"体制源于老解放区时期建立的军事组织管理制度，服从于新中国成立初期迅速实现国家对整个社会调控与管理的需要，服从于迅速建立起一支稳定的新中国幼儿园教师队伍的需要。然而，随着经济体制转轨和社会转型，这种以"身份管理"为根本特征的政策格局固有的"制度性歧视"的弊端便逐渐显露出来。面对改革带来的企事业单位幼儿园改制引起的教师身份置换问题，农村幼儿教育经费来源不足，优秀的幼儿园教师不断的流失，严重地影响到了教师队伍的稳定性。在这样一种情况下，民办园教师队伍不断壮大凸显的管理盲区问题，旧有的"公家人管理"政策已无能为力，而新的政策体系又尚未建立，于是出现新旧体制交替时期的制度真空。[①]缺乏政策规范的幼儿园教师队伍在转型期面临着严峻的挑战，由于以上问题而导致的幼儿教师队伍的不稳定性直接严重阻碍了整个幼儿教育事业步伐的进一步推进及其整个发展格局的完善。

最后，民办园教师未能纳入国家幼儿园教师政策管理范围内。非公办园教师主要包括民办园教师、企事业转制园教师、街道园教师和公办园中的合同制教师。在身份制教师政策的影响下，改革后不同群体的城市非公办园幼儿园教师队伍都面临着一

---

① 庞丽娟：《中国教育改革30年》（学前教育卷），北京师范大学出版社2009年版，第207页。

些亟待解决的问题。现实中，民办幼儿教师的工资待遇不足公办幼儿教师的一半，而且在职称评定、福利保障、培训学习等与公办幼儿教师无法比较。由于同工不同酬，非公办教师的稳定性极差。合同制幼儿教师队伍只能用《中华人民共和国劳动合同法》维护自己的权利，他们没有获得"教师"身份和权利的依据。[①]

截至 2013 年，民办幼儿园已有 30824 所，占全国幼儿园数的 17%；其中，专任教师数为 75448 人，占全国专任教师总数的 8.6%；民办园在园幼儿总人数为 1707810 人，占全国在园幼儿总人数的 7.1%。[②]

然而，与民办园教师队伍的迅速发展壮大不相称的是，有关民办园教师的各项政策处于缺位状态，相关立法尚不完善。

根据《中华人民共和国民办教育促进法》第 30 条规定："民办学校应当依法保障教职工的工资、福利待遇，并为教职工缴纳社会保险费。"[③] 这就是说，只有民办学校对民办教师能起到制约作用，其他部门对民办教育的管理缺乏一定的法律政策依据，所以在一定程度上导致了民办教师与公办教师的"同工不同酬"、不能"平起平坐"的现象普遍而严重。这显然是我国教师制度内容的缺失造成的。

3. 基于户籍身份的教师管理分类标准，使农村学前教师政策长期缺位

"身份管理"政策格局的另一个突出表现，在于幼儿园教师政策的城乡分割，是以户籍身份作为教师管理的分类标准。然而，这种分类管理的政策并非体现基于地区差异的公平取向，而是表现为"重城轻乡"的制度性歧视特点。[④]

---

① 步社民：《学前教育的"市场化之伤"——以浙江省部分区域为例》，《教育发展研究》2008 年第 20 期。
② 数据来源于教育部网站 2013 年教育部统计数据。
③ 国务院法制办公室：《中华人民共和国教育法典》，中国法制出版社 2011 年版，第 141 页。
④ 庞丽娟：《中国教育改革 30 年》（学前教育卷），北京师范大学出版社 2009 年版，第 209 页。

需要强调的是，幼儿园教师政策的城乡分割并非简单地在原有公办、民办政策格局基础上加上"城乡维度"。新中国成立后，国家宏观规划的"城市优先发展"的战略布局，直接影响了农村学前教育政策改进速度和内容，相关的农村教师的政策处于长期缺位状态。而且由于农村幼儿教育事业与城市发展模式不同，很多城市幼儿园发展模式也无法成功移植到农村。

由于国家公共教师政策未能覆盖农村，导致农村幼儿园教师队伍存在"教师身份"得不到认可、工资待遇普遍偏低、后顾之忧未解决、各项专业发展权益得不到保障、教师队伍总体素质偏低等问题亟待解决。

综合分析我国现有的幼儿园教师的相关政策法规可以发现，虽然有关教师队伍建设问题是历年来各级各类教育政策、文件、会议等必不可少的内容，凸显了我国政府和教育主管部门对教师队伍建设的高度重视。但是对于农村学前教师和民办幼儿园教师政策内容的缺失，使这部分教师的身份、编制和职称等方面保障没有法律依据。特别是当民办教师已经成为我国学前师资的主体，农村学前教师队伍数量庞大，师资队伍的稳定性将会阻碍农村学前教育的健康发展，直接影响了我国学前教育事业的建设。

（二）法律地位模糊，福利待遇难以保障

《中华人民共和国教师法》中明确指出："中小学教师是指幼儿园、特殊教育机构、普通中小学、成人初等中等教育机构、职业中学以及其他教育机构的教师。"[1] 因此，幼儿园教师是我国教师队伍的一个组成部分。在我国教育文献中（专门的幼教文件除外），大多数使用"中小学教师"的提法包含幼儿园教师。在《中华人民共和国教育法》和《中华人民共和国教师法》颁布之前，教师是指在学校及教育机构从事教育教学工作人员的总称。

---

[1] 国务院法制办公室：《中华人民共和国教育法典》，中国法制出版社 2011 年版，第663 页。

法律上的教师是指"履行教育教学职责的专业人员，承担教书育人、培养社会主义事业建设者和接班人、提高民族素质的使命"①。两部法律颁布后，教师有了特定的法律含义。

1. 身份不明确，合法权益得不到保障

幼儿教师的身份与地位是保证幼儿教师合法权益，稳定幼儿教师队伍的重要前提和基本条件。根据以上界定，分析幼儿教师的法律地位，首先要确定他们的法律身份。根据教师概念的内涵，教师是履行教育职责的专业人员。也就是说，教师是一种从事专门职业活动的专业人员，专业人员是教师的身份特征。教师的职责是履行教育、教书育人。这就要求教师在从事教育教学活动时，必须具有国家规定的职业资格，取得教师资格证，既要具备一定的专业知识，达到规定的相应学历，又要在语言表达、身体素质等方面符合职业规定。从这个角度上来讲，幼儿园教师具有普通公民和从事教育工作的专业人员的双重身份。

《教师法》虽然对教师的政治和经济待遇做出了明确的规定。由于学前教育的重要作用在农村地区还没有受到应有的重视。虽然农村中小学教师定编定岗和教师资格认证制度也在陆续开展，但农村幼儿园教师没有被列入其中。由于法律身份长期得不到明确的定位，相应的经济待遇自然也得不到有效的保障。医疗、养老、职称评定等一系列问题长期得不到有效解决，这对占我国幼儿园教师总数1/3的农村幼儿教师来说，极其不公平，极大地打击了他们长期从事农村幼教工作的积极性。

2. 区域经济发展不均衡，福利待遇城乡有别

由于受我国东西部经济发展水平差异的影响，地方财政实力有非常显著的差异，教师待遇也非常悬殊。据调查，我国东部沿海城市，幼儿园教师月收入可达3000元—5000元，而在西部农

---

① 国务院法制办公室：《中华人民共和国教育法典》，中国法制出版社2011年版，第663页。

村幼儿园教师月收入仅为千元左右，二者相差数倍，如果算上住房、医疗等福利，差距将更大。在经济发达的地区，不但教师的工资水平普遍较高，教师工资拖欠的现象也很少出现。而在我国西部农村地区，情况则大大不同，不但幼儿园教师的工资总体水平低，而且在有些地方工资拖欠的现象特别严重。

由此可见，受区域内城乡经济发展水平的影响，加上幼儿园办园体制的不同，其发展规模、办学效益有非常大的差异，进一步影响了幼儿园教师实际收入。虽然，允许差异的存在会促进幼儿园的办学水平的提高，但目前的问题是幼儿园教师的这种待遇上的差异已经影响到低收入教师群体的工作积极性和西部农村地区的幼儿园教师队伍的稳定性。这种差异集中反映在发达地区与不发达地区、城市与农村、公办教师与民办教师之间。教师工资的区域性差异过大不仅大大挫伤西部农村地区学前教师工作的积极性，也导致城乡学前教师资源配置的不均衡，最终影响了农村学前教育的质量。

虽然，国家已经加大宏观政策调整和向农村地区的倾斜，在农村教师工资上调方面做出了不懈的努力，但是，基层政府财政实力影响了政策的有效落实，致使农村地区工资拖欠现象严重，"档案工资"作为中国特有的工资形式曾频繁出现。

除此之外，学前教师待遇的城乡差异还体现在医疗保险、养老保险、职后培训、职称评定等各个方面。这都严重影响了农村教师的稳定性，阻碍了农村学前教育的发展，同时，也是农村学前教师大量流失的关键性因素。

综上所述，我国在农村学前教师身份地位的模糊确定，相应的教师合法权益和社会待遇得不到有效保障。一方面，一些积累了丰富的农村工作经验的优秀幼儿园教师纷纷流向城市幼儿园；另一方面，新补充加入年轻幼儿园教师由于难以适应农村幼儿园的工作环境，也难以安心从教，使得学前师资的后备力量不足，断层现象严重，影响了农村学前教师队伍稳定性。

（三）编制标准僵化，农村学前教师补给困难

自20世纪90年代中期以来，农村学前教师的编制问题已成为制约农村学前教师队伍发展、稳定和提高的最核心的问题。但是我国针对农村学前教师的相关法规文件和政策不太规范，使得越来越多的幼儿教师加入了没有编制的教师队伍中。

国务院办公厅、中编办和财政部于2001年共同颁布了关于中小学教师编制的文件。遗憾的是文件中没有明确指出包含幼儿园教师，因此，此项文件执行与实施过程中，一直混编在中小学教师中的幼儿教师编制，并没有被单独罗列出来。在广大农村仅一些乡镇中心幼儿园的部分教师有编制，很多没有编制的教师没有资格进行职称评定，所以，大部分农村幼儿教师失去了参与职称评定机会。除此之外，对广大农村教师来说国家制定的编制标准要求过高，并且现行的编制政策多倾斜城市，致使农村有编制的幼儿教师奇缺。但是农村地域和环境的特殊性使农村幼儿园需要更多的教师，农村幼儿教师无法按时评定职称是造成师资流失的重要原因。

依据国家编制标准，各类幼儿园教职工的配备基本到位，幼儿教师的队伍有了基本保证，这是学前教育事业健康发展的重要保证。2016年教育部颁布的《幼儿园工作规程》规定：幼儿园按照国家相关规定设园长、副园长、教师、保育员、卫生保健人员、炊事员和其他工作人员等，配足配齐教职工。各省、自治区、直辖市教育行政部门可会同有关部门参照国家教育委员会和原劳动人事部门制定的《全日制、寄宿制幼儿园编制标准》，财政部、卫生部联合发出的《关于若干城市分离企业办社会职能，分流富余人员的意见》和教委、国家计生委、民政部、建设部、国家经贸委、全国总工会、全国妇联联合发出《关于企业办幼儿园的若干意见》后，这些制度的颁布加速了幼儿园与原有企事业单位的

分离速度。这些幼儿园原有的幼儿教师和教职工队伍随着退休、调离等情况自动减员时编制却不再增加。在编、有编制的幼儿教师数量急速减少，从而使得幼儿教师队伍的稳定性也越来越差。

国务院办公厅于 2001 年 10 月向全国发布了由中央编办、教育部、财政部拟定的《关于制定中小学教职工编制标准意见的通知》（国办发〔2001〕74 号），其中规定：特殊学校、职业学校、小学附设学前班和工读学校教职工编制标准可参照中小学教职工编制标准，由各地根据实际情况具体确定。这一文件只提到小学附设学前班的教师编制而没有提到独立设置的幼儿园教师编制，这一规定给各地核定幼儿园编制工作带来了新矛盾和新问题。于是，重视学前教育的地区核定了幼儿教师的编制，而许多不重视学前教育或学前教育发展不好的地区，对幼儿教师编制的核定流于形式，没有落实到位。这一文件基本没有解决幼儿教师编制继续减少的问题。随着幼儿教师的队伍不断壮大，没有正式编制的幼儿教师人数不断增加，有编制的幼儿教师人数却在减少。2003年，十部委《关于幼儿教育改革与发展的指导意见》（国办发〔2003〕13 号）中在明确各部门的职责时提出编制部门要会同教育部门、财政部门制定幼儿园教职工编制标准，加强幼儿园教师编制的管理和教职工队伍的建设，保证幼儿教育事业发展的基本需要，提高办学效益。但全国广大幼儿教师的编制问题并未因此而改变。

（四）资格准入不高，整体素质偏低

教师资格制度作为教师入职的第一个门槛，是现代教师教育制度的核心。取得教师资格证既是能够保证学前儿童接受科学的、高质量的学前教育的重要基础，同时也是一个合格的幼儿园教师专业发展的基本起点。改革开放后，我国教师教育无法可依的状况得到了有效的改善，主要是依赖于与教师相关的一系列制度的逐渐完善和条例的相继颁布，比较有影响的主要包括《教师法》、《教师资格条例》等。早在 1951 年未能颁布的《幼儿园工

作规程（试行）》和《幼儿园管理条例（试行）》中都提出了
"应建立教师资格审定制度"，并且对幼儿园教师任职资格的要
求首次以部门法规的形式明确提出。从这个角度上来看，我国
对幼儿园教师的资格要求早于国家教师资格制度的建立。但是
实际上这些条例仍然不明确、不全面、不系统、操作性不强，
并未形成完善的制度体系，也无相关配套措施，因而其规范及
执行效力都比较有限，主要还存在以下问题。

1. 资格要求重学历轻专业

从目前我国对幼儿园教师的资格要求来看，幼儿园教师资格
需为幼儿师范学校毕业及其以上学历，显然这个标准过低。在
《教师资格条例》颁布以前，国家对于幼儿园教师的资格要求主
要包括学历合格与专业合格两方面，但之后突出了学历合格的要
求，专业合格的要求相对弱化。

2001 年以前，"幼儿师范学校或职业高中幼教专业毕业"和
"专业合格证书"是否取得，是国家对幼儿园教师资格的衡量，
这两点也凸显了对幼儿园教师的专业资格要求。自 2001 年开始，
对于幼儿园教师的资格要求仅从学历上体现，"高中以下"学历
教师即为不合格。因此不合格教师数量大量减少，虽然不合格幼
儿园教师数量看似大幅减少，但实际情况并不乐观。

调研中我们通过对农村幼儿园园长的访谈了解到，目前学历
合格教师中的大部分第一学历都不是幼儿教育专业，以后虽然通
过在职培训实现的专业合格，但是这部分教师的专业化水平始终
不及第一学历是幼教专业的教师。因此，如何协调、处理好教师
学历合格与专业合格的关系，是在完善幼儿园教师资格制度时需
要考虑的。

此外，在学前教师资格认定制度中，我国以学分的认定作为
认定基础，与世界发达国家有一定差距。"重学历轻专业"的问
题在对非师范生的幼儿园教师资格认定方面也有体现。随着师资

来源渠道的拓宽，越来越多的幼儿园教师通过考取国家教师资格证的方式进入学前教师队伍。但从目前的教师资格制度来看，国家对于社会来源考生的资格认定在实际要求上偏低。非师范类院校毕业生欲获得教师资格只需考试教育学、心理学两门科目，对教育实习及实际工作能力也未做考察，大多数都是通过短期突击准备参加考试而获得教师资格证的。而由师范院校培养的师资都要经过3—5年的专业课程学习与教育实习。显然，两种渠道培养的师资在质量上是有相当大的差距的。①

2. 教师资格证书的权威性不足

《教师资格条例》第九条规定"教师资格考试试卷的编制、考务工作和考试、成绩证明的发放，属于幼儿园……教师资格考试的，由县级以上人民政府教育行政部门组织实施"，第十三条规定"幼儿园……教师资格，由申请人户籍所在地或者申请人任教学校所在地的县级人民政府教育行政部门认定"②。其体现我国教育管理"以县为主"的体制特点。同时，《教师资格条例》也规定"教师资格证书在全国范围内适用"③。然而，我国由于存在地区（东部西部、城乡）地理位置、经济发展的差距，教育也存在巨大差距，在不同地区，取得教师资格证书考试的程度不尽相同，这些因素也不同程度地使得我国各地区的教师水平出现了差异。所以，尽管我国颁布法规要求"公民在各级各类学校和其他教育机构中专门从事教育教学工作，应当具备教师资格"④然而，相关规定不具可操作性且缺乏严格的量化指标，致使在我国教师资格证书制度缺乏一定的权威性。

---

① 庞丽娟：《中国教育改革30年》（学前教育卷），北京师范大学出版社2009年版，第215页。

② 教育部：《教师资格条例》，http://www.moe.gov.cn/edoas/website18/info999.htm，2006 - 4 - 8。

③ 同上。

④ 同上。

3. 幼儿园教师资格证书的专门性不强

《教师资格条例》规定幼儿园教师需具有幼儿园教师资格。但是我国幼儿园教师资格证书在后续的管理中是纳入小学教师资格证书序列中的，并未独立出来，幼儿园教师资格证书的专门性未能得到充分体现。《教师资格条例》第五条规定"取得教师资格的公民，可以在本级及其以下等级的各类学校和其他教育机构担任教师"，说明高一级别的教师资格证书具有向下融通性。不可否认，此项规定对于解决小学超编教师、提高教师资源的利用效率有一定的积极作用，也能暂时缓解合格幼儿园教师的短缺情况。但是，不同阶段的教育工作有其独特的专业特性，简单地规定"向下融通"存在弱化幼儿园教师职业专业性的风险。小学教师任教于幼儿园可能在一定程度上使幼儿园教师职业的专业性被弱化。实践当中，就存在不少小学富余编制教师到幼儿园任教的情况。尽管这部分教师的学历水平较高，但其实际工作能力却不如幼教出身的教师。即便转任前经过专业培训，入职后这部分教师与幼教专业出身的教师在专业水平方面仍存在一定的差距。可见，如何既保证合格教师短缺问题得到缓解又保证供给的教师具有相当的专业化水平是幼儿园教师资格证书与其他类别教师资格证书融通的制度设计需要特别考虑的问题。[1]

我国教师资格制度目前表现出许多不完善的地方，特别是面对新形势和新要求，教师资格制度在学历标准、资格证书的分类与融通性、认定标准的水平与灵活性、有效性、资格考试的内容及形式、申请人的能力考察等方面还存在一些问题[2]，还不能很好地适应我国经济、社会和教育改革发展的需要，也没有有效地满足教

---

① 有关这方面的研究十分丰富，如：胡玉曼：《基于市场准入的教师资格制度研究》，华东师范大学，2005年，第24—29页；潘胜寒、赵瑞情：《关于我国教师资格制度的政策评析》，《安阳师范学院学报》2003年第6期，等等。

② 庞丽娟：《中国教育改革30年》（学前教育卷），北京师范大学出版社2009年版，第216页。

师队伍专业化建设的需要。这不仅在很大程度上弱化了幼儿园教师职业的专业特性，对幼儿园教师职业的社会威望产生了一定的不良影响，同时制度保障不力也成为当前幼儿园教师队伍整体素质不够高、教师待遇偏低的重要原因之一。国家教师资格制度存在的诸多问题决定了幼儿园教师资格制度也必然是不完善的。

四　培养机构短缺影响农村学前教师供给数量与质量

我国的教师教育包括职前培养和职后培训。《中华人民共和国教育法》中规定通过培养和培训提高教师素质，加强教师队伍建设，其中第四章专门对教师的培养和培训做了明确规定，促进教师培养和培训工作的规范化和制度化。

幼儿教师培养指幼儿教师的职前教育是一种专业性的学历教育。在我国最初培养幼儿教师的专门学校是中等幼儿师范学校。幼儿教师的培训主要包括学历教育和非学历教育两方面，属于一种教师职后教育。目前，在我国非学历教育是教师培训的主要形式，其主要内容一般为教师的思想政治素质、职业道德和业务水平。我国法规政策中教师的培训工作作为发展教育事业的重要战略措施之一。

（一）盲目提升办学层次，学前教师总量供给不足

为提高幼儿教师质量，我国各级各类政府根据教育改革发展的总体部署，高校加强幼儿教师教育的"转型"，有目标、有计划地提升幼儿园教师队伍整体素质，并取得了一定成效。然而，在推进三级师范向二级师范过渡过程中存在的问题也不容忽视。

据调查，全国很多幼儿师范学校，经师范院校布局结构调整后已经转型为普通师范学校，或升级为幼儿师范高等专科学校，这些学校主要培养五年制的师范专科生。这种转型需要一个平稳的过渡期。目前我国在开设专科层次幼儿教育方面缺乏可借鉴的本土经验，尤其是一些升格为高等专科学校的幼儿师范，在课程

建设、培养目标、教学方案、专业发展等方面还处于边适应，边摸索的时期。很难在短时间内扩大招生规模，这使得幼儿教师很快出现了供求失衡的状况。这样，无论是学校的招生来源、培养目标，还是学生的就业方向、途径都发生了很大的转变。

幼儿师范教育作为一种卓有成效的独立的教师教育培养体制，在我国已有久远的历史，积累了丰厚的培养经验，形成了完善的幼儿教师培养体系，为我国幼儿教育事业培养了大批优质的教师。因此，它的历史功绩和现实意义不容抹杀。但是目前我国幼儿园教师培养重心上移，满足社会对学前教育的需求以及师范教育本身发展的必然趋势。尤其是在我国当前农村学前教师数量短缺、素质不高的现实背景下，进行这样的师范教育并轨改革，在一定程度上堵塞了农村学前教师的来源渠道，使农村学前教师队伍缺少新生力量，无疑是对原本就薄弱的农村学前教师队伍"雪上加霜"。

（二）不合格培养机构增多，生源总体质量下降

"幼儿教师不是过剩，而是缺少将近一半。"[1] 时下，学前教育发展加剧，幼儿教师有着很大的缺口，在无健全监督体制下，很多机构盲目扩大师资培养规模，甚至一些不具备培养条件的机构也在进行学前师资的培养。经专家按照国家有关"学前师范专业点设置条件"的评估标准，湖南省教育厅批准的全省学前师范专业点中，合格的本科只有1个，大专只有2个，中专只有5个，但2006年湖南省实际设置的专业点分别达到了3个，8个和59个。[2]

这些不具备基本办学条件的机构，用低劣的办学水平培养出大量不合格幼儿教师，对幼儿教师队伍的建设发展构成的威胁是致命的。如此，"批量生产式"的培养方式，培养机构缺乏计划、

---

[1]　冯晓霞、蔡迎旗：《中国大陆幼儿园教师队伍的状况与成因分析》，见朱家雄编《中国视野下的学前教育》，华东师范大学出版社 2007 年版，第 285—299 页。

[2]　彭世华：《学前师范更加急需实习定向和免费教育》，《学前教育研究》2008 年第 1 期。

实际调研、盲目扩招，使得生源与办学规模严重失衡，我们以往的优质的学前师范教育资源的流失，导致整个学前师资培养质量下滑，幼儿教师社会声誉严重受损。

在20世纪90年代前，我国幼儿师范办学具有较强的优势，吸引了大量优质的生源，且培养出了一大批优秀的学前教育工作者，然而1996年以后，随着市场经济体制的全面介入和高等院校改革，使得中等专业学校的生源越来越差。对宁夏幼师新生的文化成绩调查表明，近10年来，学前教育生源呈明显的逐年下滑趋势。

生源质量直接影响着教育质量。这些学前教育招生源头上的"低门槛"，甚至是"无门槛"，体现了农村幼儿教师职前教育的薄弱与不足，影响了整个幼儿教师队伍的质量，为幼儿教育事业的健康发展埋下了隐患。

（三）农村学前教师的供给渠道不畅

从地域而言，真正缺乏教师或者需要吸引师范毕业生从教的地方是农村和边远地区[①]。在学前教育大发展的今天，学前教育师资无论是在城市还是农村都严重不足，接受了正规学前教育的学生，毕业后很少会有人去偏远和经济落后的农村，学生多选择留在城市，若是有人选择农村，也不会去幼儿园任教。而农村地区对优秀幼儿教师的需求是巨大的，这些就形成了两者之间的结构性问题。农村的实际条件，使得农村幼儿园只能选择毫无学科背景的职高生，而这些"先天不足"学前教师，对学前教育缺乏基本的了解，严重影响了教育质量。

但是，在幼儿师范教育体系调整的过程中，条件较好的幼师学校要么合并到大学，要么举办大专教育，在培养目标上有所提高，而基础较差的幼儿师范则面临生存困境，纷纷停办。结果，虽然本科毕业生进入幼儿园的人数在逐年增加，但为广大基层和农村幼儿教育机构培养教师的机构却大大减少。这种情况使得原

---

① 朱扬寿等：《农村幼儿教师队伍现状及其发展对策》，《学前教育研究》2007年第12期。

本就缺乏教师的广大农村地区形势更加严峻。"1997—2003 年,
我国农村幼儿教师总数逐年下降。尤其是 2001 年,农村幼儿教师
总数由 2000 年的 37.16 万人骤减到 14.73 万人……而该年度的农
村在园幼儿数仍高达 1045.45 万人,导致该年度农村幼儿教师与
在园幼儿比低至 1∶71……"①

（四）职前职后隔离,缺乏有效衔接

承担职前培养任务的幼儿师范院校和承担职后培训任务的各
类教育学院、成人教育学院属于不同的教育行政部门管理,在办
学体制、课程设置、资源配置等方面缺乏有机配合,缺乏内在的
连贯性和层次性。职后培训机构的总体水平低于同级的师范院
校,接受过较高层次教育的毕业生再到相对较低层次的机构接受
再教育,在专业上根本无法获得提高。

农村幼儿教师继续教育意识弱化、环境堪忧。教师继续教育
的动力是教师对自我价值实现的更高层次需求,由于农村学前教
师职前教育的基础薄弱、师资水平的先天不足,再加上一部分农
村幼儿教师仅仅把幼教工作当作养家糊口的手段或者另行择业的
跳板,对幼儿教育工作缺乏应有的职业敬畏感和神圣感,没有发
自内心地产生对幼教事业的热爱,这就造成了农村幼儿教师继续
教育的环境堪忧。调查中发现,许多农村幼师由于没有编制,即
使参加继续教育也无法立即改变自身社会地位和经济条件,从而
认为继续教育是无关紧要的事情,纯属多余。一部分有编制的
教师,则因为缺乏上级主管部门的资金支持,需要自己进行经
济投入,因此对继续教育也持无关紧要的态度。广大农村幼儿
园则由于办园资金的压力,同时考虑到没有编制产生的个体工
作不稳定,也不愿意支持幼儿教师进行培训进修,这就导致相
当一部分农村幼儿教师自主发展的意识薄弱,缺乏主动学习的
品质,严重影响到农村幼儿教育事业的发展。

---

① 曾晓东:《转型期我国幼儿教育事业发展中的教师问题》,《幼儿教育》2005 年第 5 期。

职后培训的目标发生偏离，成效较低。由于幼儿教师队伍中学历不达标者较多，职后培训机构往往承担了补偿学历教育的负担，从而冲淡了这些机构非学历教育的正常功能。1996年开始的在职教育硕士课程，为教师继续教育提供了高学历进修机会，但是国务院学位办文件规定：教育硕士课程教学内容与学分标准和统招在校研究生一致，这表明它作为教师培训的意义并没有得到突出和强调，又陷入了学历教育之中。而缺乏目的性、计划性、系统性和培训形式单一，重复低效等不足，则更加使职后培训的效果大打折扣。

我国颁布了一系列与教师继续教育相关的法律，但是，由于法规内容没有细化，操作性不强，导致在实践中出现了偏差。比如，对新任教师进修的规定不明确。由于强调幼儿教师的"高学历"，许多新任教师参加自考大专或者大本的学习，在工作开始的最初几年，没有将心思用在幼儿身上，也不注重提高自己的专业实践能力。另外，我国的教师继续教育还属于学历补偿教育，并未对教师进修专业作出明确的规定，导致部分教师为了获取学历证书而选择了教育以外的其他专业进行学习，不利于教师的专业发展和幼儿教育质量的提高。

我国的学前教师教育起步晚，发展速度较快，虽然已经初步形成了以独立设置的各级各类师范院校为主体，其他教育机构共同参与的多渠道、多层次、多形式的幼儿园教师培养、培训系统。但是与目前我国学前教育发展的需求相比无论是数量还是质量，都存在一些问题，需要加强幼教师资的培养和培训工作将会一直伴随在教师队伍的建设过程中。

目前我国幼儿园教师教育的课程结构与设置模式已经在一定程度上影响了幼教师资的质量。我们需要加强课程结构与设置方面的调整，构建一个立体性的、开放与能动性相结合的模式系统，设置综合课程，发挥课程的整合效能。比如，针对我国幼儿园教师英语、计算机能力差，运用现代化教育手段的能力弱和尚未形成科学的教育理念的现状，重新设置课程的课时比重。有针对性地开展相对应的专业学习和训练，促进我国幼儿园教师质量的提高。

（五）教育资源短缺，专业发展困难

在经济发展水平低于全国的平均水平，收入排名处于全国排名较后的宏观经济条件下，教育经费的投入势必是低于全国平均水平。2013 年全国的教育投资额为 5486 亿元，宁夏地区仅为 314 万元。① 由于受国内生产总值长期偏低的影响，近些年来，宁夏等西部地区在教育经费投入上虽然做了很大的努力，预算内的教育支出在努力接近全国平均水平，但是在很大程度上仍然带有还账性质。我国西部地区地方财力长期不强，尤其是城乡教育发展不均衡，资源配置失衡。加上地方经济发展迟缓，有实力的企业总量偏少，限制了教育集资的渠道，地方教育经费长期投入不足，严重影响了教育事业的正常发展和农村学前教师的供给。

受经济发展的局限，西北地区教育经费的来源有限，农村教师在基本工资以外的各项政策性补贴难以全部落实，住房和医疗条件差，择偶困难，进修学习机会少。在和教师的深入访谈中发现，相当数量的学前教师难以安心工作，即使有比较安心的，也由于各种条件的限制，难以发挥作用。

五　管理体制不顺影响农村学前教师供给效率

管理机制是影响事业发展的关键因素。农村学前教师管理是指国家各层级政府、教育行政部门及其相关部门管理农村学前教师的组织机构体系，职权责划分及内外部关系体系的相关机制、制度。随着我国教育管理体制改革的推进，农村学前教育的发展，农村学前教师的管理存在诸多问题，已经成为制约我国农村学前教师供给的体制性障碍。

---

① 数据来源于中华人民共和国国家统计局，http：//www.stats.gov.cn/tjgz/tjdt/。

（一）行政管理薄弱，领导与监管乏力

随着改革的不断推进和经济体制的转型，我国学前教育事业发展中的新矛盾、新问题不断出现，一些深层次矛盾日益显现，学前教育领导和管理的责任与任务成倍增加，但是目前政府的行政管理力量却非常薄弱。近些年，各级教育行政部门的幼教管理力量严重不足，不仅没有加强，反而整体比以往削弱。自 1988 年以来，国家层面负责领导全国学前教育的教育部幼儿教育处编制只有 2 人，实际在编专职人员仅有 1 人。全国 31 省（自治区、直辖市）除北京、天津还保留学前教育管理机构外，其他 29 省（自治区、直辖市）陆续在机构改革中撤并了学前教育处，只设一名专职或兼职管理干部，而且绝大多数身兼数职，特别是在县一级幼教具体的管理责任重大，但管理力量薄弱，常常无力顾及，难以有效履行基本的管理职能，更无法及时面对一些新情况、新问题，研究和制定有效的政策和措施。① 另外，对西北 52 个县的调查发现，只有 4 个县设置了独立的幼教处（科），20 个县没有专职甚至也没有兼职的幼教管理人员，36 个县教研室没有幼教教研人员。②

（二）基层管理缺位，配套制度不完善

现有的政策文件对学前教育行政管理机构和人员配置标准的规定不明确，虽然提出各地应设立学前教育行政管理机构和人员，但缺乏对机构和人员设置数量、资质、职责、归属等问题的明确规定。学前教育行政管理机构与职能的薄弱，根本无法适应当前我国学前教育事业发展的复杂形势与新要求，使幼教领导与监管失去基本保障。学前教育管理机构涉及教育、民政、卫生等多个部门，且各部门之间分工和职责不明，致使在管理过程中出现混乱不清的状况。在有的地区，也缺乏实质性的地区学前教育事业发展规划、年度计划或教师队伍建设发展规划，缺乏地方公

---

① 庞丽娟:《关于加快学前教育立法的议案》，全国人民代表大会，2006 年。
② 郑名:《西北地区幼儿教育政策执行的障碍分析与政策建设》，《教育导刊》2006 年第 2 期。

共财政政策支撑，办学条件和质量标准不健全，对学前教育从经费投入、师资配置，到教育机构设立都缺乏足以保障其公益性的标准和规范。尤其是地方政府对学前教育和学前教师的相关政策的落实和制度配套供给不及时、部门政策协调性不强。

2008 年，中央教科所对全国 16 省市 30 个县的学前教育现状做了抽样调查。调查结果显示有 25% 的区县既无学前教育机构，也无管理人员①。从全国的情况来看，在设有学前教育管理机构和管理人员的地区，管理部门也仅仅是对少数的公办园进行管理，而大多数的企事业单位办园和民办园尚未被纳入教育行政部门的行政和业务管理范围之内，导致对这部分幼儿园的办园规范和教育质量缺乏监管，不仅存在行政力量不足的问题，管理的法律依据也不能满足。不同地区在利用国家政策的能力和策略存在较大差别，一些基层行政部门提供的政策空间极其有限。

（三）管理责任缺失，供给主体配合不足

长期以来，地方教育行政部门以两基教育为管理重心，各级学前教育行政管理机构和人员配置不健全，导致学前教育没人管或管理不到位。有 50% 的区县没有专设学前教育管理机构，25% 的区县没有专设机构，也没有专职管理人员。在我国农村对学前教育大多处于管理不到位、管理混乱的状态，农村学前教师的管理就更是不理想。各级政府之间、政府各职能部门之间未形成合理的责任分担机制和协同管理机制，对于各部门提供的制度安排缺乏系统性，使农村学前教师的稳定性受到严重侵蚀。

我国目前有 6 岁以下儿童 1.3 亿，占世界同龄儿童总数的 1/5。②由于管理责任不明确、管理理念不清晰，尤其是农村学前教育根本就没有纳入政府教育管理体系之内，缺乏政府的宏观指导和行业规

---

① 刘占兰：《建立健全体制机制，加快学前教育发展》，htttp：//www. moe. edu. cn/pub-licfiles/business/htmlfiles/moe. 2010 - 12 - 07。

② 王岚：《论学前教育均衡发展与保障体系建设》，《西南农业大学学报》（社会科学版）2013 年第 1 期。

范管理，学前教育发展不均衡的矛盾日益凸显。区域间学前教育服务水平差异较大。学前教育区域发展中入园率、教育质量等特别是中、西部农村地区入园率严重偏低，青海省玉树州某县学前教育入园率仅为 3.1%，这些因素大大拉低了我国学前教师的总体供给水平。

公共产品供给理论和各国的实践经验都表明，政府是农村学前教师的最主要供给者，各级政府在各自所辖区域范围内承担农村学前教师供给的主要责任。但从我国农村学前教师供给的实践看，由于中央政府供给主导责任缺失，地方政府尤其是县乡政府作为我国的基层政权组织，在农村学前教师管理中发挥着重大的作用。政府与其他供给主体虽有合作但多数并没有实现有效协同。其原因主要在于政府缺乏必要的引导和支持，或者是政府政策制定不当，或者是监管不到位，结果导致农村学前教师的供给并未出现高效率，而且有时还有损公平。

在农村学前教育得到空前重视并大力普及的背景下，各省都在加大农村幼儿园数量建设以及规模的扩大。但是，培养和培训一批数量充足、质量过硬、结构合理、配置均衡、管理得当的农村学前教师是促进学前教育发展的当务之急。长期以来，西北地区学前教育资源短缺，尤其是在师资供给问题上存在严重的供给不足困境。由于受生态环境、历史发展等因素的影响，西北农村地区无论在教育经费投入、师资供给、学前教育资源配置等方面和全国平均水平相比，还差距很大。如果这些问题得不到及时、妥善的解决，会严重影响我国西北地区农村学前教育的普及与提高，而且也会进一步地影响到农村义务教育成果的巩固。这成为西北地区学前教育发展的实质性障碍，所带来的严重后果就是降低了学前教育的有效性，减缓甚至阻碍了农村地区适龄幼儿身心健康发展，科学的、高质量的学前教育普及也就无从谈起。

本章小结

本章是也属于研究的核心部分，本部分从客观、主观、历史、现实等维度对影响我国西北地区农村学前教师供给的主要原因做了深入的分析，概括出导致我国农村学前教师供给数量不足，质量不高的根本性原因主要有以下几点：

第一，生态环境的恶劣，影响了农村学前教师职业的吸引力。受生态环境影响工作环境差、生活质量不高，另外经济发展缓慢、专业提升困难，这些都阻碍了学前师范生到农村幼儿园任教。

第二，传统观念的束缚，影响了农村学前教师职业定位。受传统观念影响，基层政府对学前教育的公共属性的认识，农村家长对学前教育忽视，不但影响了农村学前教师在农村地区的社会地位，也影响了农村学前教师对自己职业的消极定位。

第三，政策保障不足，影响了农村学前教师队伍的稳定性。一方面，现行的政策滞后，缺乏对农村地区的倾斜，教师的法律地位不明确，福利待遇难以保障；另一方面，缺编现象严重，缺乏合理的退出机制，资格准入偏低，农村学前教师整体质量不高，队伍缺乏稳定性。

第四，培养机构短缺，影响教师供给数量和质量。一方面，随着师范教育改革的逐步推进，一些中专学校盲目提升办学层次，不合格培养机构乘虚而入；另一方面，职前培养课程陈旧，从源头上影响了农村学前教师供给的质量。

第五，管理体制不顺，影响了农村学前教师的供给效率。一方面，农村地区教育行政管理薄弱，地方配套制度供给不足；另一方面，管理责任缺失，供给主体之间，政府内部之间合作不畅，影响了农村学前教师供给的效率。

第五章　农村学前教师供给的国际经验观照与启示

　　学前教育的研究必须置身于国际化的视角来思考与定位，这就需要用比较的方法。影响学前教育质量的因素很多，而教师是其中最关键的因素，教师的质量对学前儿童的发展有着很大的影响。作为目前世界上最大的职业群体之一的教师，却在占世界人口 95% 的发展中国家中极度短缺，因此，师资短缺仍然是目前急需解决的问题。① 在各个国家的教育改革中，都将保证并提高学前教师质量作为改革的重点，教师质量也成为了全世界关注的重大课题之一。因此，我国农村学前教师供给机制的构建，应该充分吸收各国学前教师供给成功的经验。

　　第二次世界大战后，城市化成为英、美及澳洲等国社会发展的主要特征，这些国家的农村地区比起城市地区来说，贫困比例高，居住条件差，吸收国家统筹计划资金的机会少，教育水平低，与此同时，农村地区的儿童被剥夺了他们所应享受的公共服务和最基本的教育。国际上农村与城市相比教育发展很不平衡，正面临着严峻的困境，各国的政府、高等院校、教育行政部门以

---

① 马里斯·特雷莎·西尼斯卡尔科：《世界教师队伍统计概览》，丰继平、赫丽平译，华东师范大学出版社 2007 年版。

及教师培训机构正在试图予以解决这一问题。

一　美国：农村学前教师纳入农村教师培养计划

农村地区学前教师队伍整体素质偏低的情况在各国普遍存在。这一问题曾是美国教育发展难以突破的"瓶颈"。面对这一现状，美国高校和教育学院专门设置实施了农村教师培养计划，依据农村受教育者自身的特点，将培养重点放在能够适应农村教育工作环境和具有高素质教学任务的教师上。这一计划实施至今，有效地解决了美国农村地区教师的数量和质量问题，同时为美国农村教师的培养积累了丰富的经验，在美国农村教育发展中发挥了极其显著的促进作用。

（一）实施美国农村教师培训计划的背景

20 世纪 70 年代初，越来越激烈的国际竞争，使美国占绝对优势的综合国力日渐受到了后起之国的威胁和挑战。在这一大的背景下，美国政府的讨论焦点主要集中在了国家的教育质量以及国民素质等问题上。美国全国优质教育委员会通过一年半的调查，在 1983 年发表了题为《国家处在危险之中：教育改革势在必行》的报告。该报告中指出未来的美国将处在一种危险的境地，造成这一危险的主要原因是美国在基础教育中存在许多问题，因此美国的教育改革迫在眉睫。为此，美国把"公平和高质量"为核心的基础教育改革作为此次改革的主要内容。在这一内容的指引下，使得农村教育在美国受到了前所未有的重视。可是长期以来，由于农村地区的教育资金严重不足，加上缺乏有力的技术和财力支持，以及教师供给短缺等因素的影响，使之与城市基础教育之间的差距越来越大。但是教师素质在提高教育质量，在促进教育公平方面起着重要的决定作用。只有为农村地区的学生创造"公平和高质量"的教育计划，才有可能缩短城乡差距。因此，将其作为合格农村教师培训的开始。但是，农村特殊的教育环境对农村教师的素质提出了更高的要求——农村教师不仅要具备基本的教学知识和技能，还要具备适应农村工作环境的特殊能力。依据这一特殊的要求，各州在高等院校中开始将农村教师教育作为一个独立的专业逐步设立，并开始实施农村教师培养的计划。现今，美国发展农村教育的一项重要策略就是农村教师培养计划。

（二）美国农村教师培养计划的实施

农村教师培养计划首先在犹他州（Utah）的杨百翰大学（Brigham Young University）中开始实施。1973 年，在犹他州和农村社区的大力支持下，杨百翰大学依据该州教师数量短缺的实际情况，率先在学校开展了包括农村学前教师在内的农村教师培养计划，使该州的师资数量短缺的现状有所改善。

1. 为农村教师提供服务的专业发展学校（PDS）

20 世纪 80 年代末的美国教师专业发展学校（professional development school，简称 PDS）备受推崇。PDS 不是重新建一个学校，而是选择一些中小学作为它的基地，让大学与中小学间建立平等合作的关系，最终形成以实践为基础进行探索的学习化团队，并将专业发展和教师教育放在一线的教育情境中，以发现教学实践中存在的现实问题，并利用大学里深厚的理论作为其理论资源支撑。为中小学生、教师候选人、PDS 的合作者以及在职教师提供综合化的学习和发展机会。①

农村的 PDS 主要根据农村学校的特点，提出了一些切实可行的策略。农村的 PDS 教师教育主要强调以下几点。

第一，对农村在职教师专业发展的重视。联络员常常会向教师提出问题，和教师们一起分享教育研究的成果以及一些优秀教师的经验，积极参与解决学校中出现的情境问题，给学校和教师提出应当加以探讨的要点或问题。

---

① Linda Darling—Hammond，*Professional Development Schools*：*Schools for Developing a Profession*，NY：Teachers College Press，2005：50.

第二，特别重视教育实习，实习时间一般要 4—15 周。在农村 PDS 里，十分重视对师范生的教育专业技能训练的培养，切实促进农村新教师的专业成长。

第三，加强面向农村中小学校实际的合作研究。在 PDS 里，成立学习小组、探讨各校有关的教育问题的方式成为了理论联系实际的主要方式。各学习小组组织教师阅读有关学校教育研究理论、差生有效学习经验、课堂实际效果以及关于加强家长参与学校教育活动等文献资料。在这个过程中，要求教师学会运用理论与教育文献探索解决实际问题的方法。

2. 以高等教育机构为中心的 ERZ 计划

ERZ 计划是美国密苏里州 2001 年推行的密苏里州教育更新区（the Missouri Educational Renewal Zones，简称 ERZ）。在该计划中，将高等教育机构作为中心，联合全州的教师和技术支持这一中心，充分利用现代技术促进农村教师专业的发展，并希望能够建立解决农村教师供给、培训方面问题的长效机制，通过各方的广泛参与，发展农村教师教育，进而提高农村教育教学的质量。

ERZ 计划的设计理念是依据农村学校已有的教育特点，其最大的优势在于规模小，计划的核心在于重构和更新招聘、培训、留住农村教师的政策与方法。ERZ 计划的主要参与者有农村负责小组、农村学校和社区联合会、高等教育机构以及其他参与机构与技术中心。作为该计划的倡导者、组织者和评估者的农村学校和社区联合会，主要协调参与计划的各方获取外部资金援助以及各方的合作，利用现代技术使农村小规模学校克服自身局限，发挥农村规模小的独特优势，来促进农村教师教育和招聘过程系统的变革。①

---

① 王建梁、廖英丽：《高校参与农村教师培训的范例——美国密苏里州教育更新区计划评述》，《外国教育研究》2007 年第 1 期。

参与计划的高等教育机构主要是一些规模不大，注重教育技术运用的高校，在学院规划和教师培训中优先考虑中小学，其次注重农村教师的教育和培训。农村负责小组是由 6 位至少有 3 年教育实践经验以及在困难的工作环境中取得过突出教育成就的中小学教育教学管理者组成的，并将该小组作为此计划的实施者和评估者。

（三）美国农村教师培养计划的特点

美国政府对农村教师短缺问题引起了极大的重视，美国各州政府都开始积极地寻找减缓农村教师流失的措施，努力尝试采用各种方法来招募新教师，吸引优秀教师到农村任教，并将开展研究提高农村教师素质的方法作为重中之重。

1. 政府投入为主导，多渠道筹措资金

美国历来有着重视教育的优良传统。将实施农村教师培养计划当作了该国教育工作的重点，因此，该计划得到了联邦政府和社会各界的大力支持。美国政府通过多种渠道、多种形式筹措培训资金。

美国农村教师培养计划的经费主要来源是政府的资助，邦、州、地方政府也不同程度地对农村教师培养计划给予资金支持。国家对农村教师培养计划实施投入了大量资金。1999 年，美国教育部将 75 万美元投入"土著民教师培养计划"。同年，美国国家科学基金会拿出了 500 万美元的专项资金用于开展农村短缺教师培养计划的活动。2000 年 12 月，克林顿总统签署通过了"Rural Education Achievement Program"（REAP，农村教育成就项目），及时解决美国国家教育拨款中存在的特殊问题。2002 年 1 月，小布什总统又对 REAP 进行了重新授权，[1] 使 REAP 成为了美国历史上第一次专门针对农村教育实施的拨款法，使得农村地区教育

---

① 傅松涛、杨彬：《美国农村社区基础教育现状与改革方略》，《比较教育研究》2004 年第 9 期。

发展所需要的资金支持有了法律保障。在美国中部七州农村教师的培养中，大多数教师培训项目全免学费、书费，这样不仅减轻了教师的经济负担，还充分调动教师参加培训的积极性和主动性。因此各级政府和一些基金会组织成为了农村教师培训项目实施的强有力的经济支柱，从而有效地促进了培训计划的开展。

校友捐赠历来是美国教育发展经费来源中一种不可忽视的力量。校友们通过捐赠的方式对母校的发展在经费上给予支持，不仅体现出对母校培养之恩的回报，也表达了对国家教育事业的热爱。因此，在美国由于法律对捐助教育事业的保护和鼓励，使得校友捐赠成为了教育发展经费的一股重要资金来源。校友的捐赠在农村教师培养计划中主要用于学生的奖学金制度的设立。

2. 培训目标明确，生源主要是农村考生

在生源上美国农村教师培养计划主要向农村地区的考生倾斜，以及有农村工作经历的人也优先考虑。虽然申请者的入学标准因为不同的高校或培训机构、不同类型的培训计划而有所不同，但是有一点是共同的，也是非常重要的，那就是申请者必须对农村教育感兴趣。美国农村教师培养的各项计划中将这一点放在了尤为重要的位置。作为农村教师首先要在就业意愿上选择和认可农村工作环境，才能够有效防止农村教师的流失。农村学校远离经济、文化中心，相对城市而言，不仅住房条件差，而且生活娱乐设施也相对较少，很多初到农村学校工作的教师，都因为对农村环境知之甚少难以适应工作环境而流失。相比之下，源自农村的准教师对农村环境有着更强的适应能力，对他们进行有针对性的培训后，不仅能够有效地开发农村地区潜在的人力资源，同时也能够缓解农村教师大量流失的现状。

从宏观上来讲，美国实施的所有农村教师培养计划的最终目标是培养高素质的农村教师，进一步促进教育公平，以此来提高农村教育的质量。针对美国农村社会的特殊情况，农村教师培养计划在不同的州、不同的大学实施方式不同，并且在类型和培训内容上也是不相同的。农村教师培养计划制定时，首先各培训机构要考虑的是所在地区农村教师师资队伍的构成情况，根据需要有针对性地实施教师培养计划。如位于内布拉斯加州的林肯大学针对该州一些农村学校某些学科缺少教师的状况实施了"短缺学科教师专门培养计划"。在外来移民较多的美国中部地区，将英语作为第二语言是许多农村学校开展教学工作的主要障碍，针对这一问题，北达科他州大学专门实施了一项"英语作为第二语言的农村教师培养计划"，以便更好地为移民学生服务。由此可见美国各州实施农村教师培训计划因地制宜、灵活多样，计划不仅在类型设计上科学、合理，而且也能够有效地保证计划目标的实现。美国农村教师培养计划有着非常具体明确的培养目标，因此效果非常显著。

3. 优化课程设置，将农村社会学纳入课程体系

将农村社会学纳入课程体系中是美国农村教师培训计划另一个显著的特点。1987 年，来自巴克和贝克纳的调查报告就提出，开设关于农村的课程，以便更多地了解农村，来激发教师去农村教书的热情。[1] 为了使准教师们清楚地了解农村教育的实际情况，美国的许多学者都建议在教师教育课程中纳入农村社会学，他们认为，农村教师在工作中的出色表现是建立在职前对农村文化充分了解的基础之上的。

在学者的积极倡导下，一些与农村教学相关的课程逐步被美国的一些大学作为教师教育的选修内容。早期学者们主要将美国农村教师培养计划的课程设置、培养目标、培训者与被培训者等主要参与主体等要素进行了理论层面上的分析，以便在理论上能够保障农村教师培养计划适应并促进农村基础教育的发展。至

---

[1] Barker. B. O. & Beckner. W. E. , "Preserve training for rural teachers", *A survey Rural Educator 22* (2), 1987. 14 - 19.

今，与农村教学相关的课程已经成为美国农村教师培养计划培训课程中不可忽略的组成部分。在保证原有的教师教育课程的基本结构不变的前提下，纳入一些农村社会学，多元文化教学等在农村执教的必要理论与技能到教师教育课程中，使这一课程体系也更加理论化和系统化。通过对这些课程的学习，农村教师能够清楚地认识到农村社区的结构，农村教育中的作用，以达到最终的目的培养教师对农村基础教育的理解和热爱。

4. 实现理论和实践的结合，将农村中小学和幼儿园作为主要的实习基地

怎样才能把教育理论和实践能够紧密结合起来，是许多国家在教师教育时遇到的主要困惑。美国农村教师培养计划大胆打破了传统的以大学为本位的教师教育模式，提出了一种建立在广泛合作机制之上的开放式教育模式。这种开放式教育模式，为了顺利帮助学生实现从学生向农村教师的角色转变，直接以教师的身份参与到农村真实教学环境中，将农村中小学作为实习基地，使他们通过实习获得大量的经验，更有信心面对以后的教育教学工作。因此，在美国的农村教师培训计划中，伴随学生学习的整个过程的几乎是教育实践。这种合作机制要求实习过程中，大学与中小学和幼儿园能够共同担负培养学生的责任。农村中小学作为未来农村教师的实习基地，不仅仅只是为实习生提供实习场所，更重要的是要挑选有经验的在职教师指导实习生备课、上课，并对他们的实习活动进行评价。这样的指导方式在提升学生教育实践能力的同时，还可以促进在职教师自身的教学反思能力的发展，也有利于中小学在职教师教育理论的丰富和更新。

美国农村教师培养计划自实施以来为农村地区输送了大批优秀教师，有效地缓解农村学校教师短缺的问题。如科罗拉多州亚当斯州立大学实施的农村小学教师培养计划，自2000年以来已经授予约250个学位。该大学实施的农村多学科教师培养计划仅在

2003 年至 2007 年就培训了 60 多名教师。内布拉斯加州林肯大学自 1999 年起实施的"土著民教师教育计划"每年都为美洲印第安人学校输送 12—15 名合格的小学教师。① 印第安纳大学实施的农村特殊教师培养计划，自 1987 年以来，已经为农村地区培养近 600 名特殊教师。种种数字都显示，美国农村教师培养计划在美国农村基础教育发展过程中做出的贡献。

5. 用立法保障农村教师待遇，促进农村教师培养计划有效落实

为了推动农村教师培养计划更快、更好的落实，美国政府颁布了若干农村教师保障的法案，如 2001 年在美国联邦教育部颁布的《不让一个孩子掉队法》（NCLBA）法案创建了"农村教育成就项目（the Rural Education Achievement Program）"，致力于资助那些有着高度需求的农村地区，即那些在人力资源等各项资源上极度贫乏的或者常规的各项资助仍然不足以满足它们需求的农村地区。这个项目尽管不是针对农村教师的，但在美国农村教师的培训与专业发展上它的资助金使用比例最大。2003 年美国国会通过了由参议院印第安人事务委员会提议的《2003 年农村教师住房法案》（Rural Teacher Housing Act of 2003），该法案主要针对那些人口不少于 100 万的农村地区、土著人口较为集中的农村地区和阿拉斯加土著儿童较为集中的农村地区，为在这些农村地区公立中小学工作的教师和工作人员（如管理人员、职业指导人员、图书馆工作人员、服务人员等）提供住房方面的保障。在该法案的基础上，联邦政府又分别于 2004 年和 2005 年颁布了《2004 年农村教师住房法案》和《2005 年农村教师住房法案》。2005 年美国国会通过由参议院卫生、教育、劳工与养老委员会提议的《2005 年农村教师保留法案》，并于 2006 年开始实施，该法案规定给那些已经在农村学区工作或在该法案颁布之后愿意去农村学区工作的农村教师提供

---

① 白治堂、方彤：《美国中部地区教师教育机构农村师资问题的解决策略》，《外国教育研究》2009 年第 4 期。

额外奖金，并以此法案为依据的项目实施了 3 年。2007 年美国联邦劳工部投资了 0.03 亿美元，拨给西部州长大学（Western Governors University）和美国教育学院协会（AACTE），让它们合作负责美国农村教师的培训工作，并致力于打造一个全美通用的农村教师发展模式。2007 年伊始，该项目为美国农村地区培训了一千余名符合联邦政府资格要求的数学和科学教师。①

（四）美国农村教师培训计划对我国农村学前教师供给的启示

为弥补我国农村学前教育师资的缺口，从中央到地方政府教育主管部门实施国家级、省市县级培训计划，扩大招生规模，多途径、多方式培训幼儿教育师资。在借鉴美国农村教师培训的相关经验的基础上，以国家重点发展农村学前教育这一契机，笔者认为探寻我国农村学前师资的有效供给，需要从以下几方面着手：

第一，优化课程设置，增加与农村学前教育相关的内容。

我国农村学前教师的主要来源是各省、市的幼儿师范学校和高校学前教育专业的毕业生，但是目前在我国的师范教育中还没有专门设置农村学前教育的师资培养计划。课程设置方面，也没用涉及有关农村学前教育的内容。虽然大家对农村学前教育质量低下抱怨不断，却没有采取有效的应对措施。每年师范毕业生盲目地流向大城市，从招生、培养、就业各个环节都不能满足农村学前教育的需要。即使这些年国家对农村学前教育有了前所未有的重视，但在实际工作中，无论是在师范课程设置还是在教师的具体培养工作中，并没有表现出对农村学前教育的倾斜。

只有优化我国目前以城市为本位的课程设置，才能提高农村学前教师职前培养的质量。应该在课堂内容中增加有关农村学前教育的相关内容，加大课程内容的服务导向，引导学生树立为农村教育服务的意识。我国现有的师范院校学前教育专业的培养方案中针对农村地区的课程设置还不完善，无论是培养方案的制定

① 朱旭东：《论我国农村教师培训系统的重建》，《教师教育研究》2011 年第 6 期。

者抑或学生本人，都不了解农村学前教育的现状，更不愿意到农村去工作。因此，在职前课程设置中增加农村学前教育的相关内容，对学生毕业后的就业选择起着重要的导向作用。

第二，增加到农村幼儿园观摩和实习的机会，以提高到农村工作的适应能力。

长期以来，以城市为本位的课程设置是学前教育专业的课程设置的主要模式，学前教育专业的教学实践也都主要集中在城市幼儿园进行，这就忽视了农村学前教育的发展需求，以至于对农村幼儿园教学活动中存在的特殊问题没有引起高度重视。并且在教学环境和教学基础设备上农村幼儿园与城市幼儿园相差甚远。如果能在教学实践环节中有意识的增加到农村实践的机会，从而降低未来他们适应农村工作的难度。让他们多了解农村幼儿的生存环境及其身心发展特点，以便有针对性地为其提供科学的教学活动，促进农村幼儿的发展，提高农村学前教育的质量。因此，通过选派师范生到农村幼儿园实习、见习不仅提高了师范生的教学实践能力。还可以通过实践，了解当代农村幼儿园的实际情况和农村地区教育改革的进展情况。为他们将来更好地面向工作创造了机会，又可以有效地缓解农村学前教师缺乏的现状。

第三，密切高校与农村幼儿园的联系，建立长期合作机制。

高校在农村教师培训项目中应该发挥至关重要的作用。高校应该利用其自身优势，不仅是农村学前教师的职前培养质量方面必要的保障，在职后培训中也应该义不容辞地承担起责任，并建立起长期的合作机制。高校的教师具有扎实的专业理论知识，先进的教育理念。一方面，通过组建高校的优秀教师，针对农村幼儿园的需要，为农村幼儿园提供定期的培训，转变教师教育的方式，针对农村学前教师在组织教学活动中的困惑，为他们量身定做培训方案和培训策略，为农村学前教师的在职发展提供必要的帮助；另一方面，高校可以将农村幼儿园作为科研基地，把高校教师的科学研究行为与农村学前教师的教学活动结合起来，这样既保证了科学研究的终极价值，促进高校老师的科学研究的实用性，又可以由此而产生一批研究型的教师，从而在实际中发现问题、研究问题和解决问题，切实提高农村学前教育的质量。同样，高校学前教育专业也可以在农村幼儿园建立长期稳定的实习基地，通过选派师范生到农村幼儿园的实习、见习来加强师范生的教学实践能力。通过实践，师范生可以了解当代农村幼儿园的实际情况和农村地区教育改革的进展情况。既为他们更好地面对将来的工作提供了机会又可以有效地缓解农村学前教师缺乏的困境。因此，在农村学前教师的培训过程中，高校要充分发挥引领作用，通过和农村幼儿园建立长期的合作关系，关注农村学前教师的需求和基本特征，构建面向农村学前教师的有效培训模式。

二　日本：完善的制度保障学前教师供给的质量

日本有着重视提高师资素质和能力的传统。将学前教师誉为人生的第一个良师益友，重要的智力启蒙者。日本的师范教育发展的总趋势是努力促进师资培养培训体制一体化。近年来，日本的教育改革都把教师的培养、培训、任用放在重要的位置，认识到教育改革的成败很大程度取决于教师的素质与能力。因此，同其他国家相比，日本的学前教师社会地位更高，受到更多的尊重。

（一）日本学前教师供给特点

第二次世界大战以后，日本建立了开放式的教师培养制度，在亚洲率先实现了学前教师学历本科化，实现了教师培养渠道的拓宽，满足了教育发展对教师数量的需求。在开放的教师培养制度的推广过程中，教师教育培养的课程方案不断得以改进。与此同时，进一步提高了取得教师资格证书的基准，使得教师资格证书制度不断得以完善。严格的资格证制度和开放的教师培养制度相结合，使日本拥有着一支非常出色的学前教师队伍。

1. 法律确保学前教师的国家或地方公务员身份

日本在学前教育事业发展方面，能够处于世界领先地位的一个重要原因是对学前教育立法重视。早在 20 世纪 40 年代末，日本就在《教育公务员特例法》中明确规定：凡是按照日本《学校设立法》规定所设立的国立和公立的包括幼儿园在内的各级各类学校的校长、副校长、幼稚园园长、专职教育研究人员以及各地方教育委员会的教育长和教育行政管理人员等，只有通过教育为全体国民服务的教职员工才能成为日本的教育公务员。该法律第一章还进一步规定：国立学校的校长、教师以及其他系部主任等人员（包括国立研究机构的相应人员）的身份为国家教育公务员；公务学校的校长、教师、系部主任以及地方专职教育行政人员的身份为地方教育公务员。① 幼儿园作为学校体系中的一个重要组成部分，国立和公立幼儿园的教师同样符合《教育公务员特例法》的规定，其法定身份为国家或地方公务员。有明确的法律做保障，并且能够依据法律对幼儿园教师进行科学的管理，有效地稳定了日本的学前教师队伍。同时，大幅度提高幼儿园教师的工资待遇，对志愿任教的毕业生实施奖励制度。幼儿园教师的工资比一般国家公务员高出 20% 左右（指国立或公立幼儿园）。

早在 1948 年 3 月，厚生省就同时公布了《儿童福利法施行令》和《儿童福利法施行规则》两个法令。各政府部门之间协同合作，达成了只有高质量的教师才能培养出高质量的人才的共识。文部省历来把学前教师的培养和提高作为工作重点，以法律形式对学前教师的资格和任免作了具体规定，学前教师在师资条件上与小学拉平，从而使日本学前教育师资培养步入了正规。《教育职员许可证》在 1988 年进行了修订，将幼儿园教师的学历要求提高到本科及以上水平，并且必须完成师范教育规定的课程培养。1998 年 6 月 4 日通过了修改的《教育职员许可法》，调整了课程结构，新设选修学

---

① 此处资料参考了教育部国际合作与交流司编《国外教育调研选编》。

科，不但课程结构灵活了，教师的标准观也转变了——不求教师有完备的素质和能力，而求具有特长和个性。日本在上述法规的指导下，有目的、有计划、有步骤地实施着幼儿师资的培养。

2. 多种机构综合培养满足学前教师的供给需求

目前，日本承担学前教师培养的机构主要分为大学和短期大学（相当于我国的大专）两类。必须首先完成在文部大臣认定的大学、短期大学及其他培养机关的学习，获得相应的学分。然后，申请并取得幼儿园教员资格证书的人，方可进入幼儿园，从事教育教学工作。现在有 300 多所大学和短期大学担负着学前教师的职前培训任务，并增设了四年制的幼教师资培训课程，充实了学前教育专业的课程设置与内容，使之更适合幼儿园教育工作的实际。教师应该具备的专业知识，都是在大学里完成的。学生毕业以后，发给委任证书。证书分为两级：一级证书授予获得学士学位的普通大学毕业生，二级证书授予大学学习两年并获得 62 学分者。近年来，日本的四年制学前教育专业本科毕业生的比例逐年增长。而当大学正规课程培养的师资出现不足时，其他机构类型也能立刻灵活地满足需要。因此，整体化、连续化是日本学前教育的师资培养已经呈现出的最大特点。

3. 资格证制度确保学前教师培养的质量

日本政府制定了幼儿园教师和保育所保育士的许可证（资格证书）制度，来确保学前教师的质量。按照《教员许可证法》、《教员许可法施行令》等法律的规定，不论是国立、公立或私立的托幼机构，凡幼儿园教员均需具备幼儿园教员许可证。幼儿园教员许可证分为普通许可证和临时许可证两种。一旦获得普通许可证，该证终身有效，并全国通用，持此证的幼儿园教师为教谕，获得临时许可证的人员，在特别情况下可以通过教育职员考试获得该资格。该许可证有效期为 3 年（有特殊需要时可延长），且只能在所授予的地区使用。

4. 规范化的在职进修制度是学前教师在职进修权利的保障

重视学前教师的在职进修，并且拥有完善的在职进修制度是日本学前教育在师资方面的另一个突出特点。为了不断提高学前师资的质量，日本对职后进修有严格要求，做到制度化、规范化。《地方公务员法》、《教育公务员特例法》等与教师密切相关的法律是日本完善的学前教师在职进修制度重要法律依据。

首先，按照《教育公务员特例法》等的规定，日本的教育公务员任命者应制定出与研修相关的计划，及时对教育公务员的研修提供必要的设备并给予奖励，努力加快促进该计划的实施。在不影响教学的情况下，经单位负责人批准申请，教育公务员可离职研修。日本将教师的在职教育与获得更高一级的资格证书结合起来。因此，学前教师若想取得更高层次的资格证书，必须参加在职进修。

其次，国家也为学前教师提供了形式多样的在职进修机会。日本教育主管部门和其学前教育机构也积极为学前教师的在职进修提供帮助和最大的支持。日本政府对学前教师在职进修的支持还体现在加强学前教师进修相关设施的不断完善；提供脱产到大学进修深造，参加灵活多样的大学函授课程学习等进修方式；鼓励学前教育研究组织、民间教育团体举办专业讲座，加强交流互动；委托学前教师的培养机构进行严格的专业测定等。

日本政府在学前教师进修途径上进行大力的开辟创新，不断完善进修制度。例如，新任幼儿园教师进修制度，该制度规定新教师在第一年内，必须要在园长和有经验幼儿教师的指导下进行全面的教育实习，实习结束经审查合格，再决定是否能够正式录用。日本还积极准备实行所有幼儿园教师隔一定的年限轮番脱产再学习制度，以激发教师在职进修的热情，同时采用相应地措施配备必需的代课教师。

（二）日本学前师资培养对我国学前教师供给的启示

日本学前教育经历了全面的改革和调整，以适应日本的少子老龄化社会。日本在学前教师供给方面曾经的困境也正是目前阻碍我国农村学前教育发展的障碍。当前，开放式教师教育体系的构建在我国开始启动。日本的教师教育制度可以是一个很好的借鉴。尤其是日本对学前教师教育进行的调整和完善，对我国学前教师供给过程中质量保障体系建立具有非常有价值的启示。

1. 需要进一步细化有关教师教育的相关法规

日本对《教育职员许可法》反复修订逐步细化，1949 年颁布，1953 年、1989 年、1998 年修订，建立了严格的、完善的教师资格制度。尤其是关于对幼儿园教师必须学习相关的课程，参加资格考试等方面细节性的要求，有利于在学前教师培养过程的落实与操作，保证了资格证书的标准化和权威性。

为有效改变我国教师教育无法可依的状况，我国政府也在教育立法方面作了不懈的努力。例如，相继颁布了《教育法》、《教师法》、《教师资格条例》等与教师相关的法律条例。对于教师培养、教师待遇等方面的内容作出规定。但是，这些法规、条例仍然不明确、不全面、不系统、操作性不强，尤其是涉及学前教师的内容，相当的笼统，很多就被涵盖到小学教师中，并没有做单独的说明，教师教育的实际培养工作缺乏操作依据。

2. 需要提高幼儿园教师的从业标准

教师资格证书制度发展的一个共同趋势是要求教师的起点学历在大学以上。根据这一发展趋势，日本又再一次修改了《教员免许法案》，把教师资格证书获得的学历基准提高为硕士，把二级资格证书制度改为三级证书制度。美国师范教育者协会和全美幼儿教育协会也于 1991 年对《幼儿教师任职资格标准》进行了进一步的修订，规定幼儿园教师必须接受大学本科教育。与这些国家相比，我国幼儿教师的从业标准相对较低。

近年来，我国高等院校学前教育专业扩大了本科生和研究生的招生规模，我们应该充分利用师范院校和综合性大学的资源优势，提高我国学前教师的培养层次。教师教育作为一种专业的学历教育，在培养学前教师时，不能一味地追求高学历化，更应该强调教师教育的专业化。因此，在今后相当长的时期内，我们要矢志不渝地建立科学、规范、可操作的现代学历教师教育制度。并且以这些制度为依托，规范不同层次的教师教育机构的培养，从而使这些院校发挥优势，促进我国教师教育质量的提高。

除此之外，还应加大继续教育的投入，将重视职前教育、轻职后培训的做法彻底摒弃，把学前教师的职后培养同职前教育放在同等重要的位置上，建立一个完备的体制，其中不仅包括非学历要求的形式多样的短期培训或中长期培训，还要包括提高学历层次的教育教学培训活动。职后培养的标准，除了要求学前教师要有完备的素质、能力以外，还应注意发展学前教师的个性和特长。将原有的学前教师注重学术学科教育和理论学习的教学内容和方式，逐渐转变成注重教法及解决教育实际问题的能力。

努力促进师资培养培训体制一体化是日本师范教育发展的总趋势。我国应当采取试点的方式，在经济、教育发展具有代表性的地区实施局部的改革试点，在取得成效后再有计划、有步骤地推广，同时，要吸取发达国家已有的经验和教训，构建适合我国国情的"开放式"教师教育体制。

三　印度：以项目为核心推进农村学前教师的培养和培训

印度全名印度共和国，与中国同处亚洲，属于多民族、多人口、多宗教、多语言、多文化的发展中大国。印度在发展的过程中，遇到很多实际的问题。首先，地区发展不平衡。经济发达地区和欠发达地区差距各方面的差距都很大，农村与城市在健康、教育等领域的差异很大。其次，多元文化交错。印度存在上百个部落。各个部落人数虽少，但都有自己的文化传统、组织形式、风俗习惯以及价值体系。如何在教育实施过程中，保护好多元文化，是印度政府长期面临的问题。最后，社会性别歧视严重。印度妇女的社会地位较低，不重视女童教育，女童的入学率远远低于男童。另外，自然人口增长过快。印度的人口增长速度是世界第一，这对印度教育的发展战略提出了极大的挑战。这些现实问题，不仅影响着教育部门的决策，也影响了印度学前教育事业的发展。

印度儿童人口数量占有很大比例，是世界儿童人数最多的国家，但印度儿童的发展现状十分不乐观。2011 年印度人口普查统计显示，0—6 岁的儿童约有 15878.9 万人，占全国总人口的 13.12%。① 中国学龄前儿童的数量也有 9777.5 万人。② 学前儿童人口基数大、区域与城乡之间儿童教育发展不均衡、早期教育机会有限等问题是两国学前教育者共同面临的重要问题。通过对印度 ICDS 项目的成功实施过程中师资供给经验的分析，为我国农村学前教师供给发展提供解决思路。

（一）ICDS 项目实施背景

印度政府一直将贫困地区及其贫困人口子女的早期教育视为最重要解决的问题。1974 年，印度议会通过了《为了儿童的国家政策》（*National Policy for Children*），特别强调"国家要向所有儿童提供充分的服务"，为儿童提供"非正规的幼儿教育"采取保障措施，并设立"全国儿童理事会"（National Children's Board），该理事会负责规划、检查和协调与儿童有关的各种活动。针对儿童全面发展的需求，印度政府提出了把向早期儿童提供一个综合性的服务当作工作重心。为了与这个综合性的理念相一致，政府在 1975 年实施了儿童综合发展服务项目（Integrated Child Development Services，简称 ICDS）。ICDS 项目是印度政府对儿童发展最重要的承诺，也是迄今为止世界上最大的儿童早期发展计划之

---

① Woohs. Childpopulation in the age group 0—6 by sex：2011. http：//tieda. baidu. com/fkz = 1103398151. 2011 - 6 - 8.

② 国家统计局：《中国统计年鉴》，中国统计出版社 2002 年版。

一。ICDS 项目的成功实施，不仅打破了印度儿童营养不良的恶性循环，大幅度降低了儿童的死亡率。而且为偏远山区的儿童提供早期教育、健康服务和营养物质创设了条件，为该地区儿童的终生发展开创了一个有利的局面。

（二）ICDS 项目的组织与实施

ICDS 项目通过社区工作人员为需要帮助的儿童和妇女提供一种综合性的服务。提供这种服务的中心叫作"Anganwadi"（安哥瓦迪）。坐落在农村或城市贫民区内部的儿童活动中心和保健中心称之为安哥瓦迪。在印度平均每一千人就有一个安哥瓦迪，每个安哥瓦迪都有一位村落工作人员与一位后期服务人员，每个部落约有 100 个安哥瓦迪。

印度依据偏远和落后地区把全国划分为 5630 个 ICDS 项目单位，包括 5320 个"社区发展组"（community development blocks）和 310 个主要的城市贫民区（major urban slums）。按照 ICDS 的设计，每个项目单位有 1 名主要负责人和 7 名督导员，每位督导员负责指导约 20 个安哥瓦迪。作为最基层的单位，每个安哥瓦迪有 1 名教师、1 名教师助手和 1 名保育员，负责约 60 名 6 岁以下的幼儿、12 名孕妇和哺乳期母亲。

虽然 ICDS 项目是全国性的活动，但在其实际实施过程中还要充分考虑到了每个州和邦的特殊情况，要适当地对特别贫困的地方项目作出相应的调整，加大了服务力度。

项目得以顺利实施的保证是经费。ICDS 项目的经费主要来自两个方面：一是中央政府的投入，二是非政府组织的人道救援。在印度第八个五年计划（1992—1997）中，政府对 ICDS 项目的资金投入是 260.8 亿卢比，而第十个五年计划（2002—2007）时，资金投入就达到了 1168.45 亿卢比，[①] 是第八个五年计划的 4.5

---

① Bhrta Sarkra, "Department of Women and Child Development", *Ministry of Human Resource and Development*, Annual Report 2001－2002.

倍。这充分说明了印度政府对 ICDS 项目的高度重视。联合国儿童基金会、世界粮食计划署（WFP）、世界银行等国际组织也对项目给予了食品和经费等供给支持。1980 年，世界银行开始资助 ICDS 项目，20 年间，ICDS 获得的资助总额高达 7.5 亿美元，是世界各国幼儿教育领域中获得资助额度最大的一个项目。[1] 根据统计，截至 2002 年，受益人群达到 2700 万。[2]

ICDS 项目招收没有资格证的人员，大多为读完八年级的学生。培训历时 3 个月，总计 432 小时。课程包括一般常识、学前教育、营养与健康、社区参与、教育与交流、人口教育、管理喂养与穿衣等，培训学员通过课程评价、课堂实践、实地工作、书面考试等七个领域的评估后，成绩合格者获得证书。

另外，为了适应社会的发展，印度国家教育委员会采取多种措施提升学前教师教育的质量，包括修订教师教育的课程，开发校本培训；定期对教师教育机构进行评估；改善教师的福利待遇和工作环境，吸引更多的人加入教师队伍；极力推广信息技术，满足教师专业化成长的需要。

（三）印度 ICDS 项目给我国农村学前教师供给带来的启示

城乡之间与地区之间发展的非均衡性矛盾冲突是我国学前教育面临的最大问题。在学前教育起步晚、基础薄弱、普及率低的广大的西部农村地区和民族地区，要切实扩大该地区幼儿接受学前教育的范围，落实《纲要》目标，就必须要把农村地区和民族地区学前教育的发展作为突破口，要充分重视这类地区师资的供给。印度 ICDS 项目的成功实施及其普及学前教育的方式方法，为我国学前教育的发展提供了一定的借鉴和启示。

---

[1] Kapil U. Integrated Child Development Services（ICDS）：a program for holistic development of children in lndia. 2002，7，595－601. http//www. ijppediatricsindia. org/article. asp.

[2] Venita Kaul, *Reaching out to child：an integrated approach to child devolopment*, New Delhi：Oxford University Press，2004：78－84.

1. 从保障最贫困地区的师资供给入手普及学前教育

一个国家要制定适合所有儿童的学前教育政策，但在资源有限的情况下，首先要将公共资源提供给处境最不利的儿童。国家学前教育政策的首要目标是改善贫困和弱势儿童的不利处境，这是一个国际公认的原则，并且是经过多个国家的学前教育发展实践所证实的最有效途径。印度 ICDS 项目正是以此为出发点，将贫困农村地区和城市贫民作为该项目的主要对象，并在全国推进，由此获得极大成效。因此，在我国落实中长期发展规划目标时，应将普及农村与民族地区的学前教育，尤其是中西部农村学前教育作为中长期规划的重点和突破口，对这类地区在政策给予特殊扶持，在公共经费加大投入，提供优质的师资的供给，使该地区每个孩子都获得接受学前教育的机会。

2. 依据项目结构建立学前教育多级教师在职培训体系

印度儿童综合发展服务项目教师的在职培训项目对印度学前教师素质的提高起到了良好作用。印度全国范围内儿童综合发展服务项目培训的结构如下：用来培训安哥瓦迪工作人员和助手的安哥瓦迪工作人员培训中心（Anganwadi Workers Training Centers，AWTCs）；用来培训和督导安哥瓦迪工作人员培训中心的教师培训者的中级培训中心（Middle Level Training Centres，MLTCs）；用来培训中级培训中心的培训者和儿童发展项目官员（CDPOs）；全国公共合作和儿童发展协会（NIPCCD）以及其他地方中心培训儿童发展项目官员以及中级培训中心的培训者的联邦培训研究所（State Training Institutes，STLs）。截止到 2007 年 9 月 30 日，全国共有 31 个中级培训中心正在运行以及 500 个安哥瓦迪工作人员培训中心正在运行。

为儿童综合发展项目印度中央政府设置了专门的国家培训计划，所有的邦/联邦属地都要向中央交"邦培训行动计划"来大致描绘出当年儿童综合发展项目工作人员培训计划。全国公共合作和儿童发展协会作为向儿童综合发展服务项目提供员工培训的最高机构，主要负责计划、组织、协调以及监督员工培训，提升培训机构培训学院的能力，为各个类别的儿童综合发展服务项目员工设计、修改教学进度并使之标准化，为培训单位制作、获取并分配包括视听教具在内的培训材料，向妇女儿童发展部就儿童综合发展服务项目员工培训提供技术支持和反馈。

我国法律相关规定虽明确了幼儿园教师的身份与法律地位，但由于我国城乡二元体制限制，广大农村幼儿教师大多为临时聘任的非专业人员，教师待遇差，师资水平参差不齐等现状，严重影响了我国学前教育质量的全面提升。因此，必须要将幼儿教师队伍的建设与发展作为学前教育发展的一项长期的、重要的内容，只有这样，才能保证学前教育质量的提高，以及学前教育的可持续发展。

3. 建立县级培训中心，强化农村学前教师的在职培训

工作人员培训项目对儿童综合发展服务起着重要的作用，并能对其项目的质量产生积极的影响，印度注重项目中师资的在职培训。在印度儿童综合发展服务项目中，由于该项目对工作人员的初始要求并不高，且进入该项目服务更多意义上是出于自愿服务的意愿，因此，入职时儿童综合发展服务工作人员的实际专业水平参差不齐。为了使新批准的安哥瓦迪中心能够正常运行，并清除新招收的安哥瓦迪工作人员在培训中遗留的问题，就需要在项目实施过程中不断地对工作人员进行培训。而这种培训与其他国家正规意义上的在职培训的含义并不同，特别是在那些教师与工作人员人手短缺的边远贫困地区，儿童综合发展服务工作人员往往是在入职后培训的，有些地方开设短期的入门培训。项目已经对这种入门培训制定了标准。由此使得儿童综合发展服务的教师培养和培训融为一体。

近年来，对农村教师开展大规模的培训已经成为我国农村教

育发展的热点。在提高职前学前教育专业学生的培养质量的同时，在职培训也是学前教育师资培训的一条重要途径。提高农村学前教师的专业素质，加大农村学前教师的培训也应该成为提高农村学前教师质量的重要着力点。

首先，优化资源配置，整合县级教育培训机构。根据教育部2002年3月下发的《关于加强县级教师培训机构建设的指导意见》，"要按照小实体、多功能、大服务"的原则加强县级教师培训机构建设。对县一级的相关教育培训部门进行资源整合，形成合力，逐步成为独立的、多功能的、区域性的教师学习与资源中心，让其成为农村教师在职培训的重要平台，充分发挥县级教师培训机构在农村基础教育建设中的支撑作用和主力作用，为本县的农村学前教师培训服务。因此，根据我国农村的特点，遵循"以县为主"的地方教育资源配置的现有格局，逐步建立包括农村学前教师培训在内的以县级教师培训机构为重点的在职教育体系是当务之急。其次，发挥自身优势，实现县级资源平台。县级教师培训中心可以利用其硬件优势方便、快速地收集到学前教育教学改革的动态，利用其信息集中的优势便于对农村学前教师进行信息传播，是农村教师培训的重要资源库。县级教师培训中心可以利用地缘优势，实现县级教师培训机构之间的信息交流与共享，成为联系同级培训机构的中转站，也可以实现与师范院校及高校之间的紧密合作。再次，发挥乡镇中心幼儿园的辐射作用，以点带面，全面提高。结合目前各地都在大力推进乡镇中心幼儿园建设的契机，充分发挥乡镇中心幼儿园的辐射作用。参加县级培训的学前骨干教师，可以以乡镇中心幼儿园为实践基地，带动周边村一级的农村学前教师的成长，实现以点带面，全面提高。最后，根据农村实际情况，采取流动培训模式。由于有些农村幼儿园情况特殊，教师参加集中培训受限，因此可以由县一级的教师培训中心，派教师深入农村幼儿园实地进行培训。不仅如此，

在拓宽师资培训范畴，建立培训平台的同时，要完善培训经费保
障机制，建立园长与教师定期培训制度，将农村学前教育师资培
训纳入当地教师队伍建设的整体规划之中。

四 国际经验比较对我国农村学前教师供给的启示

学前教师的培养是学前教育的工作母机。分析各国的教师的
培养供给经验，对我国建构合理的农村学前教育师资供给机制有
着重大的启示。

（一）国际经验比较

世界上许多国家都把培养师资的工作当作发展与提高学前教
育的基础。许多国家都采取了一系列行之有效的措施来提高教师
的职业素养，培养高质量的学前教育师资。

1. 通过多种形式和多种渠道来培训学前教师

各国不断扩大或调整培训机构来培训足够数量的学前教师。
独立定向的教师培养体制已经被多元、开放的教师培养体系替
代。美国主要采取每个学生都必须经历在幼儿园和小学低年级两
次实习，更有利于幼小衔接的独特的培养方式。日本主要利用园
内培训、公开保育活动、国际间研修交流活动、幼儿教育研修会
举办的短期培训班等在职进修形式培训学前教师。除此之外，一
些国家还注重对师资培训的管理，如朝鲜学前教师的在职教育是
由国家和地方共同负责，在各道、市、区都设立了教师课程讲习
所，学习国家教育科学院和中央教育所制定的教材，教师每三年
就有3—6个月的脱产轮训机会。可见多渠道、多形式的培训使得
各国学前教师的合格率有所上升，师资队伍的质量不断提高。各
国为了满足农村学前教育发展的需要，不断扩大或调整培训幼教
师资的机构，来确保农村学前教师的数量和质量，让越来越多的
幼儿教师能够获得不同层次的专业知识。使每一个教师都能并尽
量得到不断在职进修的机会。这样不仅可以广泛动员社会资源

参与幼儿教师的培养中，也使得不同培养机构之间形成激烈的竞争。

20世纪90年代以来，一些国家逐步取消了中等师范学校对学前教育师资的培养资格，提高教师教育培养机构的层次要求，尝试在大学里设教育学部和教育学科。一些国家如日本、美国、法国等国家实行由综合大学、文理大学等高等院校培养非定向型师资的开放式教师教育培养体制，要求幼儿园教师由四年制大学和短期大学培养。

2. 延长学前教师职前培养学制，保证了学前教师培养质量

学前教育师资的职前培养，经历了一个从无到有逐步发展完善的过程。在发达国家，已经逐步形成多层次、多形式、多规格的职前培训体系。呈现出学前教师教育培训课时逐渐增加，培训内容日益丰富，培养方法也在不断改进的新局面，在注重理论性的同时，加强了应用性和针对性，在保证培养的统一性和一致性的同时，加强了灵活性、多样性和特殊性。

20世纪90年代以来，美国学前教育界的一些权威人士提出建议，创立超越学士学位的幼儿教师资培养计划，进一步提升学前师资的培养规格，加强教师资格证制度设计的专业性，为新教师设立缓冲区及引导区，制定拓宽教师经验范围的计划等。

世界各国学前师资培训是多层次的，年限2—4年不等。土耳其把学前教师的培养年限从两年延长为四年。在美国，也对幼儿教师和托幼机构的助理分别作出了接受3—4年和2年的专业培训的要求。西班牙、匈牙利、朝鲜和澳大利亚等很多国家都开始延长了学前教育师资的培养时间。就目前来看，发达国家的学前教育师资培养计划大多达到高等教育的水平。众所周知学历与素质紧密联系，因此，随着各国对学前教育师资素质要求的日益提高，进一步增加学习年限，提高学前教师学历的改革势在必行。

3. 各国政府给幼儿教师的身份、社会地位和待遇提供充足的保障

各国对学前教师的身份定位可以分为3种形式：第一，如日本和法国，将幼儿教师明确纳入公务员系列或使其享有公务员同等地位与待遇；第二，如英国和美国，依据法律法规确定幼儿教师具有公务员雇员的身份，即公务员兼雇员身份；第三，如印度，幼儿教师以项目工作人员的身份参与学前教育项目工作。各国的幼儿教师都与中央政府或地方政府签有工作合同，政府在工作合同范围内为其工资待遇和社会地位提供充足的保障。总体来看，公立幼儿园教师的工资水平和社会地位普遍高于私立幼儿园教师。

4. 各国都注意不断完善教师资格证制度

衡量一个学校师资力量的重要标准是该学校教师获得教师资格证的比例和等级。因此，社会对学前教师教育专业化的需要要求必须有完善的教师资格制度做保障。各国的幼儿教师资格证书不仅表现出了不同的教育要求，同时也反映了各国对学前教育所寄予的希望。一些研究发现，高学历的教师不仅能够保证更高质量的教育，并且能在适当的教学实践表现得更为出色。在美国，由于公立、私立学前教育系统和"提前开端"项目系统并存的局面，使其幼儿教师的资格认证也较他国更显多元化。美国公立幼儿园教师可取得幼儿教师资格证书或小学教师资格证书或二者兼具。为了加强教师专业标准的认定，提高教师教育专业的水平，刺激各教育机构间的良性竞争，必须有一个大体一致的标准来约束，从而有利于教师在各州的流动。在美国学前教师必须要获得"早期儿童教师证书"、"幼儿教师证书"已经是各个州的共同要求。在许多州，第一次得到的教师资格证书是过渡性的（5—10年不等），在此期限内，必须接受在职教育，取得硕士学位，否则证书到期作废。教师的年薪的增长也与学历挂钩。日本《教育职员许可证》规定园长、教谕等均持有相应资格证书才能

上岗，资格证书是依据学历或资历分别对应不同等级。

总之，幼儿教师资质水平的不断提高已经引起越来越多国家的高度重视。各国都在逐步依据法律法规将幼儿教师纳入国家统一的教师资格制度系列当中。英国、美国、日本和印度等多国近年来均有相应的政策出台或实际举措，以确保提高幼儿教师的资质水平。

5. 各国职前培养和在职培训正在成为一个统一的整体

在教师专业化、终身教育的思潮以及教育改革等因素的影响下，在职进修越来越受到人们的重视。人们逐渐认识到，要培养优秀的学前教师，职前教育是基础，但是要培养专业化的学前教育专家，则需要经过在职教育。教师的在职进修被视为是促进教师职业专业化的最有效途径。

终身教育观念的兴起，使得各国均重视教师的在职学习和提高。在职幼儿教师也不断地通过在职进修的方式充实自己，以适应日益更新的社会形势。美国不仅十分强调学前教育教师的成长，并且将在职进修视作提高学前教育质量的重要途径。美国的儿童发展协会（Child Development Associate）专门为幼儿教育人员提供课程培训、进行专业能力评估并颁发证书。这是美国一个非常重要的幼儿教师进修组织。美国学前教师在职进修培训制度比较严格，目前已有17个州对教师进行定期的教师资格检查，对每个申请教师职务的人从教育科学知识、学科专业知识、技能、实践能力以及他们在工作中继续提高的可能性等方面都进行考察。美国的各州和各学区也为本区域的教师提供了多种形式的在职培训计划。

总的来说，学前教师在职培训已成为世界多数国家学前教育发展的重要趋势。许多国家已经开始意识到，学前教师的培养是一个持续的、连贯性工作。因此，要提高学前教师供给的数量和质量，需要将职前教育与在职教育融为一体，使幼儿教师的发展走上终身性、一体化和专业化的道路，并推动学前教育质量的不断提高。

（二）国外学前教师供给经验对我国农村学前教师供给的启示

尽管各国在政体、教育传统上有很大不同，但对数量充足、素质过硬的学前教师供给的内在追求，以及随之采取的措施，甚至是发展过程中的挑战，对我们构建农村学前教师供给机制都是有积极的启发。

第一，加强学前教师的相关政策制定和制度建设。农村学前教师的供给必须以完善的制度体系来做政策保障。因此，完善教师资格证制度、制定学前教师培训机构的认证制度、进一步细化农村学前教师的认证标准、构建农村学前教师供给的督导制度以及建立农村学前教师补充和退出机制等，都是我国学前教师供给机制构建所迫切需要的政策保障基础。

第二，加大农村学前教师供给的经费投入力度。农村学前教师的供给必须有以专项资金的投入为保障。因此，以中央政府为主导，构建中央和地方的农村学前教师供给经费分担机制，并向弱势区域、弱势群体倾斜，实施不同层面的农村学前教师培训项目，激活地方政府对农村学前教师供给的责任意识。从而确保农村学前教师的供给数量与质量。

第三，构建开放、多元的教师发展培训机构，充分利用综合性大学、社会资源所提供的服务来保障农村学前教师供给的数量和质量。包括农村学前教师供给在内的幼儿园教师队伍的供给必须依赖于学前教师培养机构的招生规模和培养质量，因此，充分调动各级各类学前教师培养单位在学前教师供给机制中的责任，充分发挥其资源支撑作用，既提高了培养单位自身的培养质量，促进其发展，又有效保障了农村学前教师供给的质量。

本章小结

本章主要选取了美国、日本、印度等国家在农村教师或学前教师供给方面的成功经验进行分析，为后续对策提供借鉴意义。

第一，美国的农村教师培训计划在美国农村教育发展、农村教师供给历史中做出了重要的贡献。其中，招生以农村生源为主，课程设置中增加农村社会学内容，多渠道筹措资金以及加强高校与农村幼儿园的联系等具体的方法值得我国农村学前教师供给机制构建借鉴。

第二，日本完善的学前教师供给保障政策，包含入职资格的规定、在职培训的保障、多元化的培养模式等为我国农村学前教师供给提供了良好的启示，尤其是在供给制度的完善方面，加强农村学前教师供给的政策保障，既提高了教师队伍整体素质，又保障了农村学前教师队伍的稳定性。

第三，印度用培训项目推进农村学前教师的保障，尤其是在项目推进过程中带动多层次的教师培训计划，非常适合我国农村学前教师数量庞大、质量不足的现状，近年来我国幼师国培计划的实施效果也有力地证明了这种方法的有效性。

尽管各国在政体、教育传统上有很大不同，但对数量充足、素质过硬的学前教师供给的内在追求，以及随之采取的措施，甚至是发展过程中的挑战，对我们构建农村学前教师供给机制都是有积极的启发。

第六章 完善农村学前教师供给
机制的思考与建议

　　长期以来，农村学前教师供给不足、整体状况相对滞后的现状，是历史、现实、客观和主观等多种因素构成的。在我国大力普及科学的、高质量的学前教育的形势下，农村学前教育的发展显然已经成为最薄弱的地区，要想突破"瓶颈"，有效缓解这一困境，必须要完善我国农村学前教师供给机制。在学前教育的总体制度设计逐步成型、配套政策不断完善的背景下，进一步完善我国农村学前教师供给保障机制，对于提高我国农村学前教育的质量，改善我国农村学前教师供给数量不足、质量不高的现状具有重要的理论价值和现实意义。

　　从我国农村学前教师供给的现实来看，各个供给主体的协同程度不是很高，明显地存在政府与教育机构、教育行政部门之间合作缺乏制度约束和责任督导，甚至是政府内部都缺乏密切配合的问题，虽然多个供给主体在农村学前教师供给过程中都发挥了各自的作用，但并没有真正达到协同学理论所强调的协同。近年来，虽然在一些经济发展较好的地区内实现协同供给的成功案例，但是综合考量也未能真正实现了协同供给效率的最大化。

　　政府、教育行政部门、高校、培训机构、农村幼教机构、教师个人各个要素在农村学前教师供给过程中各自权限不一样，对于农村学前教师供给发挥的作用不一样。由于单纯依靠任何一方都无法解决农村学前教师供给全部问题，政府和社会、教育行政部门、高校等在农村学前教师供给中需要有效合作。如何在理念、制度、结构、运行与保障等方面取得突破，形成完整的无缝链接，并达到有机的统一，是农村学前教师协同供给机制合理运行的发展愿景，是建立一支数量充足、质量过硬的农村学前教师队伍的重要保障。

农村学前教师协同供给机制是将农村学前教师发展和农村学前教育事业发展融为一个有机整体，形成互惠共生的稳定结构。它是社会发展到一定阶段的必然要求和农村学前教育发展需要教师有效供给的必然结果。我们要将农村学前教师供给作为一个整体系统。在研究制约农村学前教师供给各种因素的基础上，充分发挥各个要素在供给过程中的作用，从全局和长远利益出发，各个要素统一协调在农村学前教师供给过程中，实现合理有效的供给模式。

一 规划引领与制度推进相结合，完善协同供给的责任保障机制

农村学前教师供给，受多种因素的影响，其中核心因素是规划与统筹。政府的支持对于农村学前教师的数量供给与质量提升有着重要的作用。因此，从思想上对各供给主体的责任形成一个清晰的认识。确立农村学前教育优先发展、农村学前教师优先供给的地位，是保证农村学前教师供给的前提。

（一）明确政府在农村学前教师供给中的主导地位

以政府为主导，即政府在农村学前教师供给中起主导作用。国际经验表明，"中央政府是调节师资供求的主要角色"。[①] 我国是发展中大国，教育面临的现实问题很多，中国农村学前教育发展

---

① 谌启标：《英国教师供给危机及其质量保证》，《外国教育研究》2003 年第 1 期。

的特殊性，更需要政府充分发挥控制和干预作用，这从现实的角度进一步突出强调了政府的责任。以集中必要的资源来资助教育发展的重点——农村地区，尤其是农村地区教育最薄弱的环节——农村学前教育。农村学前教育的难点主要体现在经费和师资上，西部农村学前教育资源又十分短缺，但师资问题关系到学前教育的成败。这个问题市场是不能解决的，基层政府更是无能为力，必须依赖于政府的控制和干预。

1. 加大农村学前教师供给资金，从经费投入上主导

从我国教育发展的历程来看，中央政府的行政权力始终是教师供给最强大的推进器，中央政府所拥有的最高行政权力决定了其在农村学前教师供给中应起主导作用。通过运用行政权力，履行农村学前教师供给的职责，实现促进农村学前教育发展的目标。在农村学前教师的供给中，中央政府应该发挥宏观调控职能，对教师供给起到积极规划，协同的运行。中央政府应在资金的专项经费投入上、引导地方政府配套经费的投入上，充分发挥主导作用。通过预算、投放、审计、评估农村学前教师供给专项财政经费，制定并颁布有关农村学前教师的政策、法规、制度、规划等加强主导作用。积极支持农村及老少边穷地区的农村学前教师供给，促进学前师资的均衡配置。

2. 促进供给主体的合作，从责任协调上主导

农村学前教师供给涉及各级政府、高校、教师培训机构、教育行政部门以及农村幼儿园等多个供给主体，同时又涉及社会劳动保障、财政、人力资源等政府组成部门。无论哪一个供给主体，哪个部门作用的发挥对农村学前教师供给效率都有制约作用。各职能部门除了落实法律政策规定的人、财、物投入责任，还要在农村学前教师供给中加强横向和纵向的合作与协调。政府有责任充当"引导者"和"中间人"，协调相关供给主体切实承担应有的主导责任。

政府协调各个供给主体之间在农村学前教师协同供给中的关系，是实现农村学前教师供给机制合理运行的组织基础。首先，加强政府体系内部的纵向合作。政府体系内部的关系，主要指不同级别的政府间关系。应依据农村学前教师供给需要，合理划分中央和地方的供给责任，充分赋予地方政府在师资供给中的权利。中央政府应承担最低标准的农村学前教师数量供给的责任，地方政府则可以根据当地发展水平和财力在最低标准基础上给农村学前教师质量供给的提高上予以积极的支持。其次，加强政府部门间的横向合作。农村学前教师协同供给要求政府各部门在不取消部门专业分工前提下，承担不同管理职能的部门应该共享信息，实现功能整合，形成灵活的协调与合作，增强履行师资供给职能的协调性。改变以往农村学前教师供给过程中信息隔断、合作不畅的状况，加强重大决策和制度设计的合作和及时沟通。

政府以提高农村学前教育质量，促进我国学前教育事业发展的整体视野处理农村学前教师供给的现实问题，从体制、制度上保障农村学前教师数量和质量的供给，努力创造一个利益共享、责任共担的协同供给机制，并将参与供给的多个主体的力量都集中起来，形成合力，协同解决农村学前教师供给过程中出现的各种问题，确保我国农民学前教师的供给形成长效机制。

（二）确立农村学前教师优先供给的战略地位

农村学前教师供给相对滞后现状在某种程度上是原有教育发展思路造成的。我国的农村教育工作基础薄弱，任务繁重，政府主要领导抓农村教育工作从何下手，这是一个重要的策略问题。国外的经验告诉我们，无论国家发达到何种地步，都要从社会发展、民族进步的高度来认识、重视学前教师素质的提高。农村学前教育的发展直接影响着一代又一代农村学前儿童，乃至全社会、全民族的未来。从全局来看，农村学前教师的学识水平，素质是否合格、数量是否充足将直接关系到国运民衰的大事。因此，应从"可持续发展"的战略高度去认识农村学前教师肩负着的神圣使命，只有这样认识，才能确立农村学前教师优先供给的思想与观念。

1. 加大宣传力度，形成重视农村学前教师的良好氛围

综合我国农村学前教育和农村学前教师的供给发展的实际情况来看，供给过程中面临的许多问题不能简单地归结为农村经济和社会制度的原因。目前，很多社会成员还没有深刻地认识到学前教育对个体一生发展的奠基作用，受此局限无法理解学前教师劳动的复杂性和创造性。因此，首先要铲除存在于人们头脑中根深蒂固的传统观念，否则，即使有良好的经济基础和完善的保障制度，供给现状也难以做彻底的转变。所以，加大宣传力度，改善农村学前教师供给环境，提高人们对教师价值的认识高度，转变人才认知观念，争取社会大众传播与公共舆论的支持帮助，营造良好的农村学前教师供给的舆论氛围极为重要。

2. 调动社会资源，形成农村学前教师供给合力

农村学前教师的协同供给机制是一个集政府、教育行政部门、学前教师教育机构、农村幼儿园、农村学前教师个人，统于一体的大系统，具有复杂性。各个供给主体所掌控的社会资源不同，协同供给的核心目的在于跨越各个供给主体的边界，充分调动各个供给主体的积极性，整合各自独立的资源。这种复杂性体现在各个子系统之间的关联互动，每个子系统所具有的功能与作用不同，决定了各自的作用与功能各有侧重。这种复杂性还体现在单纯依靠任何一方都无法解决农村学前教师供给全部问题，政府和社会、教育行政部门、高校等在农村学前教师供给中需要有效合作。学前教师教育机构应突出农村学前教师培养、培训的主体地位，担负起为农村学前教师提供一流培养、培训、指导、科研、服务等重要责任。

在农村学前教师的供给过程中，将满足农村学前教育的发展

需要为供给的终极目标。我国西北地区农村学前教师供给机制的构建应根据区域内农村学前教育发展的真实需求状况，以西北地区特有的农村社会文化、教育背景为依托，以农村学前适龄儿童的实际人数，农村学前教师队伍建设中的主要困境来确定农村学前教师供给的数量，充分调动社会资源保证农村学前教师培养、培训的质量。这既符合人力资本理论的基本要求，又符合《教育规划纲要》中"大力发展农村学前教育"的目标。

（三）实施农村学前教师供给项目带动

为了加强农村学前教师队伍建设，提高农村学前教师的整体素质，教育部、财政部从 2011 年起，实施了"幼儿教师国家级培训计划"所需经费由中央财政安排专项资金予以支持，主要培训对象是中西部幼儿园教师。项目实施以来，受到了农村幼儿园教师和各地教育部门的普遍欢迎。各省也配套地实施了幼儿教师的省级培训，取得了良好的效果，有效提高了农村学前教师的素质。中央、省、市、自治区应通过紧紧抓住幼儿园教师国家级培训计划项目的机遇，建立中央、省、市、县四级联动机制，实现以项目配置资源、集聚资金、推进农村学前教育发展的目的。例如，2011 年以来，教育部投入 3500 万元专项经费，组织实施了以农村为重点的"幼儿教师国家级培训计划"。据统计，截至 2013 年年底，全国各地共累计培训学前教师 16.9 万余名，其中县级以下农村教师约 10 万名，占培训总数的 59.2%。国家级培训项目，有力地带动了全国农村幼儿园教师培训工作的开展，整体上推动了农村学前教师队伍素质的提高。国家应进一步实施不同层次、不同需求的农村幼儿教师培训计划，以此来带动农村学前教育的发展。

教育规划具有引导主体行为、阐明工作重点、有效调动教师供给资源的基本功能。从我国教育发展的历史经验看来，凡是关系到全局的改革和教育发展的重大举措，国家层面的规划才能取得良好的效果。政府作为我国农村学前教育发展的主导者，必须从对农村学前教师的供给，从社会整体的稳定、和谐、发展出发来考虑问题。农村学前教师协同供给机制构建需要政府及其部门、教育、社会各个方面协调进行，因此，必须发挥各级政府在机制建设方面的规划统筹作用。在全面掌握时代发展与教育工作的基础上，站在高端规划农村学前教师的培养、培训。教育行政部门与教师培训机构细化农村教师培养、培训目标。用宽泛的眼界提出农村地区推进学前教师培养、培训的目标任务、实施步骤和政策措施。

（四）地方政府及教育行政部门积极作为

我国政治体制和行政体制的特征和要求，在农村学前教师协同供给机制中，各级政府应主要围绕农村学前教师供给的任务确定其职能。作为行使国家权力的地域性组织，地方政府本身具备连接中央政府的政策供给意愿和农村学前教师微观主体制度需求的重要中介功能。地方政府及教育行政部门面对服务对象，在农村学前教师供给方面具有中央政府不可替代的功能。地方政府推进农村学前教师协同供给的意义和效果在于，把本区域内农村学前教师供给的需要与政府机构职责联系起来，明确地方政府为本地区学前教师供给的主体责任。

1. 明确责任，推进相关政策的有效落实

作为区域性农村学前教师供给的主体，地方政府应依据自身职能定位，对区域内农村学前教师协同供给机制予以系统设计、规划与制度安排等方面给予基本保障。地方政府对教师协同供给机制的探索与中央政府形成合力，共同破解制约农村学前教师供给的一系列政策难题。教育行政部门尤其是基层教育行政部门要意识到，抓落实重在层层落实责任，明确自身对农村学前教师协同供给机制运行的主体责任，并以公共财政投入予以保障。强化目标管理，形成抓落实的目标责任体系，不能只是简单地对中央相关政策进行上传下达，更重要的是有效落实，对于已经颁布的农村学前教师的相关政策，强化落实，才能大力地推进后续政策的逐步出台实施。

2. 加强调研，确保农村学前教师供给具有针对性

各级教育行政部门应该根据当地社会、经济尤其是农村学前教育实际情况，厘清农村学前教师供给的基本思路。在掌握本地区农村学前教育发展与国家教育发展策略的基础上，站在高端层面规划农村学前教师的培养、培训。实践中要加强本地区农村学前儿童数量的变化、居住的分布等情况调研，进一步了解区域内农村学前教师的现状，厘清区域内农村学前教师供给的困境及其症结，从宏观上把握教师队伍发展的趋势，依据区域内学前教师需求提供机制，认真透彻地分析本区域的师资队伍现状、发展趋势，找出农村学前教师供求的最主要矛盾，逐步有效解决问题，厘清农村学前教师的数量结构、学历结构、职称结构、师幼比例，用发展的眼光提出推进农村地区学前教师培养、培训政策措施、具体目标、实施步骤，使供给目标明确，具有针对性。各级教育行政部门都应该积极作为，加强调研，为农村学前教师协同供给机制的运行提供切实可行的依据。

3. 因地制宜，出台配套的地方政府制度供给

地方政府作为本区域内教育事业发展的主导者，对区域内学前教育的发展与规划担负主要责任。地方政府能够通过符合本地实际的制度供给，并使之与国家政策制度紧密配套，从而能够使国家供给规划与本区域内学前教师实际供给需求有效连接起来。在城乡差异较大，农村地区经济发展缓慢的情况下，农村学前教师短缺不可能依靠某一级政府、某一个部门来实现供求均衡。长期以来，由于各级政府之间尤其是中央与地方之间在农村学前教师供给中的分工不明确，影响了其各自在农村学前教师供给过程中的功能和作用的发挥，对其运行过程中形成了障碍，需要努力突破。而且中西部县级政府大多不具备相应的财政实力，只能做

到暂时地缓解农村师资供求矛盾。地方政府在履行中央政府制度设计、财政支持、供给标准制定等职责的基础上，引导本区域内政府各部门、社会主体和各类教育机构明确各自在农村学前教师供给中的责任，进行配套的地方政府制度供给。

二　规约政策与倾斜政策相结合，完善协同供给的政策保障机制

法律具有公正性、强制性、规范性的特点。"依法治教"是发达国家政府主导教师供给的一个主要成功经验，也是全球学前教师教育改革发展的必然结果，尤其是对于学前教师供给的规范化、制度化的方向发展有巨大的推动作用。学前教师的社会地位和待遇与学前教育在社会和教育系统中的地位息息相关，学前教师的劳动也有其独特性，因而制定相关法律势在必行。对于学前教师的权利、责任与义务在相关的法律中做出具体明确的规定，尤其是对于农村学前教师的聘任、支出评定、工资与福利、编制与人事关系等问题，都需要相关法规的解答。在教育公平理论的视域下，通过各种法律法规、政策制度来加强农村学前教师的合法权益的保障，加强对农村学前教育的关注，重点补偿农村学前教师这一弱势群体，对农村学前教师队伍健康发展起着刚性的保障作用。

来自国际社会的经验显示，国家对社会教育需求的满足有着集体与个人无法超越的强制性优势。美国、英国、澳大利亚等发达国家已经在 20 世纪末期就开始用法律来保障学前教育事业的发展。韩国、葡萄牙等发展中国家和我国台湾地区也启动了通过法律来保障教师权益，促进教育发展的工作。我国目前在相关方面的工作还很薄弱，而我国农村学前教育发展的紧迫性要求必须把立法工作列于首项工作，才能保证其他工作有序开展。近几年来，我国教育领域的法律体系建设有了相当大的进展，相关的法律框架已经初步形成，这对于学前教师法律的制定提供了一个良好的契机。因此，目前着手学前教师的法律构建，相关经验比较丰富，条件也

比较成熟。

（一）明确农村学前教师身份政策

学前教师身份是其社会地位和职业定位的重要保障。国际上，许多国家都已经深刻地意识到了这一点，对学前教师的身份作出了较高的、非常明确的定位。但是，对于我国农村学前教师的身份，也只是在《教师法》中做了文本的规定，在现实中根本无法享受法律规定的经济待遇和社会保障。

长期以来，国家对于学前教师的规定都是和中小学教师在一起混编，并没有单独罗列出来的，甚至有时候在表述上都是标注在括号里面，附属于中小学教师之后。虽然相关的编制标准和资格认证的工作在缓慢地推进中，但是农村学前教师的身份至今没有明确的规定，这对于我国数量庞大的长期在农村地区工作的学前教师来说，一直是一个迷茫的问题，影响了教师工作的积极性和教师队伍的稳定性。尽快确立农村学前教师的合理身份，并给予相应的待遇，确认农村学前教师的非农业户口和人事关系等方面的规定，是权益保障的前提。

（二）落实农村学前教师待遇规定

教师是生活在现实、具体环境中的人，他们像所有的人一样，需要生存。正如叶澜教师所言："保障教师的生存条件，是教师人权的基本要求，也是教师能否完成教育任务和实现进一步发展的基础性条件。"① 因此，政府应从体制、制度上解决农村教师工资收入、住房、医疗保险和终身学习等方面的实际困难，为农村学前教师发展创造良好政策环境。

为了使我国农村地区教师的工资收入和社会待遇与城市教师保持一致，改善我国长期以来存在的同工不同酬的局面，必须尽快落实与农村学前教师的工作和生活密切相关的公费医疗制度、失业保险、养老保险和住房公积金制度。完善农村教师各种福利性、政策

---

① 叶澜：《改善教师发展生存环境提升教师发展自觉》，《中国教育报》2007年第9期。

性津贴发放制度，要将其纳入国家财政预算，按照"谁出政策谁负责"的原则进行责任分担。凡是中央政府出台的相关政策由中央政府负责；凡是省级政府出台的政策由省级财政负责；凡是各地市、县或学校自己出的政策，则相应由自己的财政负责解决，从而防止和杜绝各种相互推诿、扯皮的不负责现象。

另外，通过多种形式进一步加强农村学前教师供给的物质条件保障，从建设农村学前教师的租赁周转房、开通农村教师班车等方法来为农村学前教师的生活提供方便，改善其工作环境，为其解决后顾之忧，能够保证其安心于农村教育事业。并且可以充分体验到在农村从事学前教育工作的自豪感和成就感，增强其职业幸福感。这也是减少农村学前教师流失、稳定教师队伍，并吸引优秀的师范毕业生有意愿到农村任教的有效途径。

（三）完善农村学前教师工资保障机制

在市场经济的影响下，工资收入的多少成为人们就业选择的重要考量因素。因此，在现实中一些收入较高的部门总是能够更快地吸引更优秀的人才加入。这也是近些年来，我国农村地区的优秀教师大量流向乡镇中心幼儿园甚至是城市民办园的一个主要因素。进一步尽快完善农村学前教师的工资保障机制是稳定农村学前教师队伍，加强农村学前教师供给的重要策略。在农村学前收入较低而得不到改变的现状下，任何方式的师资供给都是短期的，难以取得长期的效果。

1. 逐步提高农村学前教师工资标准

在目前情况下，切实保障农村学前教师的工资平均收入不低于公务员，妥善解决县域教师津贴、补贴问题，把提高农村学前教师的地位与待遇投入作为最必要和最有效益的基础性教育投入。根据我国目前的基础教育管理体制，农村学前教师的工资保障的责任主要集中在县一级的政府，但是，县一级政府的财力是非常有限的，尤其是西北地区很多经济发展落后的地区，经济发展水平根本无法满足其教师工资、津贴等的统一按时足额发放，对于这种情况，国家应该加大对其政策的倾斜，确立专款补助制度，并由省一级政府出台相应的配套政策，保证补齐教师工资的财政缺口。最大限度地减少城乡学前教师在收入上的差距，不但能够有效稳定农村学前教师队伍，也能激励大学生到农村地区任教。

《中国农村教育发展报告 2012》显示，邬志辉教授带领团队，针对国内多所 211 省属重点和一般师范院校的毕业生是否愿意到农村任教进行了大量的问卷调查，调查结果显示：毕业生对待遇的期望是第一考虑的因素，有 79.4% 的学生表示在就业初期月平均工资能够达到 3001 元—4000 元时，就愿意到农村去任教，如果月工资能够达到 4001 元—5000 元时，就有更多的毕业生愿意到农村任教，这一比例可以达到 88.07%。而根据这一结果测算，如果达到农村教师所期望的收入数值，保证他们能够安心从教，国家需要投入 260 亿元—750 亿元的资金，将很好地稳定农村教师队伍。[①]

2. 将农村学前教师工资纳入省级政府保障

提高工资待遇对于提升农村教师岗位的职业吸引力，保证教师队伍的稳定性有着重要的作用和意义。将农村学前教师工资纳入省级以上政府保障，统一县域内教师工资发放标准，有条件的地区统一省内教师工资。

按照谁出政策谁出钱的准则，将农村学前教师工资保障机制分为中央、省和县三级财政分担的机制。对于农村学前教师国家标准的那部分工资，采取由中央财政全额承担的方式，省级政府则负责涉及农村学前教师的一些地方性的津贴和生活补贴。这种将农村学前教师工资保障逐步上移，以中央为主的财政分担模式，既减轻了地方政府的经济负担，尤其是贫困地区基层政府的教育经费的重担，又增强了各级政府的教育经费投入的协同供给职责，省、县级政府可以根据本地区的经济发展水平和财政能

---

① 邬志辉：《中国农村教育发展报告 2012》，北京师范大学出版集团 2013 年版。

力，按一定的比例进行配套。多级政府形成合力，从而构建我国农村学前教师长效而稳定的工资保障机制。

国际上，教师工资历来是教育公共经费中最重要的支出。很多发达国家都是通过采取比较集中的农村学前教师工资保障机制来稳定学前教师的队伍。法国、泰国、韩国等国都已经借鉴了成功经验，将农村学前教师的工资纳入中央财政预算，由中央或较高层地方财政承担，甚至由中央财经独立承担。日本目前采取的是一种比较集中的农村学前教师工资管理体制，由中央财政和郡道府各负担50%来解决。由此可见，集中的工资保障体制在保障教师利益、稳定教师队伍方面发挥的积极作用已经被很多国家反复证实，并取得了良好的效果。逐步用法律的形式巩固下来。根据我国的行政体制，采取以中央为主，各级政府分担的农村学前教师工资保障机制，可以在全国或全省范围内为农村学前教师创造一个大体相当的福利条件。在提高全体教师队伍工资标准的同时，应做到重点向农村学前教师倾斜。

以此看来，我国更需要完善农村学前教师工资经费保障机制，以中央和省级财政为主或是国家标准工资由中央和省级财政全额支付。同时，杜绝教师工资发放城乡不公平现象。要统一教师工资发放渠道和发放标准，切实保护农村学前教师的合法权益，调动教师的工作热情。

（四）修订农村学前教师编制标准

根据调查，僵化的教条式编制标准是我国农村学前教师供给的又一制约因素。在走访的很多农村幼儿园中，大部分优秀的农村学前教师由于受编制名额的限制，而无法参加职称评审，无法享受到与本人实际工作能力相对应的经济待遇。尽管，国务院办公厅、中编办和财政部于2001年联合发布了关于中小学教师编制的文件。但是因为文件中没有明确包含幼儿园教师，而在现实中缺乏可操作性。加上很多地方政府也没有进一步的明确解读，因此，在具体的执行过程中，幼儿教师编制就一直混编在中小学教师队伍中。

1. 实行较宽松的农村学前教师编制标准

目前在我国农村地区实行的是自然减员的编制政策，即在编教师退出一名，相应的教师编制就减少一个，这种编制标准对于我国农村地域环境布点分散的幼儿园来说过紧。尤其是在我国西部农村地区，只有部分乡镇中心的幼儿园教师有编制，原则上可以享受到与农村中小学教师相同的待遇。

因此，各级政府的人事部门应积极核定农村学前教师编制人数。结合本区域内地域特点和幼儿园布局的要求，按照我国《幼儿园教职工配备标准》的规定，实行按班额配备编制，每班配置2—3名专任学前教师。县级教育行政部门根据本县农村地区在园幼儿情况及幼儿园规模和所处地理位置，测算出所需农村学前教职工编制总量，核定公办教师编制数，经县编制和财政部门审核、农村幼儿园应实行教职工与在园幼儿总数和教职工与教学点班额比相结合的编制配置方式，结合我国农村幼儿园布点较为分散的特点，报县政府同意后实施。只有实行这种较为宽松的编制标准，才能缓解我国农村地区学前教师老龄化现象、缺编现象以及因为退出人数多于供给人数造成的断档问题，并且可以进一步缓解农村学前教师职称评定的困境。

在农村学前教师编制核定落实以前，在沿用幼儿园教师职称评定工作纳入中小学教师职称评定进行的时候，要充分考虑到农村幼儿园的特殊性，将评定的指数名额向农村学前教师倾斜，更要减少评定标准的城市偏向现象。

2. 通过对农村小学富余教师进行转岗培训，争取编制名额

随着我国近几年对农村义务教育阶段的教师供给采取的"特岗计划"、"支教计划"等积极措施初见成效，加上我国农村人口自然出生率的下降，农村义务教育的需求已经基本得到了满足，

农村小学入学高峰期已过，加上农村中小学布局的调整，有些农村中小学的编制名额也出现了过剩的现象。按照国家的相关要求，加大农村学前教育发展，扶持农村学前教育事业，可以对年轻的中小学教师进行转岗培训，缓解农村学前教师短缺的情况。对于转岗的教师进行一定的专业培训以后，考核合格，可以补充到相近的农村幼儿园。

尤其是要重点考虑很多参与了"国家特岗教师计划"，有学前教育专业背景知识的师范生，把他们填补到农村幼儿园专任教师队伍的行列，在编制上参照小学特岗教师的标准。

另外，当前辽宁省农村乡镇幼儿园已列入乡镇政府所属的事业单位管理之中，所需教职工编制在本乡镇现有事业单位人员编制总量内调剂解决，重点用于解决教师的编制问题。① 这种引导和鼓励优秀资源流向农村幼儿园的措施，可以成为解决农村地区学前教师编制问题一个很好的借鉴。国家颁布政策有效激励师范毕业生到农村任教，同时，地方政府应制定相关特殊政策积极为农村学前教师争取公办编制。对优质教育资源进行有效控制，确保农村教育实现普及化、制度化和优质化。

（五）建立农村学前教师特殊津贴制度

合理的工资制度应该是能够实现"同工同酬"的工资制度，即虽然教师工作的区域不同，但是因为有相同的岗位职责和对教育事业相同的贡献，所获得的报酬应该是大体一致的。在满足"同工同酬"的前提下，制度还应该根据教师工作环境的城乡差异，尽量减少区域经济发展的不平衡对教师收入的影响，并做到适当向贫困地区、弱势地区、农村地区倾斜，这样才可以弥补农村地区生态环境的不足，吸引更多的教育工作者到农村地区任教，稳定农村学前教师队伍。

---

① 沙莉、庞丽娟等：《通过立法强化政府在学前教育事业发展中的职责》，《学前教育研究》2007 年第 2 期。

另外，"每个国家应根据自己国家的特定情况，确定应采取何种措施在最有积极性的大学生中招聘未来的教师，改进对他们的培训工作并鼓励他们当中最优秀者去最艰苦的岗位上工作。此种措施的采取是绝对必要的，否则，不可能看到在最需要改善的地方教学质量能有重大的改善"①。对于弱势地区进行倾斜、补偿，尤其是对处于弱势地区的教师给予特殊的政策照顾，改变他们的弱势地位，是国际上提升农村教师地位的一贯做法。例如，在菲律宾的很多地区，对于到学校上课有困难的教师，如学校与家庭距离在 10 公里以上，但没有汽车的情况下应发放特困补助，实施艰苦工作津贴以鼓励农村教师。

国家和各级政府还要根据农村地区的实际情况，对于工作环境相对恶劣的地区的教师，在待遇上给予倾斜、特殊照顾，进一步完善和细化各种津贴项目。应该为农村地区的学前教师实行特殊津贴制度。从国家层面上对边、老、少、穷地区的农村教师实行特殊津贴制度。② 即在现有国家标准的工资基础上，对在农村地区、环境较艰苦的偏远地区从事学前教育的教师再额外增加部分特殊的津贴补助。

通过对陕西吴起县的农村教师队伍建设的调查为这一制度的制定提供了实践依据，该县近几年在农村教师队伍的稳定性方面采取了大胆的尝试。从 2007 年起对农村一线教师实行了浮动一级工资，并给每位非本县籍教师每月增加 100 元住房补贴和每年补助 2000 元探亲费用。这项地方政策的出台，有效稳定了该县偏远地区的农村中小学教师队伍，③ 这项制度不但能够稳住原有的优秀教师，也大大吸引了一些非本地生源的师范毕业生到农村任教。

---

① 联合国教科文组织：《教育——财富蕴藏其中》，教育科学出版社 1996 年版，第 139 页。
② 赵世超、司晓宏：《关于在西部地区建立农村教师特殊津贴制度的思考与建议》，《教育研究》2002 年第 5 期。
③ 王鹏炜、司晓宏：《城乡教育一体化进程中的教师资源配置研究——以陕西省为例》，《陕西师范大学》（哲学社会科学版）2011 年第 1 期。

农村学前教师特殊津贴制度应该按照各地区经济发展水平的差异，区别对待。也就是说，区域经济发展越落后、工作环境越艰苦地区的学前教师，其享受到的特殊津贴和待遇应该相应地越高。特殊津贴的基本框架和调整标准，应该由国务院统一出台，具体的实施细则，应该由各地方政府根据区域经济发展水平和地方财力的实际能力来进一步确定。但是，应保持的最低补助额度必须达到全国教师工资平均水平的 50% 以上。① 同时，对于在农村幼儿园终身任教的学前教师，应该设立终身任教奖励基金，退休时给予一次性奖励。

三　内部培养与外部支援相结合，完善协同供给的数量保障机制

（一）尝试多层次的农村学前师范生免费教育

免费师范生政策是指以前国家总理温家宝同志于 2007 年 3 月 5 日在全国人大十届会议开幕式的政府工作报告为依据，在教育部直属的六所师范大学内率先实行师范生免费教育的政策。② 这是国务院于 2007 年启动，为加强农村教师队伍建设而采取的一项重要教育政策，政策规定了免费师范生毕业以后回到生源所在地中小学担负基础教育的重任。这项政策的逐步实施已经取得了显著的效果，不仅解决了毕业生就业难的问题，毕业的师范生还将先进的教育理念和有效的课堂教学模式带入农村中小学的课堂中，激活了农村学校的教学潜力，有效地提高了农村中小学教育教学的质量。同时，这一政策也改善了农村中小学教师长期得不到补充的困境，加强了农村教师队伍的建设，尤其是由于不同专业、学科背景的师范生的加入，提高了农村教师队伍的整体素质，进一步有效缓解了农村中小学教师的学科结构性矛盾。这些对促进农村

---

① 刘玉：《辽宁将乡镇幼儿园（所）列入事业单位管理序列》，《中国教育报》2007 年 7 月 7 日。
② 教育部、财政部、中央编办、人事部：《教育部直属师范大学师范生免费教育实施办法》，2007 年 5 月 9 日。

义务教育的发展都具有积极的推动作用。部属师范大学的试点，免费师范生制度经过几年的实施，已经积累了大量的经验，建立了较为完善的制度，笔者认为，针对目前我国农村学前教师供给不足的情况，免费师范生制度完全可以向学前教育领域推广。

从我国目前学前教育专业师范生生源来看，明显存在学生素质不高、二本院校和高一级本科生生源不足的实际。笔者建议，应借鉴国家免费师范生的做法，实施多层次的农村学前教师免费教育的制度。

1. 本科层次的农村学前教师是未来农村学前教育管理者的后备军

长期以来，我国农村学前教育发展不仅速度缓慢，而且质量也不尽如人意。面对这样一种严峻的发展境地，不仅是缺乏农村学前专任教师，农村学前的管理人员配置也是明显不足，在很多地方都是兼管、代管，农村幼儿园园长也没有达到学历要求，并非本专业科班出身，缺乏专业的管理知识。针对这些情况，在农村学前教师的培养问题上，应该站在高层次、高规格的基础上，从农村学前教育长远发展的角度出发来培养人才。

因此，本科层次的农村学前教师是未来农村学前教育管理者的后备军，应该由省级人民政府颁布具体的实施办法，省级教育行政部门具体组织实施，由本省级高等师范学院承担培养任务。招生设计上应以本省农村生源为主，因为他们更能够扎根本地，为本地教育服务做贡献，同时，兼顾小比例的外省生源。这一制度的实施由省级政府统筹规划，切实保证毕业生的各项待遇、政策落实到位，并确保学生毕业后能够进入农村乡镇中心公办园从事学前教育工作。这可以提高免费农村学前师范生的培养规格，在课程设计里独立增加一些关于农村教育管理方面的内容，使这些学生经过几年在农村幼儿园一线工作锻炼以后，能够胜任农村幼儿园的管理工作。在做好免费师范生的招生工作的同时，应加强免费师范生培养改革，应加强学前教育专业人才培养模式的改革，突出人才培养的超前性，要落实好免费师范生政策。

2. 专科层次的学前师范生是农村学前教师队伍的主力军

2015 年年初，教育部出台《关于实施第二期学前教育三年行动计划的意见》中，明确提出鼓励地方建立和完善学前师范生免费教育制度，为农村地区幼儿园培养一批学前教育专业专科层次的教师。[①]

结合我国农村地区学前专任教师数量严重不足的现状，广泛宣传，调整招生计划，扩大幼教专业的招生比例，可以招收一批优秀的高中毕业生，由本省幼儿师范院校承担培养任务，应以实践为导向，以农村实践教学能力和一线工作能力为主要目标，培养一批专科层次的农村学前教师。有些情况更为严重的地区，可以在省内的师范院校的学前教育专业设置重点面向农村招生的两年制幼儿教师班，满足农村学前教育的多样化需求，为农村提供充足的师资来源。

（二）加大学前师范教育资源省内重组力度

随着社会不断地进步，对教育的需求逐渐提高。为了满足社会和个人的教育需要，我国开始调整教师教育结构，不断提升教师教育的层次。为了顺应教师教育改革的趋势，我国的师范教育开始推行"三级变两级"。随着这项改革的逐步推广，高等师范院校成为了教育发展的重点，中等师范学校也已经不能满足需要，在数量上开始缩减。2004 年，高师本科院校持续发展，举办教师教育的非师范院校继续增加，师范高等专科学校结构逐步调整，中师继续减少，职前职后教师教育机构资源整合的一体化趋势明显。2004 年，全国高师院校共计 195 所，其中师范大学 37 所；师范学院 88 所，较上年增加 12 所；师专 70 所，减少 5 所；中师幼师学校 282 所，减少 14 所；教育学院 82 所（其中省级教

---

① 教育部、国家发展改革委、财政部：《关于实施第二期学前教育三年行动计划的意见》。

育学院 18 所），减少 7 所。①

从我国不断变化地学前教师培养的社会需求来看，虽然本科、大专、中专不同层次的教育模式在一定时期内并存，但是，依据教师教育发展的总趋势，中专模式的学前师范教育会大幅减少直至取消，更高层次的学前教师教育模式将更能够符合我国学前教育发展的需要以及社会需求。因此，充分发挥政府的宏观调控能力，积极加大对学前师范教育资源的整合力度，是满足我国农村学前教育多样化需求的现实选择。

1. 加快高师院校和省级教育学院的联合与合并

从目前我国师范教育改革的趋势来看，师范院校和师范大学将是我国未来师范教育的主体，中等专科学校经过改制后逐渐减少，最后到完全消失，最终实现师范教育从三级向二级过渡。

因此，应尽快在省级层面上实现高等本科师范院校与省级教育学院的联合与合并，即充分利用现有高等师范院校学前教育专业的幼师，提高幼师生的学术水平。加大本科学历层次的学前教育招生规模，尤其是对农村地区生源的倾斜。在幼师大专化、高师招收高中起点幼儿教育本科生的过程中，应整合现有高校和幼师优质资源，以实现学前教师职前培养与职后培训的一体化的整合，实现二者的全方位沟通和全面链接。随着师范教育改革步伐的加快，师范教育的重心将逐步后移，目前这种仅仅依靠教育学院或主要依靠教育学院来进行农村学前教师职后教育的情况将会发生改变。职后教育将会承担越来越多的任务，应该尽快整合高等师范学校和教育学院的资源，以满足农村学前教师职后教育的巨大需求。

2. 促进幼儿师范学校与教育学院的实质性合并

面对我国西部地区农村学前教育发展的实际情况，应尽快地在市级层面上加大幼儿师范学校与教育学院的实质性合并。在借

---

① 管培俊：《2005 年全国教师教育年度会议工作报告》，2005 年 4 月 5 日。

鉴沿海经济发达地区的学前师范教育升级，实现本科化的经验基础上，更应该认清形势，原有的三年制甚至是两年制的专科层次的教育目前阶段更适合我国西部农村学前发展实际情况。专科层次的学前师范生的培养在我国有着百年的历史，积累了一批相当丰富的经验和优势资源，传统的注重技能技巧培训的专科教育更能够满足农村学前教育发展的需要。因此，西北地区的农村学前教师的培养在一段时间内还是应该以专科模式为主，甚至部分高质量的专科学校可以扩大农村生源，从高中毕业生中招收学生。一些发展成熟的师范学校也可以提高办学层次，增强学校的吸引力，促进幼儿师范教育新的飞跃。

因此，统筹幼儿师范教育资源，避免因学校规模过小而造成低效与浪费，稳中求进，逐步过渡，分阶段、分层次地对现有幼儿师范教育进行调整，逐步完善幼儿教育大专层次的课程体系，实现职前和职后教育一体化。在升格为专科层次的过程中，在逐渐扩大规模的基础上，注意进一步优化组合资源，明确培养目标，提高培养质量。

在这两方面资源整合中，探索适合国情的幼儿教师本科化培养模式是重点，但也要保持部分高质量幼师以满足近阶段幼儿教育对教师的需求。政府还必须充分发挥在学前师范教育发展中的宏观调控功能，如根据本省学前教育发展的需要，制定省一级的学前师范教育发展规划，并加大学前师范教育经费的投入，逐步形成良性的农村学前教师供给机制和农村学前教师培养经费的保障机制，加强学前教师培养机构的质量监管，建立检查、督管机制，防止因利益驱动而造成混乱。另外，对偏远贫困地区的学前教师培训资源的开发、培训基地的建设等方面应给予直接的经费支持。

（三）将农村学前教师全面纳入"特岗教师计划"

2006年5月15日，教育部、财政部、人事部、中央编办联合颁发了《农村义务教育阶段学校教师特设岗位计划实施方案》，方案明确表示在西部 14 个省市的"两基"攻坚县启动实施了"农村义务教育阶段学校教师特设岗位计划"简称"特岗计划"。"特岗计划"规定用五年的时间，通过公开招募高校毕业生到西部"两基"攻坚县以下农村义务教育阶段学校任教的形式，引导和鼓励高校毕业生从事农村教育工作，逐步解决农村地区师资力量薄弱和结构不合理的问题，提高农村教师队伍的整体素质，促进城乡教育均衡发展。特岗教师的聘期为三年，聘期内工资由中央财政与地方财政据实结算，遵循"中央统筹，地方实施"原则。该计划自实施以来，一定程度上缓解了西部农村地区教师需求矛盾，提高了农村义务教育质量。2006 年至今，"特岗教师政策"推广的范围在不断扩大，有效地激活了我国农村教师的供给机制，截至目前，教育部共招聘 30 万名特岗教师，奔赴中西部 22 个省区、1000 多个县，受益的农村中小学达到 3 万多所。① 2010 年中央财政安排的特岗教师工资性补助经费 30.5 亿元已全部下拨，比 2009 年增加 8.3 亿元，特岗教师年人均享受补助 20540 元。②

"特岗教师计划"的实行，有效地调动了各级地方政府对农村教师供给的积极性，引导了大批师范生到农村长期任教，探索出了我国农村教师补充的长效机制。这一政策是国家对中西部地区的特殊照顾，有效缓解了农村地区师资总量紧缺和学科结构不合理的问题，使教师适应新阶段教育发展高质量的需求，为农村基础教育的发展补充了大量新鲜的血液，有效缓解了应届大学生在城里就业困难，也不愿去农村工作的问题，提高农村教师队伍的整体素质。

在农村义务教育阶段"特岗教师计划"实施的细节逐步完善的过程中，部分地方政府开始参照"农村义务教育阶段特岗教

---

① 邬志辉、秦玉友：《中国农村教育发展报告》（2011 年），北京师范大学出版集团 2012 年版，第 75 页。

② 赵鼎洲：《"特岗教师政策"在西北民族地区实施的现状研究——以临夏自治州积石山县为个案》，西北师范大学硕士学位论文，2012 年。

师"政策，实施的"农村幼儿教师特岗计划"。如，天津地区实施"农村幼儿教师计划"每年选派 300 名具有学前教育专业学位的大学生到农村任教。[①] 甘肃省、云南省、黑龙江省等多地也已经开始将幼儿园教师纳入"特岗教师"招聘范围之内。笔者认为，"特岗计划"实施以来成效显著，在西北地区农村学前教师编制紧缺、供给不足的情况下，在国家层面将农村幼儿园教师的招聘纳入"农村教师特岗计划"，由中央财政统一安排工资经费，公开招募大学毕业生到农村边远贫困地区师资紧缺的幼儿园任教，是有效改善农村幼儿教师数量不足，提高农村学前教师队伍整体素质的可行措施。

（四）完善学前师范教育"顶岗实习支教计划"

"顶岗实习支教"是由西南大学等高校率先试点取得经验后进一步推广的一种针对农村学前教育发展的支教模式。这种模式既提高师范生专业实践技能，增加了师范生到农村工作的适应能力，同时又促进了农村幼儿园教师业务素质提升。具体的做法是，有学前教育专业的高校在农村幼儿园建立长期稳定的实习基地，组织高年级师范生到农村幼儿园实习支教至少一个学期，与此同时，选派优秀的实习指导教师，对所属基地的农村幼儿园教师开展教育教学培训，以此来达到既缓解农村幼儿园师资不足、教师素质不高等问题。同时使农村学前教师有时间外出进修、学习。目前在我国西北地区的青海、新疆等地都已经大力推行高年级学前教育专业学生到农村幼儿园顶岗支教计划。2007 年 7 月，教育部专门发布《关于大力推进师范生实习支教工作的意见》，从国家层面大力推进这一模式。实践证明，"顶岗实习支教计划"是一项一举多得的有效措施。根据目前的状况，需要注意的是，师范院校应在与当地政府联手共建农村幼儿园实习基地的基础上，逐步有序地扩大该计划实施的范围和规模。

---

① 中国学前教育研究会：《学前教育三年行动计划简报》2011 年第 3 期。

（五）建立西部农村学前教师对口支援项目

面对我国学前教育发展的东西部差距、城乡差异，对口支援、对口交流、城乡互动是解决西北地区农村学前教师数量不足、素质不高，促进农村学前教育发展的有效途径。2006 年，教育部在总结全国部分地方成功经验的基础上，颁布《教育部关于大力推进城镇教师支援农村教育工作的意见》，要求各地要积极组织城镇教师支援农村学校。许多省区也依此经验采取了城市幼儿园支援农村幼儿园的措施，并取得了明显的成效。西北五省区城市学前教育发展速度相对较快，能利用的学前教育资源也相对较丰富，学前教师的专业水平也较高。城市幼儿园支援农村幼儿园可以采取多种方式：

1. 城市幼儿教师到农村支教模式。这种模式是根据农村幼儿园实际需求，鼓励和组织本地城市幼儿教师到农村支教计划，通过"结对子""手拉手"等多种有效形式形成办园共同体，充实农村幼儿园的师资力量，并尽可能建立长期稳定的对口支援关系，促进优质教育资源共享。

2. 县域内城镇幼儿教师定期到农村任教模式。这种模式要求县级教育行政部门加强教师统筹管理工作，选派优秀的幼儿教师到农村幼儿园任教。在合理配置城乡教师资源的前提下，实施县域内城镇幼儿教师支援农村幼儿园的规划。

四　提升学历与强化培训相结合，完善协同供给的质量保障机制

教师素质的形成是一个连续积累和发展的过程。首先，我国学前教师的职前培养的层次标准太低，缺乏优秀师资力量；其次，大量的农村学前教师得不到科学实效的职后培训。这两方面是造成我国农村学前教师队伍整体素质较低的主要原因。针对这种情况，首先，提高农村幼儿教师学历水平是实现全面提高农村幼儿教育质量的主要措施。提高学前师资的学历起点有利于从根

本上改善学前师资的专业素养，大专层次的应用型幼儿教师应该成为农村学前师资的培养方向，中专学历起点的学前师资已经不能适应时代与社会的需求。其次，追求实效，健全农村学前教育培训机制，为其提供全面的、多样化的职后培训的方式，是加强农村学前教师队伍建设，保证农村学前教师供给的有效手段。

（一）重塑高校学前教育专业的导向作用

在我国学前教师教育改革过程中，高等院校占据着学前教育理论研究的制高点，成为了我国多层次学前教师培养模式中一个非常重要的组成部分。他们不但在理论上引领着我国学前教育发展的方向，而且在实践中也不断推动幼儿园教学、课程等方面的改革与发展。面对我国农村学前教师质量问题，高校重塑在学前教育领域内的引领、导向作用，积极承担农村学前教师供给的责任。

1. 加强农村学前教育的相关理论研究

长期以来，我国高校的学前教育专业在学前教育领域一直发挥着引领作用。无论是在培训方式的选择上，还是在课程方案的设置上，抑或是学生培养的方向都影响着幼儿师范与专科学校的人才培养。因此，在我国农村学前教师的供给方面，高校也更应该积极参与，充分发挥其资源优势。作为我国农村学前教师供给的主渠道，首先，高校应该积极地树立学前教育专业的社会形象，扩大社会效应，加强理论研究工作；其次，建立相应农村学前教育发展的培训、科研、信息、政策咨询中心，为农村学前教育的发展提供切实可行的对策，引领农村学前教育健康、稳定的发展；最后，高校可以将农村幼儿园作为科研基地，与农村幼儿园协同发展，把高校教师的科学研究行为与农村学前教师的实践教学活动紧密结合起来。这样一来，既保证了科学研究的终极价值，促进高校老师研究的实用性和实践指导意义，又可以由此而产生一批研究型的教师，从而在实际中发现问题、研究问题和解决问题，切实提高农村学前教育的质量。

2. 为低一级学生学习深造提供机会

高校还应该发挥其理论教学比较扎实的优势，为幼儿师范、专科学校优秀毕业生提供进一步学习深造的机会。在我国幼师学校中有很多优秀的师范生，他们在学校里已经掌握了专业技能技巧，具有良好的专业素质，但是由于受到幼师学校课程设置的局限，在专业理论课上还很欠缺。他们有很强的学习能力，强烈的继续学习深造的意愿，以及比普通高中毕业生更全面的专业素养及基础。高校的学前教育专业可以为低一级学校学前教育专业搭建平台，提供继续深造的机会。在高考招生的基础上，给幼师学校的学生分配一定的录取比例，接纳一部分文化素质高，专业基础好的优秀幼师生继续学习，可重点从专业技能、身心素养、可持续发展的角度来考虑培养一批高素质的学前教师。这种做法曾经是我国高校学前教育专业学生培养的一种重要组成部分，为我国幼儿园培养了大批的骨干力量，对学前教育师范师资培养有重要的导向作用。

3. 积极参与农村学前教师的培训

高校在农村教师培训项目中应该发挥丰富的资源优势。高校的师资力量雄厚，教师结构相对合理，来自高校的教师不但具有扎实的专业理论知识，更因为其处于学前教育专业的引领地位，对教学实践工作有较强的指导意义。因此，一方面，通过组建高校的优秀教师，针对农村学前教师的需要，结合农村学前儿童的发展特点及规律，为农村幼儿园教师提供定期的培训，转变教师教育的方式；另一方面，针对农村学前教师在组织教学活动中的困惑，为他们量身定做培训方案和培训策略。为农村学前教师的在职发展提供必要的帮助。高校的教师不仅在农村学前教师的职前培养质量方面给予必要的保障，在职后培训中也应该义不容辞地承担起责任，并建立起长期的合作机制。

4. 与农村幼儿园建立长期的合作关系

高校学前教育专业也可以在农村幼儿园建立长期稳定的实习基

地，通过选派师范生到农村幼儿园的实习、见习来加强师范生的教学实践能力。通过实践，师范生可以了解当代农村幼儿园的实际情况和农村地区教育改革的进展情况。既为他们更好地面对将来的工作提供了机会又可以有效地缓解农村学前教师缺乏的困境。因此，在农村学前教师的培训过程中，高校要充分发挥引领作用，通过和农村幼儿园建立长期的合作关系，关注农村学前教师的需求和基本特征，构建有效的面向农村学前教师的培养方案。

（二）建构层次分明的职前培养和职后培训课程

在学前师范教育的改革中，无论是提升办学机构的层次还是加强管理，最终的目标还是在于提升学生的综合素质。但是，高素质的学前教师的培养必须有一套科学合理的课程方案为依托。从这个角度上来讲，我国学前教育发展对学前教师素质的高要求，实际上是对课程体系标准的高要求。因此，课程设置和结构成为影响幼儿教师素质的基本因素。

1. 优化课程设置，增加为农村学前教育的服务导向

我国农村学前教师的主要来源是各省、市的幼儿师范学校和高校学前教育专业的毕业生，但是目前我国的师范教育中还没有专门的针对农村学前的师资培养计划。在课程设置上，也没有关于农村学前教育的内容。在社会上充满了对农村学前教育质量低下的抱怨声的同时，并没有在现实中采取有效的应对措施。师范毕业生盲目地流向大城市，从招生、培养、就业各个环节都不能满足农村学前教育的需要。虽然农村学前教育得到了前所未有的重视，而在实际工作中，无论是课程设置还是在具体的培养工作中，并没有体现出对农村学前教育的倾斜。农村经济的发展对农村教师提出了更高的要求，对师资的需求正向多样化、全方位、高适应性的方向转变。

为了提高农村学前教师职前培养的质量，必须优化我国目前以城市为本位的课程设置。应该在学前教师职前培养课程中，增

加与农村学前教育相关的内容，加大课程内容的服务导向，培养学生为农村教育服务的意识。我国现有的师范院校学前教育专业的培养方案中针对农村地区的课程设置还极不健全，无论是培养方案的制定者抑或学生本人，都对农村学前教育的现状不了解，更不愿意到农村去工作。因此，在职前课程设置中增加农村学前教育的相关内容，对于学生毕业后的就业选择有重要的导向作用。职前课程要夯实幼儿教育的专业基础，拓宽并加强基础理论课，设置综合课程，重点改造专业课，删除陈旧、过时的内容，增加能反映农村教育理论新进展和农村学前教育改革实践的新内容。同时，加强实践课程，开展多种形式的教育实践训练，提高学生的实践能力。

2. 增加学生到农村幼儿园实习机会，提高学生到农村工作的适应能力

长期以来，学前教育专业的课程设置都是以城市为本位，教学实践也都主要是在城市幼儿园进行，忽视农村学前教育的发展需求，对农村幼儿园教学活动中存在的特殊问题关注不多。农村幼儿园在教学环境和教学基础设备上与城市幼儿园都相差甚远。在教学的实践环节中有意识的增加到农村实践的机会，降低他们适应未来农村工作的难度。通过实地了解农村幼儿的生存环境及其身心发展特点，毕业生可以有针对性地为其提供科学的教学活动，从而促进农村幼儿的发展，提高农村学前教育的质量。

（三）加大农村学前教师在职培训的经费投入

要实现当前农村学前教师培训由学历提高向素质提高的转变，加大农村学前教师在职培训经费的保障力度，提高教育经费投入比例是关键一环。教育部、财政部规定县域中小学校公用经费的5%用于教师培训，这一经费额度难以满足现实需要，杯水车薪。加上我国教师继续教育财政投入具有城市偏向，扶强而不助弱的特点，财政投入的地域之间、学校之间和教师之间严重不

公平，国家对经济发展水平比较落后的中西部贫困地区、农村地区的学前教师投入不足，缺乏政策性的倾斜或保障。政府按照构建服务型公共财政体制的要求和有利于推进农村学前教育健康发展的原则，通过中央、省、市级财政转移支付和专项资金补助结合，将农村学前教师在职培训经费全额纳入公共财政保障范围。可行的措施有以下几个方面。

1. 在年度预算中单列农村学前教师专项培训经费

政府要充分发挥教师在职培训经费的主导作用，引导全社会都在思想上关注农村学前教育事业，并在实践中关注农村学前教师的培养和培训。首先，从中央层面出发，加大针对农村学前教师的专项培训的经费投入，并将农村学前教师培训经费纳入各级政府的财政预算，单独列项，专款专用，为了防止挤占、挪用现象的发生，要建立相应的审查、监督机制。其次，进一步扩大国培计划的规模化和形式的多样化，将农村学前教师的国家级培训和升级培训逐渐制度化、常规化，相关的培训费用采取中央政府和教育主管部门分担的机制。再次，为了有效地解除贫困地区、偏远地区学前教师的后顾之忧，对他们给予适当的交通、伙食补贴，提高他们参加在职培训的积极性，不让他们因为参加培训而有额外的经济负担。最后，采取多种形式筹措培训经费，整合社会教育资源，加大资金投入，采取发达地区对口支援等方式进行经济资助和智力扶持，为农村学前教师队伍的专业成长提供坚强有力的后盾。

2. 因地制宜，实施农村学前教师培训补偿性援助

由于我国农村学前教师在职培训长期缺少专项经费支持，而且在职培训和进修大多以自费培训为主，这种情况在西部农村表现尤其突出，对教师专业成长提供的资源与支持服务体系建设明显不足。经费短缺是制约西部农村学前教师培训工作的"瓶颈"，积极探寻并尽快建立以各级政府投入为主的农村学前教师培训的

成本分摊机制显得尤为必要。在西部农村地区地方教育经费投入极其有限的情况下，农村学前教师继续教育经费应该以政府财政拨款为主，同时加大筹措经费的渠道，尽快建立教育行政部门、幼儿园和农村学前教师个人培训成本分担机制。但是，西部农村学前教师收入偏低是一个不争的事实，如果再让教师自己为自己的培训买单，在一定程度上会影响他们参加培训的积极性。因此，为了支持西部农村学前教师队伍的建设，对于农村学前教师的非学历培训，基层教育行政部门应该安排一定的经费，不再向教师个人收取培训费。总之，只有把责任明确，标准细化，做到有据可依，才能切实保障农村教师培训经费的落实。此外，政府应该引入社会资源，注意多渠道筹措县域教师发展经费，具体的做法需要因时、因地制宜。

（四）建立多层次农村学前教师培训体系

"培训，不管是为了完成《教育规划纲要》提出的'普及学前教育'的任务，培养和培训新增加的数量众多的教师，特别是培养和培训农村急需的教师，还是对已经在岗的教师进行培训，以进一步提高他们的基本素质和专业水平，都要将出发点和归宿放在一个'实'字上，即让被培训教师能将自己所得有效地运用到教育、教学实践中，任何脱离教师教育、教学实践需要的或超出教师能力水平的培训都是低效的，甚至是无效的，只能看成是教育资源的浪费。"①

1. 建设宽结构、多层次农村学前教师培训队伍

要建立一支专业素质高、引导能力强、经验丰富的培训队伍，既要积极邀请大学专家团队进行理论知识的加深，又要加强与骨干教师、一线优秀教师的沟通交流，以研讨、沙龙、观摩等方式进行实践能力的培训，实现培训团队力量的多元化、多结构、多层次。

---

① 朱家雄：《对幼儿园教师问题的再思考》，《教育导刊》2012 年第 1 期。

2. 要建立省、市、县三级幼教培训体系

首先，将本省具有学前教师教育培养能力的高校建成省级学前骨干教师培训基地。利用高水平大学的学科、师资、科研等方面的优势资源为农村地区供给综合素质高的学前教师。其次，将县级教师教育培训中心、信息中心、教研中心建成二级培训基地。通过县级教师培训机构建立与邻近地区高水平师范院校在培训业务或培训研究上的横向联系，同时充分结合县级幼儿园的有利资源，采取城乡挂钩协作的方式。由县城幼儿园园长亲自率骨干教师定期到协作园对教师进行全面的传、帮、带培训。最后，完善乡中心幼儿园，使其成为农村学前教师的三级培训基地。各县为提高各村级教师的业务素质，纷纷办起了乡中心幼儿园或建立乡教师培训中心，使其成为培训村级教师基地，成为村级教师在保育、教育幼儿疑难问题的咨询点、乡示范园，一方面派出骨干教师定时定人对各村幼儿园进行巡回指导、示范教学；另一方面，也随时接受各村级幼儿园教师的求教。

3. 探索灵活多样的培训模式

逐步探索出适合农村实际需要的教学计划和培训内容。依据农村学前教育发展的需要、农村学前教师专业成长的实际需要开设切合实际的培训内容。以满足农村学前教师的实际需求为前提，以更新农村学前教师教育理念为培训目标，以提高教师的教育教学能力为核心，以提升教师素质为宗旨。

农村教育行政部门、学区教研组应采取灵活的方式开展多层次、多形式的培训，既节约经费，又能"现学现用"克服正规培训的单一模式，为农村学前教师在职培训工作开拓出一条新路。在保持传统的定期邀请学前教育的专家进行普及性培训和理念更新的讲座外，可以将幼儿园教师组织成以骨干教师为核心的学习共同体，参加带有学历提升性质的继续教育培训，以解决农村幼儿园教学实际问题为主题的课题研究小组，进行探索式提升。通过多种方式，切实提高农村学前教师的理论素质和专业教学技能，切实提高培训质量与实效。

4. 重视园本培训常规化

园本培训是通过本园的教育教学和教育科研活动来培训幼儿园教师的一种全员继续教育形式。一般情况下，以幼儿园为培训基地，综合教育科研部门、高校、师资培训机构等教育资源的力量，以"实践性"为核心原则，以提高教师教育教学能力为主要目标，以农村学前教育发展的现实情况为出发点，因地制宜地抓好园本培训不失为提高农村学前教师教学科研能力的有效途径。农村幼儿园一定要重视园本培训的作用，通过园本培训帮助教师进行合理的职业规划，让教师明确自身专业成长的方向与重点。目前很多农村幼儿园通过积极探索园本培训，已经初步形成了一套行之有效的，具有农村幼儿园特色的园本培训的方法。但是由于缺乏制度化和系统化的意识，没有得到很好的总结与推广。

园本培训的优势在于立足幼儿园实际，根据每个参与培训的教师的实际情况，不同专业化基础，实事求是地制定培训的内容，灵活地调整培训计划，目的是培养出具有真才实学的优秀农村学前教师。相对于传统的培训，园本培训的实践性、针对性、自主性、经济性等特点，更符合农村学前教师实际发展需要。

5. 继续推动对口教育培训的支援

西北地区农村学前教师资源短缺，不只是西北教育发展自身的事，必须站在全局的高度，从全国学前教育事业发展的视角出发，利用东部地区丰富的资源援助西部学前教师的供给。

西部农村教育行政部门要积极作为，建立多层次、立体式、开放式的农村学前教师培训体系，并且区域内农村学前教师培训的督导检查工作，使培训工作真正落到实处，切实有效地促进农村学前教师专业发展。确保农村学前教师培训的工作思路更加符合农村学前教育发展的实际，更加富有针对性、指导性和实践性，把西部农村学前教师的个人发展与农村学前教育事业整体发展融为一体。以培训为载体，以推动西部农村学前教师发展为重点，为西部对口农村学前教师培训提供支持，进一步提高东西部地区对口省份之间、城乡对口幼儿园之间农村学前师资培训工作的辐射力度和辐射效益。

五　严格准入与优化管理相结合，完善协同供给的管理保障机制

鉴于农村学前教师队伍不稳定、整体素质不高、专任教师缺乏等困境，理顺农村学前教师的管理机制，加强资格证制度，严把农村学前教师入口关，优化人事管理制度，是确保学前教师队伍质量的有效方式。

（一）严格农村学前教师准入制度，确保教师队伍整体素质

完善的教师资格准入制度是确保农村学前教师队伍的重要关口，是提高农村学前教师队伍的整体素质，防止素质低劣人员流入农村学前教师队伍的重要环节。笔者建议，应借鉴国家关于中小学教师的任用制度，建立"省考、市选、县管、园用"的教师录用制度。每年由县市按编制和需求报计划，由省组织笔试，市组织面试，县统一管理，幼儿园聘用，逐步减少中小学转任教师的数量，以保证农村学前教师队伍的素质。

1. 强化学前教师培养机构和资格认定之间的直接联系

教师教育是一种学历教育。从学前教师职前培养的角度来看，应努力建立学校培养和幼儿教师资格之间的直接联系，国家应明确规定，培养机构对教师资格有一定的鉴定权利，也就是说只有完成国家认可的培养机构实施的学前教师的培养课程，才能够获得相应的幼儿教师证书。因此，应该实行专业合格证制度和教师资格证制度两道门槛。具体来讲，专业合格证是他们进入幼儿园工作的资格凭证，用此来证明他们具备从事学前教育所必需的专业技能和专业水平；幼儿教师资格证则是他们取得与幼儿教

师身份相称的资格凭证，证明他们根据学前儿童的身体和心理发展特点来进行科学保教的能力和水平。目前，我国采用的是传统的模式，即师范生不需要通过考试就可以获得教师资格证书的"绿色通道"。从学校职前培养的层面出发，实施专业合格证和教师资格证相结合的制度，应该将学生的职前专业培养与幼儿教师资格认证的获得紧密联系起来，加强幼儿园教师资格的"双重"鉴定。将专业资格证的获得纳入职前的教学和实践考核项目内容之中，目的是确保学生通过在学校的专业学习和实习，完全可以达到国家对合格幼儿园教师的要求，顺利取得幼儿教师资格认定，从源头上保障农村学前教育质量的提高。

2. 建立多元化的学前教师资格认定制度

我国的教师资格证制度是在国家承认的学历条件下设计的，以教师资格与学历的关系来构建教师资格制度。一方面，应确立不同级别的学前教师资格认定制度，与我国本科、专科层次的培养模式相对应。不同级别的幼儿教师资格证的获得有不同层次的学历要求。而且低一级别的教师通过参加严格的幼儿教师考核可以获得高一级的教师资格，既为低级别的教师构建了一个提升资格的平台，又有效促进了教师个体的专业化发展，从而提高了学前教师队伍的整体素质。同时，通过考核可以及时地淘汰那些不合格的幼儿教师，提升教师的整体素质。目前，在我国多层次的师范教育培训模式已经形成。因此，要坚持实行严格教师资格考试制度，并与我国开放型的办学体制紧密结合起来，才能保证农村学前教师供给的合格质量。

另一方面，在严格执行资格认定制度的同时，要采取灵活性的认定方式。除了由师资培养机构直接授予外，国家应设定多元的幼儿教师资格证书获得途径。《教师资格条例》中规定申请教师资格的身份条件是中国公民。因此，应有面向社会人员实行的考试认定，并且面向在职教师实行检验认定等多种方式。如"北京市人事局联合北京市教委于 2004 年 3 月启动了教师资格证机制，即使是非幼教专业毕业的学生只要具备大专学历并有志加盟幼教行业的，都可以通过相关培训并拿到教师资格证书后加入到幼儿教师队伍。"① 率先在我国实行幼儿教师资格证制度。这是幼儿教师队伍建设的必然结果，既体现了幼儿教师资格认定的重要作用，同时也是适应幼儿教师专业成长与终身化学习的要求。

幼儿教师资格证制度，不但可以使幼儿教师在专业领域内树立专业形象。在全社会范围内，形成幼儿教师工作的专业性，从而提升幼儿教师的专业地位，增加幼儿教师职业的吸引力，而且可以拓宽幼儿教师从业来源途径。通过严格控制幼儿教师的准入门槛，达到优化幼儿教师队伍结构和提高教师素质的目的。

（二）规范农村学前教师聘任制度，保障幼儿教师的基本权益

1. 规范农村幼儿园的聘任活动

第一，农村幼儿园的教师聘任过程要符合《劳动法》和《教师法》的基本要求。按《劳动法》第二条第二款规定，"幼儿园属事业单位一类"，因而幼儿教师的聘任要受《劳动法》的保护和规定；《教师法》第十七条规定："教师的聘任应当遵循双方地位平等的原则，由学校和教师签订聘任合同，明确规定双方的权力、义务和责任。"第二，在思想上重视聘任环节，避免受社会上一些传统的聘任就是临时工的误区干扰。第三，在聘任过程中应该坚持双向选择、公平竞争、择优录取以及客观公正的基本准则。第四，幼儿园要从提高保教质量出发，从幼儿身心发展和幼儿教师个体的专业成长的角度全面考虑幼儿教师的聘用问题。幼儿教师的成长一般呈现出一定的规律性，一位新任幼儿教师从入职到胜任工作一般要 3—5 年的时间，从单独承担工作到尝试创新，出科研成果则需要更长的时间。由此可见，幼儿教师的聘任要从幼儿教师专业成长的规律出发，尽可能地保持幼儿教师队伍

---

① 《幼教地位提高需求未减》，《新京报》，http://www.sina.com.cn 2004 - 9 - 8。

的总体稳定性，能续聘的尽量续聘，能签订长期合同的就不要签订短期合同。加强聘任工作的人文关怀，采用"安定雇佣"方式使幼儿教师吃颗"定心丸"。因为，频繁地换工作单位既不利于幼儿教师形成对幼儿园的归属感、对幼儿爱心的培养，也不利于教师个体对职业本身的定位。

2. 完善农村学前教师考评制度

幼儿教师考评的结果是受聘的重要依据，是影响工资待遇的重要因素。所以，考评制度的完善是幼儿教师聘任制度中必不可少的重要内容。我国当前的教师考核评价制度仍是一种带有奖惩性质的、自上而下的、管理型的终结性的评价制度。在广大农村地区，由于受经济条件的限制，一些奖励措施也往往不能兑现。因此，教育主管部门和幼儿园要结合幼儿教师劳动的特点，制定完善的考评指标体系和具体办法，要建立一种不依靠外在奖惩措施约束，而真正能促进教师专业发展的教师考核评价制度，有效发挥教师团队和幼儿家长的监督评估作用、增强考评的公正性、公开性和公平性。

3. 规范农村民办园师资的管理

农村民办幼儿教师可以说是幼儿教师这一弱势群体中更弱势的群体。当前，随着我国多元化的办园格局已经形成，民办园成为我国农村地区办园体制中的主要模式。农村民办幼儿园教师队伍的规模逐渐壮大，成为我国农村学前教师队伍的重要力量。因此，尽快提高农村民办幼儿园教师的社会地位，加强落实有关民办园教师待遇的规定。同时，对于农村民办园教师队伍的管理也不容忽视，强化其人事管理对于稳定农村学前教师队伍有着重要的意义。当然，由于经济实力和教育传统不同，各地可因地制宜采取有效措施。如河北、江苏、天津等省市，由主办单位或幼儿园、幼儿教师个人按比例完成商业养老保险，这也是一种可行的保障农村幼儿教师基本权益的办法。

首先，县级教育行政部门要逐步规范民办幼儿园的人事管理，对师资质量、用工办法等进行监督。民办幼儿园的师资可依据幼儿师资的准入条件自主管理。按照办园主体的要求，由县级人才服务中心为幼儿园提供师资招聘渠道和派遣服务。其次，建立公办和民办幼儿园职称互认制度。在公办幼儿园和民办幼儿园中建立统一的职称晋升制度，由幼儿园组织实施，为幼儿教师在所有幼儿园中流动创造条件，使农村民办幼儿教师队伍更加具有活力。再次，提高民办幼儿园审批的准入门槛。在民办幼儿园申请开办之时，雄厚的经济基础、合理合法的聘任制度和继续教育制度应列为必备条件，以防止财力不足、教师人事制度不健全的幼儿园，在开张后从幼儿教师身上"节约"，侵犯幼儿教师的基本权益。最后，将民办幼儿教师的权益维护状况纳入幼儿园的年度审查和评级的条件中，将幼儿教师的生存与发展状况同幼儿园的命运联系起来，以引起农村民办幼儿园的举办者和管理者的重视。

（三）健全管理人员配置，落实供给的管理责任

幼儿教师的任何权益的实现都要依靠一定的组织来完成。因此，健全农村学前教师的管理组织，是各项权益能够得到有效保障的基本前提。要想让农村学前教师的管理机构真正发挥作用，落实管理责任，各地必须结合本地区学前教育事业的实际情况，紧密结合区域内学前教师队伍的规模与发展需求设置专职学前教育管理人员，加强幼儿教育的基层管理组织机构和管理人员的配置。在有条件的地方恢复学前教育的专设管理机构。幼儿教育要坚持"能保不兼，能兼不放"的管理原则，即能够保住现有的幼儿教育管理机构和人员，就不让其他的教育管理机构兼管，能让其他教育行政机构和人员兼管的就不放手让非教育行政部门主管，但这不排除社会各界的协作。在教育部门的主管和协调下，要注意发挥幼儿教师工会和教职工代表大会的作用；加强幼儿家长和社会人士对幼儿园人事管理的监督作用；培育和利用幼儿教育专业的民间组织，实现对幼

儿教师的专业指导和反映幼儿教师的心声。

综上所述，农村学前教师协同供给机制是在国家大力普及农村学前教育的时代大背景下，在我国教师教育改革的大环境下，结合我国目前供给的协同程度不高，各个供给主体间缺乏合作影响了供给效率的现实基础上提出来的。农村学前教师协同供给机制是将农村学前教师个人的发展、农村学前教育的发展和我国学前教育事业的整体发展融为一个有机整体。从长远和整体出发，各个要素统一协调在供给过程中，实现合理有效的供给。从结构上，构建政府、教育行政部门、学前教师教育机构、农村幼儿园、农村学前教师个人协同供给的农村学前教师供给的新机制；从内涵上，以农村学前教育发展需求为核心，以政府主导为前提，以学前教师教育机构资源为支撑，教育行政部门积极配合，实现农村学前教师供给的速度、数量、质量、管理的有机统一。

本章小结

本章是本书的重点，也是研究的最终落脚点，完善农村学前教师供给的机制是本书的主要研究目的。在综合分析了影响农村学前教师供给主要因素的基础上，有针对性地提出农村学前教师供给机制的完善策略。笔者认为，应从以下几个方面进行。

第一，规划引领与制度推进相结合，完善协同供给的责任保障机制。首先，明确政府的主导供给地位，确定农村学前教师优先供给的战略地位；其次，通过全面的统筹与规划，实施项目带动方案；最后，地方政府要主动承担区域内学前教师供给的责任，积极作为，有效促进协同供给。

第二，规约政策与倾斜政策相结合，完善协同供给的政策保障机制。一方面，加强农村学前教师的身份政策、完善其待遇保障等规约性政策；另一方面，通过修订农村学前教师编制标准，建立农村学前教师特殊津贴制度等方式加大农村学前教师供给的倾斜力度。

第三，内部培养与外部支援相结合，完善协同供给的数量保障机制。一方面，在农村学前教师培养方式上尝试建立多层次的学前师范生免费教育；另一方面，借鉴农村特岗教师计划在农村中小学教师供给中的成功经验，从国家层面将农村学前教师供给全面纳入特岗教师计划。

第四，提升学历与强化培训相结合，完善协同供给的质量保障机制，利用高等院校的资源优势和建立多层次的农村学前教师培训体系，保证农村学前教师供给的质量。

第五，严格准入与优化管理相结合，完善协同供给的管理保障机制。一方面，严格资格准入制度，提高农村学前教师供给的整体素质；另一方面，健全管理人员配置，保障师资供给过程中管理的有效性。

从结构上，构建政府、教育行政部门、学前教师教育机构、农村幼儿园、农村学前教师个人协同供给的农村学前教师供给的新机制；从内涵上，以农村学前教育发展需求为核心，以政府主导为前提，以学前教师教育机构资源为支撑，教育行政部门积极配合，实现农村学前教师供给的速度、数量、质量与管理的有机统一。

结　　语

　　《规划纲要》第三章明确提出重点发展农村学前教育。自从《规划纲要》实施以来，全国各地在农村学前教育的发展中投入不少的人力、物力、财力。尤其是"十二五"期间，国家为促进中西部农村学前教育的发展，下达专项资金550亿元，这一举措史无前例，在国家重大项目的推动下，学前教育的改革取得了历史性的成就。全国在园幼儿总数增加了918万人，比过去十年的增量总和还多，学前三年毛入园率达67.5%。在第一期三年行动计划中，国家改建、扩建了大量的幼儿园，全国公办园增加1.7万所。但是，在农村地区很多幼儿园因为师资数量不足，整体素质不高，导致幼儿园并没有运转起来，使得国家一期投入的资金没有得到很好的利用。因此，为了巩固第一期学前教育三年行动计划的成果，国家在2015年1月发布的《第二期学前教育三年行动计划》中，将扩大资源补充农村地区的师资作为工作的重点。

　　在国家政策的影响下，我国的农村学前教育发生了翻天覆地的变化，一下从社会的"弃儿"变成了社会的"宠儿"。虽然，农村学前教育受到了越来越多的重视，但是农村学前教师这一群体的生存状况并没有得到实际的改善。

　　在国家大力普及农村学前教育的背景下，面对农村学前教师数量不足、质量不高的严重现实问题，必须进入农村幼儿园现场，走进农村学前教师队伍当中，才能真正地发现问题、分析问题、解决问题。

一　研究主要结论

本书以教育公平理论、人力资本理论和协同理论为理论基础，通过对宁夏地区农村学前教师的供给现状调查，剖析隐藏在现状背后的影响农村学前教师供给的深层次原因，为进一步完善我国农村学前教师供给机制寻找合理有效的途径。归纳起来，主要有以下几点。

第一，数量充足、质量合格的农村学前教师队伍供给是我国农村学前教育发展的保障。《规划纲要》将农村学前教育的发展列为重点，农村学前教育的普及目标对我国农村学前教师供给数量提出了新要求，农村学前教育质量的提高为我国农村学前教师供给的质量提出了新标准。西北地区农村学前教师的供给不但有巨大的数量缺口，质量也不容乐观。加大农村学前教师供给机制的研究对突破农村学前教育发展的体制性障碍有重大现实意义。

第二，宁夏农村学前教师供给总量不足，培养层次偏低。宁夏农村学前教师供给数量逐年递增。从 2005 年到 2014 年，宁夏在农村学前教师的供给方面做出了不懈的努力，农村幼儿园教师从 2005 年的 108 名增长到 1197 名，增长了 10 倍，但是其增长速度仍然赶不上在园幼儿的增长速度，因此，还存在巨大的数量缺口。据调查，截至 2014 年年底，宁夏全区学前教师缺口数量为 9615 名，其中农村地区为 1366 名，这其中 89.5% 为专任教师。另外，由于培养层次定位低，导致农村幼儿园整体学历水平偏低、素质不高。工资待遇低、缺编现象严重、培养层次低、制度供给不足等也是宁夏农村学前教师供给的主要困境。

第三，影响农村学前教师供给的因素是多方面的。生态环境恶劣、传统观念束缚、政策保障不足、培养机构短缺、管理体制不顺是影响农村学前教师供给的主要因素。

第四，农村学前教师供给需要以政府主导为前提，以满足农村学前教育发展需要为核心，以学前教师教育机构为资源支撑，加强基层政府、教育行政部门、农村幼儿园、农村学前教师个体在整个农村学前教师供给过程中的协同配合关系。农村学前教师协同供给机制是将农村学前教师发展、农村学前教育事业发展融为一个有机整体，形成互惠共生的稳定结构。将规约性政策和倾斜性政策相结合，改善协同供给的政策保障，内部培养与外部支援相结合，完善数量保障；提升学历与强化培训相结合，完善质量保障；严格准入与优化管理相结合，完善管理保障。各个供给主体之间加强合作，取得突破，实现农村学前教师的合理有效供给。

二　可能的创新之处

本书是笔者首次深入、系统地对一个问题进行研究，力图在内容、视角上有一些创新，目前，可能的创新之处在于：

1. 从研究内容来讲，论文以农村学前师资供给状况为研究内容，是教育资源配置相关研究在学前教育领域内的拓展与充实。目前国内关于农村学前教师的研究，大多集中在义务教育阶段的师资供给，对于农村学前教育资源配置，尤其是师资数量严重短缺且农村学前教师学历水平普遍较低的农村学前教育的相关研究，尚不多见。本书是在以往研究的基础上，将研究内容集中在农村学前师资领域，是解决提高农村学前教育质量问题的又一突破口。

2. 从研究方法来讲，以往的农村师资配置、供给的相关研究都倾向于理论研究，本书采用实证的方法，以宁夏农村为样本，利用实证调查获得关于农村学前教师供给的第一手资料，对其进行深入、细致的剖析，因此，较以往的研究更为客观、真实、可靠。

3. 从研究视角来讲，本书将宁夏作为一个独立的样本，从供给机制的角度，对宁夏农村学前教师的情况做全面、系统的分析，为进一步探讨农村教师供给机制的生成以及构建提供实证的支撑。

4. 从样本的选择来看，宁夏作为一个少数民族聚集区，又是西北地区发展较弱的地区，因此，宁夏在农村学前教师供给方面所反映出来的问题比较有代表意义，对宁夏地区的学前教师进行研究，能够反映出目前存在于我国农村地区以及弱势地区的困惑与障碍，对于解决我国普及与提高农村学前教育中存在的其他问题有一定的借鉴意义。

三　研究展望

西北农村地区学前教育的研究，是笔者长期以来的研究兴趣所在，作为一个土生土长的西北地区学前教育研究者，对农村学前教师有着特殊的情感。

西北农村地区地理位置偏僻、生态环境脆弱、传统观念束缚严重、少数民族集聚，这些因素交互作用，使得教育发展中的很多问题，解决起来困难重重。同样的问题，也许在其他地方投入经费就可以有效解决，但在西北农村地区，却未必能取得很好的效果。在一次次接触农村学前教师的过程中有感动、有敬佩、有同情，也有遗憾。

针对农村学前教师供给问题的研究并没有结束，通过这次研究，发现了不少需要进一步深入的问题：

第一，农村学前教师的政策保障问题。在调研中，发现政策保障不足，尤其是在编制标准、资格准入制度等方面严重落后，不符合现有农村教师发展的专业需求。在本书第五章对策建议中提到了相关的思考，但如何更进一步为政策的制定提供可行的依据，是后续需要深入研究的问题。

第二，农村学前教师的培养培训问题。农村学前教师供给质量不高的问题，主要是培养层次定位太低，透视出我国农村学前教师的培养体系中的问题。因此，深入寻找学前教师教育体系中存在的问题，尤其是其中体制性的障碍问题，也是本书后续要努力的方向。

参考文献

一 英文类

[1] Hurwicz, L., Optimality and informational efficiency in resource allocationprocesses, in Amow, Kaalin and Suppes (Eds.), *Mathematical methods in the social sciences*, Stanford, CA: Stanford University Press, 1960.

[2] Hurwicz, L. (Eds.), On informationally decentralized systems, in Radner and McGuire, *Decision and organization. Amster-dam: Elsevier Science*, 1972.

[3] Hurwicz L., The design of mechanisms for resource allocation, *American Economic Review*, 1973.

[4] Myerson R. B., Incentive compatibility and the bargaining problem, *Econometric*, 1979.

[5] Eric Maskin, Nash Equilibrium and Welfare Optimality, *The Review of Economic Studies*, Vol. 66, No. 1, Special Issue: Contacts. (Jan.), 1999.

[6] McAfee, R. P. and J. McMillan, Multi-dimensional Incentive Compatibility and Mechanism Design, *Journal of Economic Theo-*

ry, 1988, Vol. 46.

[7] Myerson, R. B., Mechanism design by an informed principal, *Econometric 51*, 1983. 1767 – 97.

二 著作类

[1] 储朝晖:《中国幼儿教育忧思与行动》,南京师范大学出版社 2008 年版。

[2] 陈狄先、纪芝信:《中国农村教育体制改革研究》,人民教育出版社 1998 年版。

[3] 丁钢:《中国教育:研究与评论》(第 8 辑),教育科学出版社 2005 年版。

[4] 范先佐:《教育经济学新编》,人民教育出版社 2010 年版。

[5] 范先佐:《中国中西部地区农村中小学合理布局结构研究》,中国社会科学出版社 2009 年版。

[6] 贺武华:《浙江基础教育公平问题研究》,浙江大学出版社 2009 年版。

[7] 黄林芳:《教育发展机制论》,上海财经大学出版社 2006 年版。

[8] 侯莉敏、吴慧源:《行动与支持——西部地区农村幼儿园教师专业发展支持性环境研究》,广西美术出版社 2015 年版。

[9] 靳希斌:《教师教育模式研究》,北京师范大学出版社 2009 年版。

[10] 靳希斌:《教育经济学》,人民教育出版社 2009 年版。

[11] 劳凯声:《中国教育改革 30 年》(政策与法律卷),北京师范大学出版社 2009 年版。

[12] 雷万鹏:《中国农村教育焦点问题的实证研究》,华中科技大学出版社 2007 年版。

[13] 李进:《教师教育概论》,北京大学出版社 2009 年版。

[14] 李少元：《农村教育论》，江苏教育出版社 2000 年版。

[15] 李晓燕：《我国教师的权利与义务及其实现保障机制研究》，广东教育出版社 2001 年版。

[16] 李艳、李双名：《农村义务教育制度选择论》，北京师范大学出版社 2009 年版。

[17] 联合国教科文组织：《教育——财富蕴藏其中》，教育科学出版社 1996 年版。

[18] 刘欣：《基础教育政策与公平问题研究》，华中师范大学出版社 2008 年版。

[19] 刘存刚：《学前比较教育》，科学出版社 2007 年版。

[20] 廖其发：《中国农村教育问题研究》，四川教育出版社 2006 年版。

[21] 梅新林：《中国教师教育 30 年》，中国社会科学出版社 2008 年版。

[22] 庞丽娟：《中国教育改革 30 年》（学前教育卷），北京师范大学出版集团 2009 年版。

[23] 秦玉友：《农村教育体系调整研究》，东北师范大学出版社 2008 年版。

[24] 司晓宏：《教育管理学论纲》，高等教育出版社 2009 年版。

[25] 司晓宏：《面向现实的教育关怀》，安徽教育出版社 2008 年版。

[26] 司晓宏：《义务教育均衡发展论纲——以西部农村为研究对象》，人民教育出版社 2013 年版。

[27] 沈亚芳、谢童伟、张锦华：《中国农村的教育贫困与教育补偿机制研究》，上海财经大学出版社 2011 年版。

[28] 石绍宾：《城乡基础教育均等化供给研究》，经济科学出版社 2008 年版。

[29] 唐松林：《中国农村教师发展研究》，浙江大学出版社 2005 年版。

［30］童福勇：《七环培训法与农村教师专业素质提升》，浙江大学出版社 2011 年版。

［31］汪希成：《西部地区农村公共产品投入保障机制研究》，中国农业出版社 2008 年版。

［32］王炳照、施克灿：《中国教育改革 30 年》（基础教育卷），北京师范大学出版社 2009 年版。

［33］王嘉毅、吕国光：《西北少数民族基础教育发展现状与对策研究》，民族出版社 2006 年版。

［34］王嘉毅：《多维视角中的农村教师》，北京师范大学出版社 2011 年版。

［35］吴德刚：《西部教育》，中共中央党校出版社 2001 年版。

［36］伍琼华、马丽娟：《基础教育阶段：云南民族教育的发展变迁》，中国社会科学出版社 2012 年版。

［37］邬志辉：《中国农村教育发展报告 2011》，北京师范大学出版集团 2012 年版。

［38］邬志辉：《中国农村教育发展报告 2012》，北京师范大学出版集团 2012 年版。

［39］雅克·哈拉克：《投资于未来——确定发展中国家教育重点》，教育科学出版社 1993 年版。

［40］杨东平：《中国教育公平的理想与现实》，北京大学出版社 2006 年版。

［41］杨军：《西北少数民族地区基础教育均衡发展研究》，民族出版社 2006 年版。

［42］周洪宇：《教育公平论》，人民教育出版社 2010 年版。

［43］周洪宇：《教师教育论》，北京师范大学出版社 2010 年版。

［44］周险峰：《农村教师研究 30 年：回顾与反思》，华中科技大学出版社 2011 年版。

［45］朱旭东：《中国教育改革 30 年》（教师教育卷），北京师范

大学出版社 2009 年版。

[46] 中国学前教育发展战略研究课题组：《中国学前教育发展战略研究》，教育科学出版社 2010 年版。

三 硕博论文类

[1] 陈允波：《农村教师供给政策比较研究》，广西师范大学硕士学位论文，2011 年。

[2] 冯大鸣：《处境变迁与文化回应——西部农村教师专业发展研究》，华东师范大学博士学位论文，2008 年。

[3] 洪明：《美国教师质量保障体系演进研究》，福建师范大学博士学位论文，2008 年。

[4] 时丽：《当前我国幼教师资培养存在的问题及对策——以中等幼儿师范改革为例》，山东师范大学硕士学位论文，2005 年。

[5] 石长林：《中国教师政策研究——基于教育政策内容的视角》，华中师范大学博士学位论文，2005 年。

[6] 唐松林：《农村中小学教师队伍研究》，华东师范大学博士学位论文，2004 年。

[7] 王大伟：《农村公共产品协同供给机制研究》，哈尔滨工业大学博士学位论文，2009 年。

[8] 王怀兴：《中国农村基础教育政策研究——基于人力资本投资的视角》，吉林大学博士学位论文，2009 年。

[9] 韦小明：《论我国学前教育师资培养层次的提升》，南京师范大学硕士学位论文，2002 年。

[10] 徐红川：《统筹城乡背景下农村学前师资队伍存在的问题与对策研究》，西南师范大学硕士学位论文，2009 年。

[11] 杨丹丹：《黑龙江省农村小学师资问题与对策个案研究》，东北师范大学硕士学位论文，2007 年。

[12] 杨柳：《我国中小学教师教育政策变迁研究》，湖南师范大

学硕士学位论文，2007 年。

[13] 赵鼎洲：《"特岗教师政策"在西北民族地区实施的现状研究——以临夏自治州积石山县为个案》，西北师范大学硕士学位论文，2012 年。

[14] 张晖：《教育公平理论以及在我国的实践》，山东大学硕士学位论文，2006 年。

[15] 张宇：《美国联邦政府干预学前教育的历史演进研究》，东北师范大学博士学位论文，2010 年。

四 期刊论文类

[1] 蔡迎旗、冯晓霞：《论我国幼儿教育政策的公平区相继实现》，《教育与经济》2004 年第 2 期。

[2] 曹如军、叶泽滨：《我国新时期的农村教师政策评析》，《教学与管理》2007 年第 19 期。

[3] 陈坚、陈阳：《我国城乡教师流动失衡的制度分析》，《教育发展研究》2008 年第 1 期。

[4] 陈克现：《我国农村教师薪酬体系激励功能的缺失与对策》，《现代中小学教育》2009 年第 6 期。

[5] 陈鹏：《义务教育教师均衡配置的法理探源与法律重构》，《陕西师范大学学报》（哲学社会科学版）2010 年第 1 期。

[6] 陈小红：《论基础教育阶段教育资源的均衡配置》，《教育科学》2003 年第 1 期。

[7] 程雁雪、廖伟伟：《教师权利义务体系的重构——以教师法律地位为视角》，《国家教育行政学院学报》2006 年第 6 期。

[8] 邓涛、孔凡琴：《关于推进基础教育师资配置均衡化的思考——吉林省城乡师资差异和教师流动意愿的调查分析》，《中国教育学刊》2007 年第 9 期。

[9] 邓旭：《我国教师政策执行问题及路径选择》，《辽宁教育研

究》2007 年第 7 期。

[10] 杜萍：《农村教师的生活世界：教师问题研究的新视野》，《当代教育科学》2006 年第 11 期。

[11] 范莉莉：《建立"弱势补偿机制"是解决教师流失问题的有效策略》，《江西教育科研》2005 年第 8 期。

[12] 范先佐：《教育资源配置：政府应起基础性作用》，《河北师范大学学报》（教育科学版）2006 年第 6 期。

[13] 方均军：《政府辅助幼儿教育责无旁贷》，《幼儿教育》（教育科学版）2006 年第 4 期。

[14] 方蓉：《论协同理论在教育领域中的移植》，《黑龙江教育学院学报》2010 年第 2 期。

[15] 冯建军：《制度化教育中的公正：难为与能为》，《教育科学研究》2007 年第 2 期。

[16] 何亚娟：《中国区域教育公平问题研究》，《中国建设教育》2008 年第 6 期。

[17] 郝文武：《论城镇化进程中的农村学校布局问题》，《教育研究》2011 年第 3 期。

[18] 洪浩：《农村教师流失控制策略的一个新视角》，《中国民族教育》2006 年第 6 期。

[19] 顾明远：《学习和解读〈国家中长期教育改革和发展规划纲要〉（2010—2020）》，《高等教育研究》2010 年第 7 期。

[20] 郭睿、廖德文：《农村税费改革后义务教育经费投入面临的问题》，《教育发展研究》2003 年第 8 期。

[21] 江涛：《舒尔茨人力资本理论的核心思想及其启示》，《扬州大学学报》（人文社会科学版）2008 年第 12 期。

[22] 李方强：《教育公平视野下的城乡教师流动机制的构建》，《天津师范大学学报》（基础教育版）2006 年第 1 期。

[23] 李慧、蔡旻君：《教师教育改革视野下的学前师资培养》，

《四川教育学院学报》2007 年第 11 期。

［24］李瑾瑜：《西部农村小学女教师的生存与发展状态——基于 60 名农村小学女教师的调查与思考》，《中国教师》2007 年第 8 期。

［25］李宁玉：《论农村幼儿教师的社会流动——对 S 县教师的抽样调查与分析》，《早期教育》（教师版）1985 年第 12 期。

［26］李少梅：《陕西省幼儿教师资源配置的现状与存在问题分析及解决对策》，《学前教育研究》2011 年第 6 期。

［27］栗洪武：《论社会学视野中的教师职业地位问题》，《陕西师范大学学报》（哲学社会科学版）2002 年第 3 期。

［28］刘芳铭：《农村幼儿教师继续教育及其模式建构》，《现代教育科学》2012 年第 1 期。

［29］楼世洲、李世安：《构建城乡中小学教师定期流动机制的政策研究》，《教育发展研究》2007 年第 19 期。

［30］庞丽娟、夏靖、沙莉：《立法促进高素质幼儿教师队伍建设：台湾地区的经验及其启示》，《教师教育研究》2009 年第 4 期。

［31］冉亚辉：《农村基础教育教师生存状态分析》，《基础教育研究》2009 年第 13 期。

［32］司晓宏：《优化教育资源配置，促进西部农村义务教育优质发展》，《教育研究》2009 年第 6 期。

［33］司晓宏、杨令平：《我国当前西部地区农村义务教育形势分析》，《教育研究》2010 年第 8 期。

［34］谌启标：《英国教师供给危机及其质量保证》，《外国教育研究》2003 年第 1 期。

［35］沈小波、徐延辉：《不同发展视角下教育对缓解贫困的意义》，《财经科学》2008 年第 9 期。

［36］王芳、刘昊：《美国州立学前教育项目：发展现状及面临的挑战》，《外国教育研究》2012 年第 3 期。

［37］王蕾：《挪威学前师资教育中的宗教、价值观与伦理课程》，

《幼儿教育》（教育科学版）2010 年第 4 期。

[38] 王蕾：《学前师资教育在挪威》，《幼儿教育》（教育科学版）2010 年第 7—8 期。

[39] 王继平：《合理调整我国政策价值取向初探》，《教师教育研究》2005 年第 6 期。

[40] 王鉴：《实然与应然：农村教师生存状态研究》，《当代教师教育》2008 年第 6 期。

[41] 王鹏炜、司晓宏：《城乡教育一体化进程中的教师资源配置研究——以陕西省为例》，《陕西师范大学学报》（哲学社会科学版）2011 年第 1 期。

[42] 汪垂、周洪宇：《关于学前教育立法的思考》，《教育探索》2013 年第 2 期。

[43] 王治芳：《新时期农村教师教育发展策略构建》，《中国成人教育》2009 年第 23 期。

[44] 吴明香：《协同视域下的城乡公共服务均等化》，《湖南医科大学学报》（社会科学版）第 11 卷。

[45] 谢安邦：《教师教育一体化改革的理论探讨》，《高等师范教育研究》1997 年第 5 期。

[46] 熊灿灿、张芬：《明确思路，强化责任，努力实现学前教育跨越式发展——宁夏回族自治区政府促进学前教育事业发展的政策举措分析》，《学前教育研究》2010 年第 8 期。

[47] 杨东平：《对建国以来我国教育公平问题的回顾和反思》，《北京理工大学学报》（社会科学版）2000 年第 11 期。

[48] 杨令平、司晓宏：《完善西部农村教师保障机制的思考》，《陕西师范大学学报》（哲学社会科学版）2011 年第 5 期。

[49] 杨秀玉：《教师发展阶段论综述》，《外国教育研究》1999 年第 6 期。

[50] 余峰、郭刚奇：《运用薪酬激励改善农村师资供给》，《华中

农业大学学报》（社会科学版）2007 年第 3 期。

[51] 虞永平：《试论政府在幼儿教育发展中的作用》，《学前教育研究》2007 年第 1 期。

[52] 于冬青、梁红梅：《中国农村幼教师资存在的主要问题及发展对策》，《学前教育研究》2008 年第 2 期。

[53] 袁冬梅、刘子兰、刘建江：《农村教师社会保障的缺失与完善》，《教育与经济》2007 年第 2 期。

[54] 曾国：《我国学前教育法规与政策的缺失和对策研究》，《教育探索》2005 年第 2 期。

[55] 朱宗顺：《寻找教育公平的起点——从"重视学前教育"开始》，《当代社科视野》2008 年第 1 期。

[56] 赵世超、司晓宏：《关于在西部地区建立教师特殊津贴制度的思考与建议》，《教育研究》2002 年第 5 期。

[57] 张利萍：《中英学前教育师资培养体系的比较分析及启示》，《安徽广播电视大学学报》2012 年第 3 期。

[58] 张玉林：《新世纪的农村教育危机》，《中国改革》（农村版）2004 年第 5 期。

[59] 郑名：《落实幼儿教育政策促进幼儿教育发展——西北地区幼儿教育执行的障碍分析与政策建议》，《教育导刊》2006 年第 2 期。

[60] 周向萍、骆华松：《对贫困地区农村教师配置现状及其激励机制构建的思考》，《湖南第一师范学院学报》2009 年第 5 期。

[61] 朱家雄、王铮：《从教育人类学视角看学前教育的政策走向和政策制定》，《幼儿教育》（教育科学版）2006 年第 1 期。

[62] 朱艳静、易守宽：《关于完善我国农村教师社会保障的思考》，《云南财经大学学报》（社会科学版）2009 年第 3 期。

[63] 朱爱国、胡小英：《老化：农村教师队伍的无奈》，《中国教育报》2004 年 3 月 19 日。

附　录

附件一　有关幼儿园教师相关文件及内容

时间	文件名	有关幼儿园教师队伍建设的内容
2015 年	幼儿园园长专业标准	了解教师专业发展的需求，鼓励支持教师参加在职能力提升培训，为教师创造并提供专业发展的条件和环境；建立健全教师专业发展激励和评价制度，构建教研训一体的机制，落实每位教师五年一周期不少于 360 学时的培训要求
2014 年	第二期学前教育行动计划（2014—2016 年）	通过多种方式补足配齐各类幼儿园教职工，有条件的地方出台公办幼儿园教职工编制标准。完善幼儿园教师工资待遇保障机制，落实国家规定的工资待遇，逐步实现同工同酬；各省制定幼儿园教师培养规划，扩大培养规模。鼓励地方建立完善学前教育师范生免费教育制度，为农村幼儿园培养一批专科层次教师。建立不同层次和需求的培训体系
2012 年	国务院关于加强教师队伍建设的意见（国发〔2012〕41 号）	幼儿园教师队伍建设要以补足配齐为重点，切实加强幼儿园教师培养培训，严格实施幼儿园教师资格制度，依法落实幼儿园教师地位
2012 年	幼儿园教师专业标准（试行）〔2012〕1 号	基本理念：师德为先，幼儿为本，能力为重，终身学习
2010 年	国务院关于当前发展学前教育的若干意见〔2010〕41 号	加快建设一支师德高尚、热爱儿童、业务精良、结构合理的幼儿教师队伍。各地根据国家要求，结合本地实际，合理确定师幼比，核定公办幼儿园教职工编制，逐步配齐幼儿园职工

时间	文件名	有关幼儿园教师队伍建设的内容
2010 年	国家中长期教育改革和发展规划纲要（2010—2020 年）	严格执行幼儿教师资格标准，切实加强幼儿教师培养培训，提高幼儿教师队伍整体素质，依法落实幼儿教师地位和待遇
2009 年	关于中等职业学校、普通高中、幼儿园岗位设置管理的指导意见	幼儿园教师岗位占幼儿园岗位总量的比例一般不低于88%，其他岗位原则上不超过12%； 幼儿园教师岗位等级划分，参照普通小学岗位等级设置的规定执行； 幼儿园使用小学教师岗位名称。小学高级教师一级岗位、小学高级教师二级岗位、小学高级教师三级岗位，分别对应八至十级专业技术岗位；小学一级教师一级岗位、小学一级教师二级岗位，分别对应十一级、十二级专业技术岗位；小学二级教师、小学三级教师岗位，对应十三级专业技术岗位
2006 年	国家教育事业发展"十一五"规划纲要	以加强教师队伍建设为关键； 加强和改进教师教育，强化教师培训，提高师资特别是农村师资水平
2003 年	关于幼儿教育改革与发展的指导意见	加强师资队伍建设，努力提高幼儿教师素质； 认真执行《中华人民共和国教师法》，幼儿教师享受与中小学教师同等的地位和待遇； 依法保障幼儿教师在进修培训、评选先进、专业技术职务评聘、工资、社会保险等方面的合法权益，稳定幼儿教师队伍
2001 年	国务院关于基础教育改革与发展的决定	建设一支高素质的教师队伍是扎实推进素质教育的关键； 完善以现有师范院校为主体、其他高等学校共同参与、培养培训相衔接的开放的教师教育体系
1999 年	中共中央国务院关于深化教育改革全面推进素质教育的决定	建立优化教师队伍的有效机制，提高教师队伍的整体素质； 全面实施教师资格制度，开展面向社会认定教师资格工作，拓宽教师来源渠道，引入竞争机制，完善教师职务聘任制，提高教育质量和办学效益
1998 年	面向 21 世纪教育振兴行动计划	实施"跨世纪园丁工程"，大力提高教师队伍素质； 大力提高教师队伍的整体素质，特别要加强师德建设； 重点加强中小学骨干教师队伍建设； 实行教师聘任制和全员聘用制，加强考核，竞争上岗，优化教师队伍； 拓宽教师来源渠道，向社会招聘具有教师资格证的非师范类高等学校优秀毕业生到中小学任教，改善教师队伍结构
1997 年	全国幼儿教育事业"九五"发展目标实施意见	农村幼儿园教师参加小学教师职务评聘，对成绩显著者要及时宣传、表彰

续表

时间	文件名	有关幼儿园教师队伍建设的内容
1996 年	关于正式实施幼儿园工作规程的通知	切实加强幼儿教师队伍的建设； 建设一支素质优良、相对稳定的幼儿教师队伍是幼儿教师事业的关键；各省（自治区、直辖市）教育行政部门应制定和完善幼教师资队伍的培养和培训规划，使之与当地幼儿教育事业发展相适应
1988 年	关于加强幼儿教育工作意见的通知	发展幼儿教育事业要从培养和提高师资入手； 必须积极发展幼儿师范教育，同时抓紧在职教师的培训工作，以保证幼儿教育事业的发展对师资的要求
1983 年	关于发展农村幼儿教育的几点意见	建立一支稳定、合格的幼儿教师队伍

附件二　宁夏关于学前教育的相关文件及内容

时间	文件名	关于学前教师的相关内容
2015 年10 月 19 日	宁夏回族自治区政府购买学前教育服务工作实施方案（修订）	补贴教师工资或社会保险。主要目的是解决民办园由于教师工资低，举办者不能按要求为教师缴纳社会保险，造成民办园教师流动性大，质量无法保证等问题。通过政府为教师补贴工资或缴纳保险等形式，帮助民办园为教师缴纳社会保险，提高教师工资待遇，稳定师资队伍。具体支付方式为，教育行政部门根据幼儿园为教师缴纳保险的凭证将补助资金拨付幼儿园或给予工资补助
2015 年3 月 5 日	《宁夏惠普性民办园评定标准》（修订）〔2015〕36 号	每班均配备教师 2 人，保育员 1 人；教师学历达标率100%，专业合格率 60% 以上，非专业教师参加县级及以上教育行政部门组织的岗前培训，培训时间累计达到 120 学时以上；园长有从事幼教工作 3 年以上经历，学历合格，有园长资格证；医务人员具有中等卫生学校毕业学历或取得卫生行政部门专业许可，接受过儿童卫生保健培训；保育员具有高中及以上文化程度，并接受过幼儿保育知识培训
2015 年2 月 8 日	宁夏改善农村教学点办学条件提高教育教学质量的意见〔2015〕25 号	建立教学点教师补充机制，在核定各地教师编制时对农村地区教师配备给予一定倾斜；建立完小与教学点教师教龄制度；建立健全教学点教师补贴制度；建立健全教学点培训机制

时间	文件名	关于学前教师的相关内容
2014年 9月1日	宁夏回族自治区农村幼儿园办园基本标准	园长应具备国家规定的幼儿师范学校、职业学校幼教专业及其以上学历，从事幼教工作三年以上或参加过县级以上幼教专业培训，能履行国家规定的园长职责，有一定的组织管理能力，取得园长岗位培训合格证书。 教师应具备幼儿师范学校、职业学校幼教专业及以上学历或高中毕业并接受过县级以上幼教专业岗前培训，能履行国家规定的教师职责
2012年 10月1日	宁夏回族自治区教师资格制度实施细则	申请认定幼儿园教师资格者，应当具备幼儿（中等）师范学校（含中等职业学校幼师班）毕业及其以上学历，其他中等专业学校毕业不能视为认定幼儿园教师资格的合格学历
2011年 5月17日	《宁夏回族自治区学前教育三年行动计划》（2011—2013年）（宁政办发〔2011〕86号）	增加学前教师4500名，加大培养力度，拓宽学前教师来源渠道，进一步扩大宁夏大学、宁夏师范学院等高等学校学前教育专业招生规模，办好宁夏幼儿师范学院，办好初中起点五年制专科学历学前教师培养模式，加大农村学前教师培养力度
2011年 2月15日	《宁夏中长期教育改革和发展规划纲要（2010—2020年)》	到2020年，基本普及学前两年教育，全区学前三年毛入园率达到71%以上； 实施县、乡（镇）中心幼儿园标准化建设项目，扩大学前教育规模，普及学前教育程度。 实施农村教师周转宿舍建设工程。改善边远地区农村教师住宿和生活条件。 落实幼儿园教师编制，建立幼儿园教师持证上岗制度，实行园长和保教人员持证上岗，加强区内幼儿师范学校建设，五年内对幼儿园园长和教师进行一轮全员培训。 加强教师管理，优化教师资源配置，探索建立义务教育学校教师退出机制，有计划地将一部分小学教师分流到学前教育

附件三 宁夏农村地区 2005—2014 年学前师资配置状况调查表（样表）

填表日期

年份	教师人数			年龄结构					学历结构				职称结构				
	园长	专任教师	保育员	其他	20 岁以下	20—25 岁	25—30 岁	30—35 岁	35—40 岁	40 岁以上	初中中专	高中中专	大专	本科	小学高级	小学一级	小学二级	小学三级	未评职称
2005																	
2006																	
2007																	
2008																	
2009																	
2010																	
2011																	
2012																	
2013																	
2014																	

附件四　宁夏 2005—2014 年学前师资培养情况调查表（样表）

填表日期

年份	学校类型					招生人数					毕业人数					备注
	幼师	高职	专科	本科	成人	幼师	高职	专科	本科	成人	幼师	高职	专科	本科	成人	
2005																
2006																
2007																
2008																
2009																
2010																
2011																
2012																
2013																
2014																
总计																

附件五 农村学前教师问卷调查

尊敬的老师：

您好！

我是一名学前教育专业的老师。由于研究需要，对宁夏农村学前教师在职培训情况进行调查。本次拟定的这份问卷主要了解和讨论宁夏农村学前教师的在职培训情况。本调查仅作研究之用，不记名，所得结果仅用于学术研究，请不必有任何顾虑。谢谢您的合作！

请根据您的实际情况并且按照题目指示作答，您的每一个回答对本书都非常重要。期待能收到您填写完整的问卷，谢谢！

完成本问卷约需要 20 分钟，请耐心完成本问卷。

一 基本信息

1. 您的性别是：
   ①女；②男

2. 您的年龄是：
   ①25 岁以下；②26—30 岁；③31—40 岁；④41—50 岁；
   ⑤50 岁以上

3. 您的教龄是：
   ①5 年以下；②6—10 年；③11—15 年；④16—20 年；
   ⑤20 年以上

4. 您在农村幼儿园已经工作了：
   ①1 年以下；②1—3 年；③3—5 年；④5—10 年；⑤10—15 年；
   ⑥15 年以上

5. 您目前的职称是：
   ①中学高级；②小教高级；③小教一级；④小教二级；
   ⑤小教三级；⑥未评职称

6. 您的第一学历（即参加工作时的学历）取得的学校类型：

①普通初中；②普通高中；③幼儿师范学校；

④非师范类中专；⑤职业高中；⑥高等师范专科学校；

⑦综合性大学；⑧师范性大学

7. 您目前的学历水平是：

①初中；②高中；③高职；④大专；⑤本科；

⑥其他（请注明）＿＿＿＿＿＿

二　工资待遇

8. 您的月工资收入是：

①1000 元以下；②1000—1500 元；③1500—2000 元；

④2000—2500 元；⑤2500—3000 元；⑥3000—3500 元；

⑦3500—4000 元

9. 您的工资是否能足额、按时发放工资：

①能；②不能

10. 您对您目前的工资收入满意吗？

①满意；②基本满意；③不太满意；④非常不满意

11. 您认为在本地维持基本的生活，每月需要：

①1000 元以下；②1000—1500 元；③1500—2000 元；

④2000—2500 元；⑤2500—3000 元；⑥3000—3500 元；

⑦3500—4000 元

12. 根据您的实际情况，您认为每月的理想工资收入是：

①1000 元以下；②1000—1500 元；③1500—2000 元；

④2000—2500 元；⑤2500—3000 元；⑥3000—3500 元；

⑦3500—4000 元

13. 您所在幼儿园教师享有医疗保险以及其他社会保险吗？

①有，是＿＿＿＿＿保险；②没有

三 职业定位

14. 您对您所从事的幼儿教师职业的满意程度为：

①满意；②基本满意；③不太满意

15. 作为一名农村幼儿园教师，您觉得自己：

①很受尊重；②比较受尊重；③一般；④不怎么受尊重；

⑤很不受尊重

16. 结合您的自身体验，您认为农村学前教师的社会地位：

①很高；②比较高；③一般；④比较低；⑤很低

17. 您选择在农村从事幼儿教师职业是因为：

①喜欢农村；②城市就业压力太大；③家庭原因；

④生活成本低

18. 如果再次选择，您是否愿意再继续从事幼儿教师职业：

①执着追求，无怨无悔；②暂时觉得还是当教师好；

③考虑从事别的职业，但不急切；④有机会一定换职业，不

再当教师；⑤现在就急切换职业

19. 您对目前工作最不满意的是（仅选一项）：

①工资待遇；②工作量；③工作环境；④职称评定；

⑤发展前景；⑥社会地位

四 专业发展

20. 请问，您的第一专业是学前教育专业吗？

①是；

②不是，是相关专业（请注明）_____；

③不是相关专业（请注明）_____

21. 您对自己专业发展现状的满意程度为：

①满意；②基本满意；③不太清楚；④不太满意；

⑤很不满意

22. 参加继续教育培训情况是：

园本培训：①从来没有参加过；②偶尔参加；③经常参加

县级培训：①从来没有参加过；②偶尔参加；③经常参加

市级培训：①从来没有参加过；②偶尔参加；③经常参加

自治区级培训：①从来没有参加过；②偶尔参加；③经常参加

国家级培训：①从来没有参加过；②偶尔参加；③经常参加

23. 在继续教育培训期间，您遇到的最困难的事是：

①后勤条件差；②经济负担重；③交通不方便；

④培训时间太长

24. 您认为影响您本人专业发展的主要原因是：

①缺乏充足的时间；②家庭拖累太大；③缺乏专业指导；

④培训机会太少；⑤缺乏良好的环境

五　个人观点

25. 您认为我国目前农村学前教育发展落后主要是因为：

①教师数量不足；②教师整体专业素质太低；

③经费投入太少；④农村幼儿家长不重视；

⑤国家政策缺失；⑥农村经济条件落后

26. 您认为我国农村学前教师队伍不稳定主要是因为：

①工资待遇太低；②工作环境差；③生活环境差；

④文化设施少；⑤国家政策缺失；⑥职称评定困难

问卷到此结束，再次感谢您的帮助和支持！

附件六 宁夏学前教育专业学生就业需求问卷调查

您好！

   我是一名学前教育专业的老师，目前在做关于学前教师供给保障机制的研究，问卷最终结果只是用来进行科学研究，希望你能配合，如实作答！谢谢！

一 基本资料

1. 性别：

   ①女；②男

2. 你目前就读学校的类型是：

   ①幼儿师范学校；②职业高中；③高等师范专科学校；

   ④综合性大学；⑤师范性大学

3. 你的生源地是来自：

   ①农村；②县镇；③城市

二 专业选择

4. 你选择学前教育专业是因为：

   ①个人兴趣；②高考成绩所迫；③遵从父母的意愿；

   ④亲戚朋友推荐

5. 入学之前你对学前教育专业了解吗？

   ①非常了解；②略知一二；③不了解

三 专业学习

6. 你在校学习过程中，有专门的涉及农村教育的课程吗？

   ①完全没有；②较少章节；③有专门课程

7. 你在校学习过程中，有专门的涉及农村学前教育的课程吗？

   ①完全没有；②较少章节；③有专门课程

8. 你对农村学前教育的了解主要来自：

　　①完全不了解；②电视网络等媒体；③教材；④教师；

　　⑤亲身感知

9. 你所在的学校安排过你们到农村地区的幼儿园实习或见习吗？

　　①从来没有；②偶尔；③经常

四　就业意愿

10. 你愿意毕业以后从事学前教育工作吗？

　　①愿意；②不愿意

11. 你愿意从事学前教育工作是因为：

　　①喜欢学前教育专业；②喜欢小孩；③受家庭影响

12. 你不愿意从事学前教育专业是因为：

　　①不喜欢这个职业；②收入太低；③社会地位太低；

　　④工作压力太大；⑤个人性格不合适这一职业

13. 你愿意毕业以后到农村地区从事学前教育专业吗？

　　①愿意；②不愿意

14. 你愿意毕业以后到农村工作是因为：

　　①来自农村，对农村有感情；②父母在农村；

　　③城市竞争压力太大；④城市生活成本太高

15. 你不愿意毕业以后到农村地区工作是因为：

　　①条件太艰苦；②工资待遇低；③交通不便利；

　　④生活太单调

16. 如果你到农村幼儿园任教，最低的月收入期望值是：

　　①1000—2000 元；②2000—2500 元；③2500—3000 元；

　　④3000—3500 元；⑤3500—4000 元

17. 如果你到农村幼儿园任教，理想的月收入是：

　　①1000—2000 元；②2000—2500 元；③2500—3000 元；

　　④3000—3500 元；⑤3500—4000 元

18. 你所认识的已经毕业的学前教育专业学生,他们主要就业去
向是:
①城市公立幼儿园;②城市民办幼儿园;③城市早教机构;
④考取研究生;⑤考取公务员;⑥考取特岗教师;⑦其他和
学前教育相关的行业;⑧其他与学前教育不相关的行业

五　个人观点

19. 你认为我国目前农村学前教育发展落后主要是因为:
①教师数量不足;②教师整体专业素质太低;
③经费投入太少;④农村幼儿家长不重视;
⑤国家政策缺失;⑥农村经济条件落后

20. 你认为我国农村学前教师队伍不稳定主要是因为:
①工资待遇太低;②工作环境差;③生活环境差;
④文化设施少;⑤国家政策缺失;⑥职称评定困难

问卷到此结束,再次感谢您的帮助和支持!

附件七　宁夏农村幼儿园园长访谈提纲

1. 您所在幼儿园的教师主要来源有哪些？

2. 您所在幼儿园的教师整体水平如何？

3. 在提高幼儿园教师专业水平方面，幼儿园做了哪些方面的工作？

4. 在改善幼儿园教师工作环境方面，幼儿园做了哪些方面的工作？

5. 对于幼儿园教师的生活，幼儿园有哪些相应的措施？

6. 对于稳定幼儿园教师队伍，幼儿园做了哪些方面的措施？

7. 幼儿园对于教师如何进行年终考核？职称如何评定？

8. 在幼儿园教师的管理工作中，遇到的最大困难是什么？

9. 您对于国家关于幼儿教师的政策了解多少？

10. 您认为我国农村学前教育发展缓慢的主要原因是什么？

附件八 农村学前教师访谈提纲

1. 您是在本地土生土长的教师吗?

2. 您选择了在农村地区幼儿园任教的主要原因是什么?

3. 如果有机会离开农村地区,您会选择离开吗?

4. 如果有机会离开幼儿园教师行业,您会选择离开吗?

5. 您目前的工作中遇到的最大的困难是什么?

6. 您对国家关于幼儿教师的政策了解多少?

7. 您认为现在的农村学前教师队伍都存在哪些问题? 是哪些原因 造成的? 您认为需要怎样改进?

8. 您认为农村学前教师现在的工作、生活状况如何?